经典与解释(58)

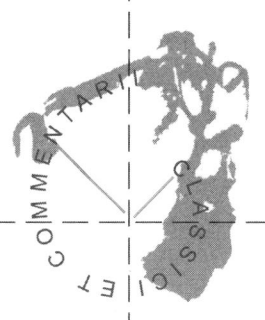

弥尔顿与现代政治

■ 古典文明研究工作坊 编
顾问／刘小枫 甘 阳
主编／娄 林

华夏出版社

古典教育基金·"传德"资助项目

目　录

论题　弥尔顿与现代政治

2　弥尔顿与《独立宣言》……………………………阿尔维斯
58　如何阅读弥尔顿的《论出版自由》……………………肯德尔
99　《论出版自由》对历史的运用或滥用……………………道　林
115　弥尔顿与政治正确……………………………………麦克格莱尔

古典作品研究

134　《尼各马可伦理学》中自然的正义和正义的自然
　　　……………………………………………………克里坦斯基
164　意象与情绪……………………………………………隋　昕

思想史发微

188　从"贵族特权"到"自由人的权利"………………………何　源
206　重思"浪漫的律令"………………………………………黄　江

226　施米特"大地的法"思想的普遍历史意图 ············ 叶　然

旧文新刊

264　王安石經學概論初稿 ·································· 徐振亞

评　论

282　评《政治哲学与亚伯拉罕的上帝》 ················ 朱克特
293　戏剧性谋篇与卢梭真面目 ··························· 彭文曼

（本辑主编助理　潘林）

论题　弥尔顿与现代政治

弥尔顿与《独立宣言》

阿尔维斯（John Alvis）撰

王 涛译 隋 昕校

我建议通过弥尔顿（John Milton）的思想重新思考《独立宣言》的原则。窃认为，理解《独立宣言》最好的方式，是通过弥尔顿的共和主义理论，而非洛克（John Locke）的思想，或者谨慎地说，我们的建国文献在构建政治社会时所尝试的具体设想，要求我们利用弥尔顿修正洛克式的前提。

首先要说明，我无意主张应当消除洛克对《独立宣言》无可置疑的影响。雅法（Harry Jaffa）已经证明，这样做徒劳无益。我也不会以为，由于诸国父对洛克的理解并不完全准确——施特劳斯（Leo Strauss）和潘戈（Thomas Pangle）晚近的分析在我看来已经清晰地指出了这种善意的误解——所以，我们必须根据18世纪美国人的误读，调整我们对洛克之影响的看法。我认为下述论点没有问题：被人们幼稚地误解的洛克，为政治生活提供了充分的指引，或者说，无论如何，国父们认定他提供了充分的指引。韦斯特（Thomas G. West）已经在许多地方证明这种广泛存在的无害的误读，至少在我看来,他的分析同样令人满意。因此,我的论点并不是智慧和幸福在于饱受洛克蒙骗,无论这个说法多么真实。

我也没想要维护已经由雅法、阿纳斯塔普罗(George Anastaplo)和艾伦(William B. Allen)提出的下述观点:《独立宣言》和《美国宪法》的政府理论延续了一条共和主义思想传统的自然脉络,这一传统可追溯到柏拉图、亚里士多德和西塞罗。在我看来,这些学者已经对此做出了充分的论证,我无需补充。

最后,我不想我的这篇论文被归入下述阵营,他们最近试图将建国文献与一个大西洋"公民人文主义"传统联系在一起。虽然这个论点不无道理,但是人们还是可能对于它对世俗化问题的夸大其词持保留态度,而且可能会警惕波考克(J. G. A. Pocock)及其追随者的修正是在间接追溯社会主义的起源。①

---

① Harry V. Jaffa, *How to Think About the American Revolution* (Durham: Carolina Academic Press, 1976), pp. 37 – 38. Compare Willmoore Kendall, "John Locke Revisited", in Nellie D. Kendall, ed., *Willmoore Kendall, Contra Mundum* (Lanham, MD.: University Press of America, reprinted 1994), especially p. 426; Thomas G. West, "The Classical Spirit of the Founding", in J. Jackson Barlow, Leonard Levy, and Ken Masugi, eds., *The American Founding: Essays on the Formation of the Constitution* (New York: Greenwood Press, 1988), pp. 1 – 56; "Leo Strauss and the American Founding", *The Review of Politics* (Winter, 1991), pp. 157 – 172; George Anastaplo, *The Constitution of* 1787 (Baltimore: Johns Hopkins Press, 1989), pp. 2 – 25; William B. Allen, "The Constitution to End All Constitutions", 1983 年在休斯敦圣·托马斯大学举办的"20 世纪的宪法"(The Constitution in the Twentieth Century)会议上的发言。对《独立宣言》的洛克式解读的经典阐释是 William F. Dana, "The Political Principle of the Declaration", *Harvard Law Review* 13 (Jan., 1900): 319 – 343,另参 Carl Becker, *The Declaration of Independence: A Study in the History of Ideas* (New York: Alfred A. Knopf, 1922),以及 Morton G. White, *The Philosophy of the American Revolution* (New York: Oxford University Press, 1978)。对洛克式主题更为敏锐的研究,参 Ronald Hamowy, "Declaration of Independence", in Jack P. Greene ed., *Encyclopedia of*

回到我的提议吧，不同时代不同地域的思想家，比如亚里士多德、西塞罗、洛克、锡德尼（Sidney），以及如杰斐逊在他写给李（Richard Henry Lee）的信中援引这些著作家时所说的"等人"，他们的著作中包含着亘古不变的智慧，杰斐逊（Jefferson）及其同僚正是依据这些智慧阐述《独立宣言》的意义。①我认为，弥尔顿在上述"等人"中占据首要地位，因为不同于亚里士多德和西塞罗，且在这一点上锡德尼也无法比拟，弥尔顿知道，要让这种亘古不变的共和主义哲学适应基督教带来的局势、适应新教改革造成的基督教世界

American Political History（New York: Charles Scribner's Sons, 1984），页455-465。参见 Jaffa，前揭，以及 Martin Diamond et al., eds., *The Democratic Republic*（Chicago: Rand McNally, 1966），pp. 95-97，以及 Michael Zuckert, "Self-Evident Truth and the Declaration of Independence", *The Review of Politics* 49, no. 3 (Summer, 1987): 319-339。Garry Wills, *Inventing America: Jefferson's Declaration of Independence*（New York: Doubleday, 1978）; Leo Strauss, *Natural Right and History*（Chicago: University of Chicago Press, 1953）; Thomas L. Pangle, *The Spirit of Modern Republicanism: The Moral Vision of the American Founders and the Philosophy of Locke*（Chicago: University of Chicago Press, 1988），J. G. A. Pocock, *Politics, Language, and Time: Essays on Political Thought and History*（New York: Atheneum, 1971），pp. 96-103。波考克说"亚当·斯密（有关公民责任）的教诲几乎都没有幸存下来"，但是斯密的《道德情操论》就是这样一本书。

我发现，我的论点在本世纪已由戴维斯（Gilbert G. Davis）自己印发的小册子 *A Brief Account of John Milton and His Declaration of Independence*（Worcester, MA: Gilbert G. Davis, 1903）所阐述。戴维斯先生认为，他将摘自《论国王和官吏的职权》和《为英国人民声辩》的八个段落与《独立宣言》的首段并列起来就足以说明这点。在一个人们对根本法的原则比我们要更为熟知的时代，也许这样已足够。但是在今天，一群参议员在面对最高法院候选人所持的自然法信条时表现出了实实在在的幼稚，就好像他们面前站着一个外星人。在这种情况下，像我这样给出更多的分析就有必要了。

① *The Writings of Thomas Jefferso*, ed. Thomas A. Lipscomb, 20 vols. (Washington, DC: Thomas Jefferson Memorial Association), 16: 118-119.

的分裂，要害何在。

此外，我将指出，虽然《独立宣言》与弥尔顿的思想本质上一脉相承，但是它解决了弥尔顿没有解决的一个根本问题。我可以预先说一下我的看法。让我们回想一下美国官方大纹章（Great Seal of the United States）反面的图案，一个金字塔顶上悬挂着与逐层上升的塔身等比例的塔尖，尽管塔身和顶端没连在一起。我将指出弥尔顿为杰斐逊及其同僚提供的图中金字塔现成的那部分。《独立宣言》本身为弥尔顿之前的主要思想补全了他所指向的顶点，以使其获得必要的完整性，但弥尔顿自己的写作无法达到这种完整性。

我并不想设置悬念，所以我再次说明，《独立宣言》为弥尔顿思想加上的必要的完整性是下述两者的实践关联：一者是同意学说，一者是这种原则如何进行一种具体的民主制的转化，而转化之前的政制则是以阶层为基础的混合型政制——它是迄今能想到的唯一可持续的政制类型。尽管如此，殖民地人民明白，与洛克宣扬的原则相比，运用弥尔顿阐述的原则能够更直接、更有保障地实现那种政制形式。

若要为这个观点提供必要的论证，需要专门写一本书。在这本书的目录中，开篇第一章需要联系《独立宣言》的思想与弥尔顿的《为英国人民声辩》（*Pro Populo Anglicano*）有关弑君和共同体的论点。下一章需要聚焦弥尔顿、亚里士多德和西塞罗，需要着重分析的是，弥尔顿如何采用一种古典共和传统来适应被天主教和新教冲突搅动的欧洲危急情况，将《教会政府的理由》（*The Reason Of Church Government*）、《论教会治理中的政府权力》（*A Treatise of Civil Power in Ecclesiastical Causes*）、《论出版自由》（*Areopagitica*）和《解除雇佣工的最佳方法》（*The Readiest Means to Remove Hirelings*）纳入分析。第三章则在此基础上，分析弥尔顿将英国政制转化为一个新教共和国的相关提议，这个计划出自他晚期的作品《建设自由共和国的简易办法》（*A Ready and Easy Way to Establish a Commonwealth*）。此外还需考察，弥尔顿如何理解教育在共和国中的作用。这个看法潜藏于《论出版自由》，并在弥尔顿写给哈特利布（Samuel Hartlib）的公开信件《论教育》（*Of Education*）中得到充分阐述。如此这番细致研究的最后，需要以一章作结，论证《独立宣言》和《美国宪法》包含了弥尔顿期待的一切要素。与此同时，它们还为实现他的基督教公民共和国理想——通过某种古典政治哲学和古典诗的教诲使其公民审慎地践行基督教戒律——提供了必要的政治制度。①

不同于这样一本书，本文也许能够考察其第一章的内容，聚焦这个问题：基于弥尔顿《为英国人民声辩》的思想提供的背景，《独立宣言》呈现出怎样一种面貌？我首先将详细研究《独立宣言》的开头几个段落。对此做出相应诠释后，我将分析《独立宣言》的详情诉状（bill of particulars）的一个条款，最后则对《独立宣言》结尾的誓言——签署者们以自己的事业、生命、财富和荣誉宣誓——提出一个猜想。

一 "自然法和自然之上帝的法"

首先讨论的是，有时候区分杰斐逊本人与《独立宣言》的主笔人意味着什么。②如果做出这项区分，那么杰斐逊这个名字就代表了

---

① 扭转我对弥尔顿思想的最重要之处的看法——基于古典政治哲学优先于基督教教诲的审慎——的非常深入的论证来自 Paul Dowling, *Polite Wisdom: Heathen Rhetoric in Milton's "Areopagitica"* (Lanham, MD: Rowman & Littlefield, 1995)。

② ［译注］关于本节标题，阿尔维斯这里的原文是 Laws of Nature And Nature's God。这个表述引用自《独立宣言》，但这似乎是个笔误，因为《独立宣言》的原文是 Laws of Nature and of Nature's God。1776 年的当列普单面印刷版（Dunlap broadside）和 1777 年高达德（Mary Katharine Goddard）制作第二份手抄本皆如此。因此，译者将其译为"自然法和自然之上帝的法"，下文亦同样处理。

似乎终其生涯皆持自然神论观点的人。将伊壁鸠鲁的追随者卢克莱修所坚持的唯物主义怀疑论作为一条准线，最有助于理解他们之间的一致性。与此不同，我将1776年7月左右的杰斐逊视为《独立宣言》的起草人，他自己站出来代表其同胞的信条，自觉有义务调整自己的信念以适应"五人委员会"、宣言签署者以及他们在整个沿海地区的选民的信念。①这两个杰斐逊之间的差异在某些方面无比巨大，甚至处于一种对立关系。

杰斐逊的独立自然神论比他1776年的作品更接近洛克。这个差异体现在《独立宣言》的首个重要断言，即"自然法和自然之上帝的法"这个提法。②

虽然有人可能会以为，洛克《政府论下篇》（Second Treatise）之所以提及上帝，是为了保护自己而向正统屈服，就像洛克在脚注中对无懈可击的正统人士胡克耍花腔般的处理，所以对其不予考虑；但是与此不同，大陆会议和各个殖民地的协商会议从一开始就明确表示，无论由谁来拟定殖民地脱离母国的声明，他们都期待一份对圣书宗教（scriptural religion）友好的文件。汉考克（John Hancock）

---

① 我的意思是，杰斐逊与五人委员会在撰写《独立宣言》时心里想着满足将来的宣言签署者的想法。关于这份文件摆在汉考克眼前时发生了什么，历史学家表示说，我们无法知晓谁签署了什么，也不知道他们如果签署了什么的话，到底是什么时候签署的。我们目前没有有关大陆会议的成员在考虑通过五人委员会的这部作品时说了什么的正式记录。我们现在手头有杰斐逊1823年撰写的回忆录，参见 The Papers of Thomas Jefferson, ed. Julian P. Boyd, 26 vols. (Princeton: Princeton University Press, 1950) 1: 300–329。

② 五人委员会和大陆会议同意了杰斐逊在开篇言及"自然和自然之上帝"，但是杰斐逊起初在描述平等命题时并没有那么浓厚的圣经色彩。他写到"（人）通过平等创造获得固有的、不可让渡的权利"。五人委员会的修改大幅强化了（已经在杰斐逊的草稿中显露无遗的）神学话语，代之以"造物主赋予"。

主持的马萨诸塞省国会，在 1774 年 12 月 6 日发布的一项告教会牧师声明中指出：

> 在今天这个日子，所有政治自由和宗教自由的盟友都在尽力将这个国家从当前的灾难中解救出来，我们只能将希望寄予教团的人士，这些之前曾献身国家事业的卓越人士。

杰斐逊可能对弗吉尼亚的牧师不抱这么大的信心，但不管有没有信心，弗吉尼亚协商会议的官方告示都对杰斐逊做出了敬虔的指示。此次会议举行于 1776 年 5 月 27 日，敦促大陆会议发起革命，呼吁那些"心灵的探索者"为他们的真诚作证。①

1774 到 1776 年的大会公告记录表明，弗吉尼亚可以指望大陆会议热情接受其敬虔的建议。大陆会议的主持人刚刚签署了马萨诸塞州决议并阅读了"波士顿居民"（1774 年 7 月 26 日）的革命性宣言，这份宣言夸耀波士顿人已经"得到神意的许可"，并将反抗英国视为"上帝的事业"。总之，大陆会议本身与弗吉尼亚口径一致。1775 年 5 月 29 日，大陆会议在向加拿大人呼吁时提及"宽厚的造物主的慷慨之举"；大陆会议的《关于拿起武器的原因和必要性的公告》(Declaration of the Causes and Necessity of Taking Up Arms, 1775 年 7 月 6 日) 谈到了"神圣的创造者 (divine author)""我们伟大的造物主""宇宙至高中立的裁判者和统治者"。此外，大陆会议成员

---

① 1774 年 5 月 24 日，弗吉尼亚市民议会（Virginia House of Burgesses）指定一天来祈祷和斋戒，要求议会所有成员"为了前面所讲的目的，随议长和权杖一起前去城市中的教会"（Boyd, 卷一；页 105 - 106）。弗吉尼亚总督邓莫尔（Dunmore）认为这是在冒犯乔治三世，随后解散了议会。杰斐逊对于斋戒日期的决议"被写出来"表示赞同。杰斐逊说，这是"（根据）一些革命先例以及当时清教徒的各种仪式"。Autobiography, Ford ed., 1: 9 - 11, Boyd 引用 1: 106 脚注。

似乎力求压制任何对自然神论的指责,而且,

> 心怀感恩地承认,上帝青睐我们的一个标志就是,直到我们发展到现在的实力,祂的神意才允许我们参与这场严峻的论辩。

他们在结尾"向上帝和这个世界起誓",并且再次表达对"我们仁慈的造物主"的感激。当杰斐逊在案台写作时,他必然已经意识到,大陆会议对那位神(a Deity)颇有好感,公开谈论一位造物主、立法者、裁判者、统治者和特定神意的执行者,而不仅是一项限于自我运行的普遍律法的原则。他也知道,新生的殖民地联盟已经采取的全国性政治行动,以那些基于犹太-基督教的设定为基础,因为大陆会议在1775年6月12日下令要求设立一个"公开降卑、禁食和祈祷"的日子,以恳求上帝避免流血事件。这项告示的结尾倡议:

> 所有教派的基督徒,聚集在一起公开举行敬拜,当天避免从事奴役性劳动或娱乐活动。

因此,当大陆会议审议完杰斐逊的第一份《独立宣言》草稿,对其做出修改,加入对作为监督者的"神意"的敬意时,杰斐逊肯定不会有任何疑惑。大陆会议对《独立宣言》的修改,依循着弥尔顿不断提及的信仰神意的精神。弥尔顿认为,这项神意指引了清教-共和国革命事业。①

在洛克和锡德尼分别在《政府论上篇》(*The First Treatise*)和《论政府》(*Discourses on Government*)中驳倒可怜的费尔默(Robert

---

① 参见,例如《为英国人民声辩》,页305、525、535、537,Yale版。

Filmer）之前，弥尔顿就已经在《为英国人民声辩》中运用类似的反绝对主义论证反击费尔默的前辈，法国学者萨尔马修斯（Claude Salmasius）。同样，《独立宣言》将其作为自己本源（*fons et origo*）的那些话，在杰斐逊用以引领这部分内容之前，也是弥尔顿所言。①弥尔顿的对手提问，议会党打破它效忠查理一世的誓言、向自己的合法国王宣战并在后来杀害国王的法律依据是什么，弥尔顿回答说，"根据上帝和自然的法律"。《为英国人民声辩》的大部分篇幅都被用来确定这种自然法和神法的特征。

这项工作引导弥尔顿接触到一种哲学传统，他将这个传统首先归于亚里士多德、西塞罗和罗马共和史家，其次归于一些古典肃剧诗人。与此同时，它还引导弥尔顿长期考察希伯来圣经和基督教圣经。弥尔顿指出，在议会确立用来罢黜国王的法律这个问题上，哲学与启示保持一致。那么，这种神法和自然法具有什么特征？

这种法的本质特征在于，无论是王权还是其他类型，如果某个政治权威不能遵守政府与被统治者之间的一项假定圣约，就会出现拒绝这个政治权威的义务，这项圣约是一项约束政府以下述方式统治的契约：使被统治者可以履行他们对其他人的义务以及最终对上帝的义务。这项默示契约包括三方：政府官员（国王或长官），作为共同体的人民，以及为双方当事人做出裁判的最终权威，即上帝。如果我们比较弥尔顿的概念与洛克的自然法理论，我们就能看到有关神圣－自然圣约中的各个参与方的说法将带来怎样的结果。

---

① 即使在杰斐逊显然直接参考了洛克文字之处，我们也可以在弥尔顿那里找到先例。杰斐逊说，审慎建议人们忍受专制，直到人民发现了"一长串滥用权力的行为"（参见《政府论下篇》，19，页225）。杰斐逊无疑想到了洛克的措辞，因为这与《独立宣言》的用语完全相同。但是《为英国人民声辩》尽管语言上有所不同，也同样指控查理一世不断增加的专制行为，并赞扬议会的长期忍耐（参《为英国人民声辩》，页523）。

洛克的自然状态和自然法都不太明确。比如说，根据洛克的论证，我们并不清楚，他是否可以宣称他的自然法具有道德约束力。洛克不时表明，他阐述的那些自明之理好像可以确立一些道德命令，这有利于他的修辞目的。但是，一个人并非想说什么就可以说什么，真正的检验标准在于，他做出的陈述是否与他提出的权威原则一致。对洛克式自然法更为世俗化的解读会认为，他有关自然的说法基于描述而非规范；也就是说，它们是一些关于人类可能行为的归纳，这些归纳源于一个原始自然状态的假设，具有科学性预测表述的效力，不具有道德必然规范的效力。实际上我认为，洛克的自然法属于前一种。我后面会再来处理这个问题。

现在只需指出，无论洛克的首要自然法与道德义务的关系如何，他声称这些法来自自然。此外，尽管洛克在《政府论下篇》开篇就宣称上帝为自然的原作者，但是我们最多只能说，洛克的神是一位迟钝的神，除了暴力反抗这唯一的情况外，这位神既不监督社会契约，也不影响协议双方的意识。对于暴力反抗，洛克说，反抗者将自己的事业交给上帝来决定，但是他并没有说，他相信由上帝来决定和由争议双方的力量来决定有什么不同。①

相反，《独立宣言》和弥尔顿都赞同为政治生活设定一项持久的

---

① 洛克确实在《政府论下篇》的开头说自然法是上帝意志的产物（1.2），但是他之后就没有怎么再提这个神圣起源，而是将神法降格为自我保存原则，因此人们会纳闷，为何一个所有动物都有的基本需求还需要辅之以神的命令。无论如何，我们从洛克那里无法得出结论认为，我们需要就人类的起源感谢上帝。恰恰相反，在《政府论下篇》其后的论证中，洛克并没有引入人类应心怀感激的理由，而是大量引入一些理由，表明为何可以憎恨应当为我们在未经改良的自然中的贫困和贫乏处境负责的某个人（如果存在这个人的话）。亦可参见 1.11；参 Pangle，页 198－244；Paul Rahe，*Republics Ancient and Modern: Classical Republicanism and the American Revolution* (Chapel Hill: University of North Carolina Press, 1992)，pp. 295－297, 493－500。

标准，使之符合神圣的、自然的规范。我们还可以进一步指出，在洛克这里，不是一种包括人、政府和上帝在内的三方圣约，而是一种双边契约，并不存在神的监督和担保。但是《独立宣言》提到了一位神圣立法者、裁判者和神意执行者，一位与政治生活持续相关的神。《独立宣言》提出了一种弥尔顿式的三方圣约，而非洛克式的两方协议。

我们的问题是，洛克和弥尔顿谁更有资格成为《独立宣言》的先祖。根据上文有关自然法地位的分析，人们会觉得弥尔顿更有资格，因为《独立宣言》的起草者们效仿了弥尔顿而非洛克的显白措辞。但另一个更关键的原因在于，《独立宣言》随后使用了向上帝明确请愿、请上帝来裁断美洲与英国断绝关系之正当性这样的话语。正如弥尔顿说神意决定了内战，殖民地军民诉诸那位掌管他们与英国政府之间圣约的神圣仲裁者。

杰斐逊选择谋取一种双重认可（"和自然之上帝的法"），而非一种单一认可（"自然法"），这种修辞功效还有其他深意。弥尔顿在他的另一部著作中明确提到且自始至终都在论证我们现在所说的论点，即上帝揭示的启示法和自然法就其本质而言并无区别。但这并不意味着，这两种法颁布的来源应当得到同等程度的遵从。上帝高于自然，因为上帝是自然的创造者。

就此而言，弥尔顿的上帝既不同于亚里士多德的第一因，也不同于前马基雅维利哲学传统中的首要原则，这一传统通常来说是非希伯来、非伊斯兰、非基督教的。以亚里士多德为例，并不存在"遵从"这个问题，因为第一因非人格化，故而既不是一位裁判者，也不是某项协议的"利益相关方"，此外，对亚里士多德来说，追问下述问题没有意义：相比于自然，我们是否更应该遵从自然的创造者？因为总的来说，这个世界并不是被造物。

洛克怎么看待这个问题？他似乎假定了这个世界的被造物地位，

但是这个看法从属于一个政治上更为重要的信念：无论自然的起源是什么，自然都吝啬而怀有敌意，故而人们不应心怀感激地接受自然，而应与自然抗争，以获得自然的创作者似乎不愿提供的舒适生活。

如果《独立宣言》主张洛克的原则，我们就会纳闷，起草者为什么不首先提出洛克完全自洽的自我保存原则？他们为什么根本没有在任何地方提及自我保存？因为，任何人只要想一想这个问题就会意识到，洛克式自我保存违背了他建立的体系，会抵消他起初给他的自然法赋予的道德约束力。

我们来考察一下洛克描述的在自然状态中发挥作用的自然法。在没有政治权威的情况下，人人平等，他们或多或少都有相同能力，来保存自己的生命以及生活的辅助手段——包括行动的自由、处置自己劳动的自由、安全地占据劳动工具——与劳动结合给人们提供了维持自身的手段。因此，人有两种欲望：首先，利用物质资料生活下来；其次，保护他们自己以及他们的劳动成果免遭他人暴力攻击。

此时，洛克引入了在他口中貌似具有道德约束力的另一条律法。为了保护我自己以及我的劳动成果，我能做什么？洛克回答说，我可以做任何与自我保存这个目的相称的行为，但不可以侵犯他人保护自己及其劳动成果的相同权利。这似乎仅仅是黄金规则的翻版、康德式律令的先行版，或者说是应当做正人君子这条真理的变种。但是，就在这个地方，当洛克说"当他保存自身不成问题时，他就应该尽其所能保存其余的人"（2.6）时，我所说的洛克式偏差就开始出现。

经过反思，人们会察觉到，一旦我们认识到这个限制性条款的作用，这个概括性说法表面上的约束力就消失了。原因在于，当我们保存他人的行为使我们自己的保存"成问题"（注意，洛克没有说阻碍）时，我们没有义务去保存他人。一眼看去，这似乎仅仅是说，谁也没有义务做英雄，牺牲自己。当然，确实如此。但是如果我们试问，当攸关自我保存时，这个相较于他人必须（可以）被优先选择的自我究竟是什么，这项限制就会变得更加显著，并带来进一步的影响。

我后面会再回到这个问题上来，这里只需指出，洛克理解的自我是指"无痛"（indolence）意识，即没有痛苦。但是，无痛也一样需要肉体生命加上从未经改良的自然那里获得的一切东西。因此，洛克限制黄金规则的有效事实（effectual truth）就是人保护（此外，难道不应当进一步增强自己？）自己的强烈冲动高于一切，不论这么做需不需要以他人为代价。洛克限制黄金规则的有效事实是取消那条正义规则。

洛克的自然法是一种利益法则。只要一个人改变对上帝的观念使其等同于道德约束，洛克的自然法就可以是上帝之法（正如洛克所主张）。洛克的法与霍布斯的法的不同之处仅仅在于，一个将自我定义为趋向无痛，一个则将自我定义为永不休止地追寻快乐或权势。也就是说，两者并没什么不同。因此，虽然洛克在第11章说，他的自然法会进入政治社会故而对专断政府施加限制，但是我们必须认识到，自然法是带着具体限制进入政治社会的，因此，无论自然法对专断性施加了何种限制，这种限制都不是以道德禁令的方式，而是通过自然力量之间的相互限制。

杰斐逊本人不愿提出一个在道德权威上像洛克这般羸弱的第一原则，或者说他不愿这样冒险。无论怎样，结果都是，他没有将《独立宣言》建立于洛克学说的基础。杰斐逊没有援引自我保存作为政治社会的基础，大陆会议中的杰斐逊将自然法及神法理解为一种宣告绝对道德义务的规范。这种理解与阿奎那（Thomas Aquinas）、胡克（Richard Hooker）或弥尔顿的学说一致，但与洛克不同，除非我们不恰当地假设杰斐逊没能很充分地准备这项工作。

我也许有点过分强调"自然法和自然之上帝的法"这一措辞的

后半部分，因为如今人们常常忽视这后半部分。现在，是时候来强调一下前半部分对后半部分的限制了。

如果说遵从上帝能够将自然法神圣化，那就可以说，自然法将造物的上帝"政治化"。《独立宣言》声称，重要的并不是那位神所说的一切话，而是那些与政治生活有关的内容。此外，《独立宣言》并不将那些无法与自然理性保持一致的神学主张视为不证自明的真理。起草者们推崇并归于上帝的那些律法，同样能够得到严谨的推理证明。因此，美国建国基于宗教信仰，但并不基于信心论（fideist）。《独立宣言》不支持洛克看起来在宣扬的对自然法的道德相对主义理解，但是，只是公布所谓神的律法，却没有对人的虔敬提出其他要求的道德法，它也不会接受。有人也许会较为极端地指出，《独立宣言》设想的此种上帝之法的政治真理，并不依赖于证明上帝的存在，甚至不依赖于上帝存在这个事实——如果这是一个事实的话。五人委员会中，杰斐逊、亚当斯和富兰克林三人确是自然神论者，只有假定存在的上帝才知道他们内心深处是否真是无神论者。尽管如此，他们三位终其一生都始终坚守敬虔之辞，甚至劝说他们的同僚向上帝祷告。亚当斯曾经公开且相当大胆陈述他的立场：

> 最后，我们再来谈一谈有关另一个问题的思考。其实，世故（如果不是审慎的话）会要求我们，在此种场合，说话应当有所保留，这样就不会触及这个思考了。是否有可能，全国政府落入这样一些人手中，这些人教导一种最令人沮丧的教义，即人不过是萤火虫，这一切（即整个宇宙）并没有一位圣父：这就是将人（作为人本身）塑造成被尊重的对象的方式吗？还是说，这样是在将谋杀变成与射杀一千只鸟一样无关紧要的行为，将消灭罗希拉族（Rohilla）变成与吞下一块奶酪中的小虫子一样无辜？

二十年后，他又说：

> 即使我是一位无神论者。我也应该会相信，机运要求犹太人去保存并向全人类宣扬有关一位至高的、有智慧的、明智的、强大的宇宙最高主宰者，我认为他是所有道德故而所有文明的本质原则。①

杰斐逊在《弗吉尼亚笔记》(Notes on the State of Virginia) 一处打趣说，"我的邻居宣称有二十个上帝，或者一个上帝也没有，这对我并没有损害"，同一本书的另一处说道：

> 一个民族的自由的唯一牢固基础是坚信这些自由是上帝赐予的，如果去掉这个基础，这个民族的自由能被认为安全吗？侵犯这些自由能不激怒上帝吗？上帝是公正的，他不可能永远睡大觉。每念及此，我就为我的国家忧心如焚。（第17、18问）

无论上帝是否存在，对于大多数人来说，除非他们相信自己的权利和义务是上帝的恩赐，否则他们就会认为这些权利和义务不具有牢固的根基。就政治目的而言，信仰上帝比上帝的存在更重要。

与《独立宣言》结尾处有关信赖神意的表达类似，洛克式的表达也会做出相同的声明，就像洛克在《政府论下篇》中（段19，Sherman 版，页148、163）将暴力反抗视为上帝公断的某种呈现。洛克在原始自然法和自我保存的意义上诉诸神意，而殖民地人民似乎是在说某种接近于中世纪的神判法，即上帝主持的决斗。这两个

---

① 这两段文字的引用参 Thomas West, "Religious Liberty: The View from the Founding", in Daniel Palmed, *On Faith and Free Government*, Lanham, MD: Rowman & Littlefield, 1997。

立场似乎都会面临一个反驳，弥尔顿有关新模范军的胜利体现了神意的说法也会招致这种反驳：这种神意观——鉴于那位神并不总是青睐战争中实力较弱但是行为正当的一方——可归纳为强力即正义。但是，弥尔顿还持有另一种神意观，坚信上帝会在战场之外做出他的审判，即彼岸的审判。《独立宣言》本身的内容并不能分辨大陆会议是否想要主张这另一种有关神意确认的观点。但是，签署者愿意以他们的生命来彼此宣誓支持他们的事业，鉴于签署者期望在他们献出生命后神意能够彰显自身，我们并不能排除这种可能性。

无论如何，《独立宣言》提出了一种不仅在暴力反抗的危机中，而且在攸关人类权利的任何时刻即每一刻都在运作的神圣之源和神圣裁判，以确保自然法的实效。与弥尔顿那里施行监督的三位一体相同，但与洛克的隐匿的上帝不同，《独立宣言》的上帝通过持续的裁判——无论多么隐秘——运行一种高标准的神意。我们无法自信地宣称，某个历史事件甚至可能是某个超自然事件显然地证实了自然权利。但是，我们可以较为可信地辩称，信仰一位对权利感兴趣的上帝有助于维持权利。更进一步，说这种信仰甚至对于维持权利来说必不可少似乎也不为过。弥尔顿大概会赞同这点，尽管他会警惕其中的阿威罗伊主义（Averroist）要素，而发起革命的殖民地人民接受它则会不那么挑剔，他们会觉得，政治生活的稳定基础需要具有一定广度，包括愿意采用不那么完美的材料，只要它还过得去就行。

与洛克不同，《独立宣言》对创世问题并非漠不关心；与亚里士多德不同，《独立宣言》宣扬的上帝观是：由于这位上帝创造了世界，因此其主持的自然服从造物主的权威。《独立宣言》的上帝是犹太人、基督徒和穆斯林教会共同敬拜的上帝。这是弥尔顿所讲的上帝，特别是《为英国人民声辩》中的上帝。这位上帝几乎不说那些被视为耶稣专属的话，而主要是被三种基于圣书的宗教视为创造者、立法者和裁判官而敬拜的神。①

---

① 弥尔顿的著作在 1690 年后的美洲非常普及。参 George Sensabaugh, *Milton in Early America*（Princeton：Princeton University Press，1964，pp. 110 – 146）：在殖民地晚期，弥尔顿思想的主要传播者是马修（Jonathan Mathew），他在攻击波士顿的一个安立甘宗传教士组织的亲主教制阴谋时，从《论出版自由》和《为英国人民声辩》中汲取力量。一位为《波士顿公报》（*The Boston Gazette*）写作的"独立派人士"将弥尔顿的《建设自由共和国的简易办法》运用于 1770 年的美洲。

与我这里更有关的是，至少我们知道，受命起草《独立宣言》的"五人委员会"中有三位读过弥尔顿或者留下了一系列有关弥尔顿的引用。富兰克林在他的《论宗教信仰与行为》（*Articles of Belief and Acts of Religion*）中从《失乐园》第四卷摘录了一个较长的段落。约翰·亚当斯一生都在研究弥尔顿，他在一封写给弗吉尼亚人的推荐共和政府优点的公开信中，向乔治·伟兹（George Wythe）推荐的共和著作家名单中提到了弥尔顿（挨着洛克）。亚当斯的这篇文章于 1776 年早期被派人送到弗吉尼亚。

杰斐逊在其《日记本》（*Commonplace Books*）中 47 次提到弥尔顿。多处是对《失乐园》开头的撒旦演说的反常（但是共和主义角度的）解读，有些则来自《斗士参孙》（*Samson Agonistes*）的道德原则。杰斐逊在为弗吉尼亚有关宗教宽容的立法做笔记时，参考了弥尔顿有关教会问题的小册子。这些立法首先是《免除不从国教者助力安立甘教会的法案》（*An Act for Exempting Dissenters from Contributing to the Anglican Church*，1776 年 12 月通过），接着延伸至《宗教自由法案》（*A Bill for Religious Freedom*，1786 年）。杰斐逊在为立法论辩准备的备忘录中提到了《论宗教改革》和《教会政府的理由》。

杰斐逊在 1770 年写给斯基普威思（Robert Skipwith）的一封信中（Boyd，卷一：页 76 – 81）有一个推荐书单，其中包括了"《弥尔顿作品集》（2v. 8vo.），唐纳森（Donaldson）的爱丁堡版（1762 年）"。由于杰斐逊将弥尔顿放在"五艺"那部分，但在"政治""贸易""宗教""法律""古代史"和"现代史"中都没有提及弥尔顿（虽然他确实例举了洛克的几部著作），因此我们很难由此认定杰斐逊熟知《为英国人民声辩》。我在《杰斐逊的文稿》中找到的仅有的另一处提到弥尔顿的地方，是一位德拉蒙德（Drummond）夫人在 1771 年有点吸引眼球但却含义隐晦地称赞杰斐逊有点"弥尔顿味道的几句话"。除了知道她是杰斐逊一次海边旅行的伴侣外，我们对这位夫人一无所知（Boyd，卷一，页 65）。大概在 1776 年 11 月 19 日之前但肯定不早于 7 月的某个时候，我应当更具体地说说弥尔顿－杰斐逊在神权政治的最高权力（theopolitical archai）上的趋同。《独立宣言》开篇着力证明革命的正当性，即诉诸武力反对"王与议会"或者说"王在议会"，王与议会作为王权占有者的正当性无可置疑，但是其不当行为被认为抵消了它要求臣民服从的主张。同样，弥尔顿也在琢磨如何为他的行为以及处于类似处境的独立派辩护。相同处境并不能说明什么，毕竟许多辩论家，例如洛克，都觉得自己身处类似的处境。但是，弥尔顿的论证与《独立宣言》作者的论证之间的对等而非一致性确实

杰斐逊两次提到了《弥尔顿作品集》的另一个版本，1689年印刷于阿姆斯特丹。他在援引弥尔顿的《教会政府的理由（反驳主教制）》和《论宗教改革》时使用了这个版本（参见 Boyd 的注释，卷一：页553）。这个版本是否收录《为英国人民声辩》呢？

杰斐逊印章上的"反抗僭政就是顺从上帝"——杰斐逊认为出自富兰克林，而富兰克林则认为来自布拉德肖（John Bradshaw），此人是主持查理一世"审判"的法官，而弥尔顿在《再为英国人民声辩》结尾处的一段较长的颂辞中将其赞扬为一位"诛杀僭主者"（耶鲁版，页637–639）——听上去很像弥尔顿在《为英国人民声辩》和《论国王和官长的职权》中都引用的塞涅卡格言"僭主的鲜血是献给宙斯的最宝贵的祭品"的石刻版。

从总体上分析弥尔顿对杰斐逊可能的影响，参 Sensabaugh, *Milton in Early America* 前揭，pp. 135–146, Jony Davies, "Borrowed Language: Milton, Jefferson, Mirabeau", in David Armitage, Armand Himy, and Quentin Skinner eds., *Milton and Republicanism* (Cambridge: Cambridge University Press, 1995), pp. 254–271。

在1823年8月30日写给麦迪逊的信中，杰斐逊声称自己"在写作时，没有求助任何书籍或小册子"。

根据国会图书馆出版的杰斐逊藏书目录，除了一套弥尔顿诗集外，杰斐逊至少还有一套弥尔顿散文集。这个集子是否收录了《为英国人民声辩》，如果收录了，那上面的标记是否出自杰斐逊之手，如果是的话，这些标记是否在1776年7月之前留下，我都无法确定。这并不会太影响我这里的论证（当然肯定不会有助于我的论证），因为我关心的是思想上的相似——在某种程度上相似——以及分析《独立宣言》的重要意义，而弥尔顿《为英国人民声辩》中的思想在我看来为其提供了一种点对点的对应。

值得分析。当然,弥尔顿、洛克和《独立宣言》都同样想要将执行权置于法律之下。但是,弥尔顿并没有将立法主权与法治等量齐观,虽然他认为,议会反抗查理一世恰好存在这个情况。与此类似,杰斐逊和他的同僚在起草《独立宣言》时,诉诸自然、上帝和自己的处境来提出自己的观点,但是他们不同于洛克,后者将法治视为实现立法至上的正式政体要求。

对于弥尔顿和《独立宣言》起草者来说,法治都不指立法机构的统治。情况就是如此,虽然弥尔顿的半清教革命姿态使他倾向于捍卫议会一方。弥尔顿不仅可以设想君主比他的全部臣民更能代表自然权利的国家状态,如同《失乐园》里的天父与他的天使的关系,而且在为那位解散议会的克伦威尔(Cromwell)辩护时,弥尔顿有理有据地偏袒一种在现实中出现但当时不受欢迎的少数人专权的主张。与亚里士多德一样,弥尔顿将不可分享的统治权利赋予一个能证明自己在德性方面明显优于其邻人的灵魂。我承认,如果考虑到洛克随后引入的甚至让人民反抗最高立法机构的权利,那么此处的区别就不具有决定性意义。他们的差别其实在于,弥尔顿和《独立宣言》在将最终主权交给人民的同时,使人民服从一个神圣的自然的正义要求,但是洛克仅仅使人们服从他们对于更好地保存自己所做的盘算。

如果不基于洛克式的辉格学说,弥尔顿如何为议会的弑君辩护呢?他坚持主张任何人在任何情况下都有抵抗僭主的义务。弥尔顿在《为英国人民声辩》中自始至终都坚持区分国王与僭主,国王为了共同福祉而统治,僭主为了与公共福祉相悖的自身利益而统治。虽然弥尔顿曾一带而过,说可以为了得到更好的统治者而抛弃国王(页494),但人们应该服从国王,应该反抗僭主,如果反抗并非不切实际的话(页469)。弥尔顿承认,自己有责任确定僭主的具体行为,列举他认为构成一长串滥权行为——或者,也许是一小串特别恶劣的滥权行为——的具体事实,其中包括了几乎美国《独立宣言》

罗列的所有具体行为，并没有将国王煽动印第安野蛮人、鼓动"国内"骚乱的行为排除在外，想想看，据说查理一世利用爱尔兰人来对付居住在爱尔兰的英国人。

简言之，与《独立宣言》一样，弥尔顿将符合自然的、正当的独立视为对僭主的憎恶。与殖民地的这些起草者一样，弥尔顿也留下了某种模糊的宽松，允许某种基于"人民期待改善"此般含糊理由的更宽泛的革命权。弥尔顿从为"长时间忍受纯粹僭主后予以反抗的权利"提供强有力的辩护到为人民辩护，让他们将政府形式（僭政或非僭政的政府）改换成他们"认为"更有利于他们福祉的政府形式，这个转变预先穷尽了杰斐逊的言辞。最后，在弥尔顿和《独立宣言》那里，人民的反抗权必须一直符合一个要求，即他们的判断要符合上帝和自然的更高的道德法命令。

二 "不证自明的"真理：平等

平等几乎算不上是一个后－弥尔顿或后－洛克政治思想的命题。一种共和主义传统扎根于梭伦、赞扬平等（isonomia）的希腊肃剧作家、亚里士多德以及希腊化罗马时期廊下派之中，它传授给欧洲一种市民法规范准则，这些准则不区分出身、机遇或团体归属，适用所有人。①

尽管如此，《独立宣言》极力主张的平等观还是包含了某种尽管不是完全现代但肯定是后古典的东西。我并不会挑战下述流行看法，

---

① 有关在法治语境中阐释平等的地位，参见 M. Stanton Evans, *The Theme is Freedom: Religion, Politics and the American Tradition* (Washington, DC: Regnery Publishing, 1994)。与之相对的解读参见 Orlando Patterson, *Freedom in the Making of Western Culture* (New York: Basic Books, 1991), pp. 47 - 181。对这个主题最好的哲学分析也许是 Bertrand de Jouvenal, *On Power: The Natural History of its Growth* (Indianapolis: Liberty Fund, 1993)。

即这种平等思想的新开端在某些方面或说很大程度上受惠于洛克做出的一些假定。但是我想提出,杰斐逊赋予"我们"(美国人?共和派人士?启蒙者构成的专家?任何和所有能够领悟"这些真理"的不证自明性的人?)的那种对于平等的特定理解,更多受惠于弥尔顿思考政治事务的方式。因此,首先让我来证实我对平等问题的看法,接着我还会更尖锐地指出,在《独立宣言》关于个人权利教诲的方面洛克对"追求幸福"的影响。

"所有人生而平等"这个命题,是否像杰斐逊、林肯(Lincoln)和1960年代之前的大多数美国人所认为的那样,是一条不证自明的真理,像平克尼(C. C. Pinckney)和众多南方派人士当时和现在所认为的那样不证自明?还是说像我和路易斯(C. S. Lewis)认为的这样,这一不证自明的真理需要通过恢复传统博雅教育才能把握?无论如何,非常有必要比几乎所有政客和许多学者所倾向的那样更小心地解释这个平等命题。但是,我并不是呼吁对18世纪的观点展开更多讨论,因为这些观点的价值最多就是借以得出对观点的细致阅读体现的洞察力,而我们自己也能缜密地阅读。也许,人们期待的是在《独立宣言》本身提供的语境中更细致地推敲平等命题。那么,如何来做出这样一种推敲呢?

我们或许可以从这里开始:争论平等命题的意涵和影响的角度(从有记载之时到现在都是如此)存在一些偏差。这项争论迄今为止围绕下述问题展开:《独立宣言》传达的平等观念是基于有关英国人的规范性地位的一些假定,还是基于某些有关持久人性的原理。[1]持

---

[1] 例如下述两方的争辩:Jaffa (*How to Think About the American Revolution*, 前揭, pp. 141 - 161) 作为自然权利的一方; M. E. Bradford ("The Heresy of Equality", *Modern Age* 20, no. 1 [Winter, 1976]: 62 - 77) 作为英国约定性权利 (conventional right) 的一方。

第二个立场的人优势更大些,因为平等命题是通过一种明显具有普世性的话语("所有人"等等)来表达的。但是,盎格鲁-政制立场也有一定说服力,因为所有人的平等地位实际上是英国政制发展取得的成就(或一项经过努力形成的有关一则永恒有效的真理的认知)。这个发展过程经过了前-诺曼征服的神话、《大宪章》(Magna Carta)、都铎时期普通法的强化、清教共和国革命、《权利请愿书》(Petition of Rights)、光荣革命、《权利法案》(Bill of Rights),以及殖民地人民基于大西洋这边普遍存在的中产阶级组建自己代议制政府的亲身经验。

争论的这个面相似乎私下为之前所说的问题提供了一个解决之道:英国的政制发展最终在《独立宣言》的平等原则那里瓜熟蒂落。1776年费城认知到的这个真理基于永恒的人性(human nature),但类似于亚里士多德关于肃剧艺术发展的看法,要想通过认识自然(nature)来探究这项真理在普世和永恒层面上是什么,首先需要研究不自觉或仅仅部分自觉的惯常的事件和原因造就的一系列类似事物。简言之,杰斐逊也许是根据逐渐形成的英国政制推演出自己对平等的理解,但是这种理解依然是完全自然的,只要英国政制发展指向的那个目的——从永恒的角度来看(subspecie aeternitatis)——是完全自然的。

无论上述争论到底如何,我这里的目的不是促成双方和解,而是为这一冲突引入另一个问题,因为争论双方几乎所有代表人物都误解了平等的命题,这一点相较于他们之间的争论反而让平等命题显而易见的重要性更加模糊了。双方都从适应世俗价值观的角度来看待这个问题。人们认为这种立场在学者当中占了上风,甚至在知识分子当中也占了上风,如果说还没有在大西洋两岸的普通人当中占了上风的话。

双方都认为,虽然大陆会议在文献中采用的话语明确表达了平等在受造方面的（creaturely）基础，但这一点对这份文献主张的平等的意涵没有任何影响，或至少没有决定性影响。亲英派人士主张，杰斐逊及其同僚真正的意图是所有英国人基于英国法而享有的平等地位。他们那些或赞同亚里士多德或赞同洛克的对手，如果是亚里士多德主义者，则根据人类的天然属性（理性）来证明平等；如果青睐洛克，就将杰斐逊的平等等同于洛克、霍布斯和卢梭所假设的契约性政治社会存在之前人类的处境。但是，双方都忽视了《独立宣言》的实际话语。

《独立宣言》明确主张，并不是英国使人们平等，不是科学形态学发现的属（genera）确立了平等，也不是一个前社会的自然状态中的力量平衡形成了平等，人的平等是因为他们"被创造为"平等的。如前文所示，亚里士多德不会说，人类或其他任何事物是被创造的。从社会契约哲学家追随者的观点以及英国政制的角度来看，人是否被创造或以其他方式被制造对于恰当理解人的平等来说并不重要。这并不是否认霍布斯、洛克和卢梭基于其他考虑会对这个问题感兴趣，他们很可能是为了引入对神圣创造的政治含义的质疑。

但是，《独立宣言》的起草者既没有质疑，也没有漠视上帝的创世与人的平等之间的联系。他们如此看重受造性（creatureliness）对于平等的重要性，以至于在一篇五百字的宣言中，在陈述独立的不同观点时三次提到这种联系："自然法和自然之上帝的法""被创造""被他们的造物主赋予"。如果说我们在某些时候需要字斟句酌，那么，我们严肃谈论如此重要的问题时理当如此，因为上述这项原则在各方面主导我们的国家生活。因此，字斟句酌地看，杰斐逊必须承认，人的平等源自神的恩典行为，一个可能原本不必然发生故而需要我们表达感激的恩惠。尽管人们之前获得了神的创造恩典，但是神并不是预先确定了恩典，随后决定人类事务的方方面面，甚至决定了上帝自己正确处理这种特定造物的方式。认识到《独立宣言》有关神的主动和人的回应的观点具有核心地位后，我们再去看弥尔顿，就能够察知国父们与他之间的继承关系。

在《为英国人民声辩》对弑君的辩护以及弥尔顿的改革宗共和国计划中，平等都占据重要位置，而且在其主要诗歌以及论战散文的方方面面，平等都隐含其中。弥尔顿的平等概念是什么？这个平等概念与《独立宣言》的平等概念有多相符？可以说十分相符。此外，即便不能说完全相符，我也认为，弥尔顿至少比洛克的相关教诲更契合《独立宣言》。

回到《为英国人民声辩》，弥尔顿反驳萨尔马修斯说，一切形式的绝对主义政府都违背了人的平等，这种平等是上帝创世时赋予亚当的。弥尔顿认为原初的平等就是《创世记》给出的断言："男女被创造出来，是照着神的形象来造他们（或他！）。"弥尔顿通过神的形象（imago dei）来理解理性以及这种理性的政治含义，而从宽泛意义上来说，这确实是某种理性。要收集弥尔顿有关人类分有神性的思考，除了《为英国人民声辩》外，可能还需要《论出版自由》、《失乐园》（*Paradise Lost*）和《复乐园》（*Paradise Regained*）。

然而，即便只看《为英国人民声辩》，亦可得出一个重要的结论：完全基于政治考虑的话，人与上帝共享的理性、使人在政治上平等的理性，是人做出斟酌选择的能力。与其他动物不同，人类这种动物能够反思，进而基于对自己应当做什么的理解做出选择，以此来指引自己的行为。人类在他们的斟酌选择这项特殊能力方面有所差异，但是他们之间的差异并没有那么悬殊，以至于能使得更具斟酌能力的某人可以不受限制地统治其他人，而即便最恶之人也可以如此这般正当地统治最高级的野兽。但是，弥尔顿承认，人可能会损坏他们分有的神的形象，上帝可能会间接施加惩罚，即允许僭主统治他们，比人驯化野兽还要严厉。但这个补充条件并没有给恶劣的统治者带去任何安慰。原因在于，无论神意安排了怎样的宽免，绝对主义统治者都违背了伊甸园的平等，这种平等一直在法理上有效，即使在原罪使人败坏之后也是如此。僭主宁录（Nimrod）是第一个违背平等的人，斯图亚特国王查理一世则是最近的一个例子。

洛克有关原初平等的教诲确实与弥尔顿多有重合，因为洛克也用理性衡量人类的具体差异（《政府论下篇》，2.11）。但是在我看来，洛克与弥尔顿深层的差异要比他们的部分一致更为关键，因为洛克只字不提人存在于上帝的形象中——《独立宣言》也没有提及这点，我会适时处理这个问题。问题并不在于两人援引神学的频率这个纯表面的差异。原因在于，在洛克这里，我们无法推导出我们应当感激上帝赋予我们理性，因为如上文所示，洛克并不关心人类的终极起源这个问题。即使情况并非如此，洛克与弥尔顿有关理性的内在特征的看法也足以显示二人的区别。

洛克的实践理性——也就是非思辨的理性——其实是一种自我保存本能的计算性辅助，十分强烈，并且属于前理性范畴。人会计算哪些东西受制于自己的意向，这是为了保存自己。他们在计算着自己能改变什么时，实际上难以抗拒这一冲动，亦会着眼于相同的目标。在进入政治社会之时或之前，自我保存为达成契约的理性所需的推理提供支持，并且在人的一生中指挥着理性。

与之不同，弥尔顿虽然没有忽视人们普遍具有保存自己的欲望，但是理性在他那里具有更广的意涵，其中就包括考量在某个时候某人的理性到底是在行善还是在作恶。也就是说，理性调和了实践行为与思辨真理——人认识到的真理可能对也可能错。这项本质特征造就了人类最本质的自由，人根据领悟到的真理而非本能生活，此种理解带来了一项认识真理并根据真理而生活的伦理义务，无论其要求的行为是否有助于自我保存。

但是，我关注的是，在将理性作为平等的首要基础这方面，弥尔顿和洛克的差异隐含了怎样的政治含义而非教化含义。一个重要的政治结果在于，在弥尔顿的概念中，人可以且应当改变他们的倾向，使其符合人通过认识到真理带来的义务。将能力与义务结合起来使得我们类似上帝，因为上帝的智慧和善密不可分地一同运作。人虽然拥有将思辨理性与实践结合起来的能力，但是，这两种功能即使实现了结合，也常常结合得不够完善。在这点上，人与上帝不同。同时明显类似又明显不同于某种更高的卓越，所谓形象，不过如此。上帝的真理和行为是合一的；而人能够使自己的行为符合真理。因此，人类仅仅是上帝的形象。

本文之前就承认，杰斐逊只字未提"神的形象"，因此我必须说明，我们如何能够在《独立宣言》中发现弥尔顿以理性意志主义为基础对平等的理解。首先，有人可能会说，虽然没有一处明说，但是到处都在暗示，因为整个文件得以确立的前提，是期望"将事实公之于世"能够说服这个世界站在奋起反抗的殖民地人民一边。鉴于这个世界的大部分人很可能倾向于反对革命者，杰斐逊和大陆会议必定相信，通过有理有据的论证，人们在顿悟和羞愧的引导下，会根据自己认识到的真理，改变自己的最初意向。杰斐逊、委员会和大陆会议似乎将他们自己带入持续的逻各斯中心主义中，如果这意味着必须接受"行为需回应有说服力的理性言辞"这个设定的话。

对于那种强调在道德上合乎理性的人性观，例如以柏拉图、亚里士多德、西塞罗和廊下派为代表的古典理性主义，可以说的内容有很多。但是，更需要强调的是圣书宗教特有的人性观，如果将其适用于理性造物，这种人性观会展现出人类与动物属的其他种之间的特定差异。在论及《独立宣言》确立了神性行为与政府权威三个方面的相似性时，雅法触及了这种人性观。政治社会的运作依赖于制定法律、执行法律和根据普遍法律审判具体案件。因此，《独立宣言》谈到英国违反合理的立法、缺乏忠实的执法、腐败的司法程序，但同时规定了优良立法、执行和司法之标准。与此类似，《独立宣言》谈及上帝，首先是作为一位立法者；其次是作为法律的执行者，通过创造自然以及赋予人类权利来执行法律；再次，作为最高裁判者，通过祂的神意来宣告祂的判决，将有关正当的普遍法则适用于具体的恰当行为或错误行为实例。

但是，我们必须进一步分析，才能认识到政治权威被划分为上帝和政府共有的三种行为的原因：人作为个体的灵魂本质上也具有这种三重性。古典理性主义或孟德斯鸠和洛克这样的现代理性主义者，也识别出政治政府三个同样的本质特征——进而得出了著名的分权学说。但是圣书宗教如果不是唯一的话，也是特别为人类受规则支配 - 执行规则 - 做出裁判的（nomocratic - executive - judicial）行为提供了基础，即它们是对上帝行为的不完美的模拟。就像对上帝负责那样，人的判断和行为都向自我认可的法律负责，但是不同于上帝的地方在于，这三种权力在人的灵魂中仅仅保持间歇性的和谐。对此我们只需要说，人并不是上帝，人最多只是上帝的形象。这种理解规定了我们应当如何思考上帝，以及与此同时如何思考人。

弥尔顿在《为英国人民声辩》和《论国王和官长的职权》（The Tenure of Kings and Magistrates）中明确将分有神的存在这个观点作为权利平等的基础。因为这是人堕落后留存的、堕落前本性的一个特征。《创世记》在亚当和夏娃的创造时期提到这种分有，接着在讲述人类首次过犯（transgression）时再次（有两次）提及，最后则是在讲述导致挪亚被拣选的新的过犯时提及。结合弥尔顿的下述区分来看，这一点很重要：弥尔顿支持区分属于前堕落时期的完美人性的"一级"自然法与适应人的堕落本性的"二级"自然法。但是，"神的形象"的基础及其要求非专断政府的道德后果，在弥尔顿的两种自然法中都继续存在。人不应当被专断地统治，因为即使在败坏状态下，人也保留了他们与上帝的某些类似之处，足以使人配得上法治而不是服从统治者的纯粹意志。要么是源于自己所持的信念，要么是为了适应为主体是基督徒和犹太人的人民撰写一份国家文件的紧迫需要，杰斐逊修正了洛克有关人性的学说，将其引向这种弥尔顿式教诲。

这种有关神性分有的信条对于平等学说有何影响呢？亚里士多德和人的良好判断力都会认为，正义在于平等地对待平等的事物，根据其特性不平等地对待不平等的事物。基于此，有人推断说，就政治方面的目的来说，准确判断不平等与平等观念同样重要。基于人与神的类似得出的平等论，是否模糊了更好与更恶之间的必要区分？并没有。首先，确定一个势必带来平等的人性面相，使我们能够去除那些基于非实质标准故而掩盖真正区分的不相干考量（种族、出身、性别、美貌、力量），得以真正区分更好与更恶。其次，人与上帝的类似程度有所不同，恰好对应于他们在所谓的执法和依法裁判这一能力方面的差异，以及起初辨识法律的能力的差异。这是否意味着，人与神的类似的平等，会招致一种奥威尔式的讽刺，提出一种尽管诱人但其末端却携带隐蔽的等级制毒刺的平等主义？是的。但是，这种讽刺本身就是空洞的，因为这个说法要能说得通就必须假定，一个物种内部的区分是不合理的。但是，这些区分不仅合理，而且对正义来说不可或缺。基于人与神的类似来理解平等，我们可以得出下述这几点：

（1）它将人类的共性基于本质特征而非偶然或外部特征；
（2）它基于一个理性主义基础而主张平等；
（3）它在谋取虔敬协助理性的同时，放弃了纯粹的信心论。[①]

弥尔顿的所有政治著作都致力于此。似乎正是这个目标驱使起

---

① 参 Wilson Carey Mac Williams, "On Equality as the Moral Foundation for Community", in Robert H. Horwitz, *The Moral Foundations of The American Republic*), 3rd. ed. (Charlottesville: University Press of Virginia, 1990), pp. 283 – 288。

草者们设法将洛克引向一种非保皇殖民地人民能够接受的公民神学。

在我看来,对杰斐逊的工作的一个有理有据的反驳是针对平等这个词本身。杰斐逊所察知的现实所适用的言辞,无法用这个算术术语来充分表达,因为杰斐逊脑中所想的实质内容其实更像一种类比,或一种比例关系。人类统治者就像牧人,为了牧群的福祉而管理。但是,人类群体的福祉不同于牧群,并不仅仅在于自身的保存,还在于每一个体成员的完善。这种完善首先指个体对政治社会的贡献,但最终指个体在其特定资源允许的范围内最大程度地接近神意。因此,个体的人必须最终被视为主体,只能偶然且暂时被视为工具。这一不证自明但较为复杂的真理,平等一词无法充分传达。但是,有必要补充一下,我对杰斐逊的表述提出的异议适用于所有的平等概念,无论其基础是什么,并不仅仅针对这里讨论的基于人与神的相似性的平等标准概念。我们也许可以总结说,确实不存在直白且令人信服的方法,来指涉一个易于为日常经验采纳(比如平等)但又极难做出精确哲学阐述的概念。

三 不证自明的真理:权利

《独立宣言》最受惠于洛克的段落,从杰斐逊有关不可让渡的权利的说明开始,直至不证自明的真理的最后一项,以及同意学说及相应的革命权主张。学者们指出,洛克阐述了这些学说,他们还注意到,杰斐逊运用了明显的洛克式语言加以表达。确实如此。我不是说杰斐逊并未受洛克影响而只受了弥尔顿的影响。我只是想指出,杰斐逊的前言后语构成的语境,试图将洛克式思想与一种洛克不会采纳的教诲相协调,这种教诲在各个方面都——除了一个我们后面会考察的地方——与弥尔顿的教诲类似。

有关权利的宣言在逻辑上随平等命题而来,后者以创世为前提,因此在分析这部分洛克式内容前，首先必须为这个基于自我保存观念的洛克式观点加上一个重要的限定。此外，还有一个更为重要的有关洛克权利理论的限定，这些权利跟在"被赋予"（即被一位造物主赋予）这个附加的谓语之后。由于我们已经预先对这一点进行了一些说明，这里就不再大肆渲染，而是仅仅回溯一下之前有关平等之争论的分析，指出其中的一个关键。

两种不同看法归根到底是相同的问题并且都面临相同的质疑，即二者的看法都是荒谬的。如果将英国人的因袭权利（prescriptive right）与自然权利（无论是亚里士多德-西塞罗式，还是社会契约论式）作为非此即彼的两个选项，问题就会被置于错误的基础，就像在理解杰斐逊式的平等时把习俗性平等主义（conventional egalitarianism）和自然平等主义作为非此即彼的两种看法。一种被《独立宣言》一再陈述但仍被普遍忽视的看法认为，这里所说的权利既非英国授予的权利，亦非推演于自然的权利——即使杰斐逊相信，英国曾经授予这些权利，人类的本性也要求这些权利。

这里所说的权利，用更直接的说法来说，其特征在于不可让渡性，但是，在这份文件中，权利的来源既不是英国也不是自然，而是创造者-上帝。至于确立这些权利的行为，既不是英国人的自我理解的演进，也不是自然的常规发展，而是神在创世之外的另一个行为，即神的"赋予"行为。生命、自由和追求幸福，以及（"其中"）其他有所指但没有明确的权利都是上帝的赋予。①对权利的这

---

① 杰斐逊1774年的《英属美利坚权利概观》（A Summary View of the Rights of British America）（MIA），将"与世界所有其他地方开展贸易的"自由视为"美洲殖民地人民享有的自然权利"。但是，这种权利应该是一种法人权利，而不一定是个体自然权利。这篇文章中较有意思的是良心的权利。有关这些权利的积极含义（规定了旨在保障权利的政府行为）和消极含义（为了保障这些权利限定政府的行为），参见 Hamowy 精彩的分析，pp. 458-459。

种理解很契合弥尔顿的理论,但不那么契合洛克的思想。弥尔顿应该会也确实将人的权利溯至上帝的意志,而洛克在专门谈及他的世俗方案时也许会同意这个神圣源头,神圣源头也为这个世俗方案特有的目的服务。洛克不会赞同这个神圣源头符合他最权威的理论立场,因为他的立场的基础是不惜一切代价自我保存——这条必然会自我提升的基本原理。

除了上述分歧,杰斐逊认为赋予物有不可让渡的特性,这将他自己的学说与洛克的学说拉开了一定的距离。我猜想,《独立宣言》提及这些权利的不可让渡性,而没有使用某个逻辑上更必要的形容词,是因为《独立宣言》的作者正确地察觉到,就政治目的而言,不可让渡性是非常关键的谓语。

18 世纪晚期的法律术语使用两个形容词来修饰权利:不可剥夺的(indefeasible)和不可让渡的(in/unalienable)。一项不可剥夺的权利不可以被他人正当地侵犯,但是可以由权利享有者放弃。①比如,"我可以选择保持沉默的权利,但是此时我将放弃这项权利"。这个例子就揭示了这项区分的要害。与不可剥夺的权利不同,不可让渡的权利在授予一种有利于权利享有者的、道德上有说服力的权利的同时,为权利享有者施加了义务。我不仅仅享有活着的特权,我可以根据自己的意愿正当地主张或不主张,而且负有活着的义务。除非我的生命不由我自己无条件地处置,即不是可以让渡的财产,否则这个说法怎么能成立呢?

对第二项权利自由来说也是如此。人不仅享有做自由人的权利,

---

① 《牛津英语词典》(*Oxford English Dictionary*), 2d ed., 8: p. 771, 并比较 p. 840。牛津词典仅仅提供了英国的例证,我假定 18 世纪的美国也是如此可能不准确,但是我们可以参见亚当斯的《论教会法和封建法》(*A Dissertation on the Canon and Feudal Law*)。

而且负有做自由人的义务。考察一下大学生和其他揪着伪善不放的人最要紧的伤心事就会发现，他们认为，如果承认所有人都有义务成为自由人，那么只有当他相信个人自由依赖于自治而自治还没有被奴役侵蚀时，他才可以正当地对"内乱"表达厌恶。洛克确实说，人不能正当地杀害自己，因为他的生命并不完全属于自己，而是属于上帝（《政府论下篇》，段 2、6）。但是，我下面将指出，为什么洛克的"自我"概念抵消了保存自己生命这一仅仅是表面上的道德义务。至于自由，洛克并没有说人负有获得自由的义务。

"追求幸福"给上述解释提出了一个难题，因为我们很难理解，除了动物会禁不住一直寻求快乐这种洛克式的意义，某人追求自己的满足在何种意义上不可让渡。有人也许还会接着反对将道德义务定性为"不可让渡"，似乎所有人熟知的道德规范都要求为了某种高尚但却令人不快的东西而放弃个人满足。如果杰斐逊在财产上坚持最高程度的老套三重权利，我们就更容易看出权利的自由面相与义务面相之间的关联。①我们并不能随意处置我们的财产，因为我们的

---

① 关于杰斐逊有关追求幸福的说法的来源，有人认为是洛克（Becker, Jaffa）；有人认为是布尔拉玛基（Frank Donovan, *Mr. Jefferson's Declaration* [New York: Dodd, Mead, 1968], pp. 138 – 140)，to the Scots empiricists（Wills），to Aristotle（Charles Murray, *In Pursuit of Happiness and Good Government* [New York: Simon and Schuster, 1988], pp. 32 – 36, 136 – 137)；有人认为是苏格兰经验主义者（Wills），有人认为是亚里士多德（Charles Murray, *In Pursuit of Happiness and Good Government* [New York: Simon and Schuster, 1988], pp. 32 – 36、136 – 137)。如果脱离语境来看，我觉得我们无法消除这个用语的模糊性。即使考虑到语境的每个方面，我也会认为该说法来自弥尔顿，但同时我也承认，我们几乎不可能弄清楚一个具有如此宽泛暗示的术语。奥古斯丁剔除了瓦罗（Varro）288 个在哲学上被证实的幸福的定义。快乐、德性的不同范畴以及这些变体的合成物的属性是如此宽泛和根本，人们甚至会怀疑，萨德的好奇、福柯的倒错甚至尼采的真正哲学上的重估一切价值是否超出了瓦罗的那些列举范围（《上帝之城》19.1）。

家庭和邻人也需要它。洛克采用"追求幸福"（《人类理智论》，章 21、44、51、52）这个措辞显然是因为，他认为这个措辞比财产涵盖了更多不同类型的利己追求，虽然他有时候会将财产与幸福当作同义词来使用。

杰斐逊难道不是在用洛克的话语论证一个洛克式立场吗？也许是这样。洛克的影响我们还是要承认。但是，如果上述列举的权利都承载着某种责任，那么杰斐逊也驱使我们用某些相应的义务限制这项看上去最自私的权利。我认为，这项义务近乎上述所有义务的综合，这些义务如今指向同一个目的。如果你愿意的话，可以称之为一项超级义务。

我们可以认为，杰斐逊指的是对适宜的独立理性造物的目的（幸福）之追求这项最高义务，而不是追求服从他人的奴性目的，服从牧师和教长、出身高贵者、有权或富有的人、人种上纯种的人或他们的统治者。这些人被认为比其他人更应获得幸福，而如果我们知晓真理的话就会明白，在一位将自由这项赋予物平等分配给人的上帝看来，这些人和其他人其实是平等的。从文本上反驳这个解读，最有力的方法就是使得在"生命、自由"的基础上加上"追求幸福"显得多此一举。要回应这个反驳，我们可以说这是某种修辞上恰当的包含关系，或者从更实质的角度来说，就是我们熟知的活着与活得好之间的区分。活着需要保持呼吸和身体活动的基本自由、迁移的自由、处置自己的劳动和工具的自由；活得好（即幸福）还包含培育道德和思想德性的义务。在后一种意义上，我们也许可被认为负有追求幸福的义务。

我认为，详情诉状为《独立宣言》增加了一个语境，为一种有关"追求幸福"的道德观点提供了可信的支持。这些支持脱离英国而独立的人提供的理由主要是，在英国的干涉下他们无法履行自己的政治和宗教责任，而不是英国给他们造成的诸种不便。《独立宣言》列举的大多数指控，是抱怨英国干涉殖民地的立法以及殖民地人民建设优良政府的努力。还有就是，一片只有手掌大小的乌云，即一位国王委任的主教，不祥地逼近东部的海平线，对殖民地人民的宗教责任造成了威胁。这个问题将带我进入《独立宣言》对乔治三世的具体指控。我暂时不会讨论最后一项不证自明的真理——被统治者的同意这项原则——而是先做准备工作，比较《独立宣言》和《为英国人民声辩》逐条列举的反对国王的陈情，说明它们之间的相似。

四 详情诉状

在《为英国人民声辩》第 12 章，弥尔顿开始了他反对斯图亚特国王查理一世的详情诉状。正如《独立宣言》指控乔治三世未经殖民地立法机关的同意而征税，弥尔顿指控查理一世未经议会同意征收新税（船税及其他税）（页 521）。正如殖民地人民指控乔治中止美洲的立法机构，弥尔顿也斥责查理一世在从短期议会那里获取收入后便将其废除（页 521）。他早些时候抗议说，国王无权像查理一世那样、像美洲人民宣称国王乔治所做的那样否定必要的立法。《独立宣言》后来抱怨国王集结了一支德国雇佣军。弥尔顿也在这方面抱怨查理一世（页 521）。杰斐逊呼应了弥尔顿的下述主张，即国王违背了"保护臣属之责"（页 528），或者用《独立宣言》的话来说，"他放弃设在这里的政府，宣称我们已不在他们保护之列"。弥尔顿注意到，查理一世向他自己的臣民发动战争，就如殖民地人民提到，"向我们发动战争"。杰斐逊重复了弥尔顿对查理一世的抱怨，"夺走了我们的宪章"（对弥尔顿来说是《大宪章》，对殖民地人民来说，主要是他们 1674 年前获得的皇家特许状），废除了"我们最宝贵的法律，根本上改变了我们的政府形式"。

弥尔顿与杰斐逊一样，在大量行政官员的重压下抗议国王让同胞自相残杀。我前面已经提到，查理一世利用爱尔兰人煽动暴乱的做法与国王乔治"煽动内乱"如出一辙，也许与国王乔治挑动讨人喜欢的土生土长的原住民的做法也如出一辙，他们被杰斐逊这位男性-欧洲-逻各斯中心主义者（phallo-Euro-logo-centric）心怀成见地称为"无情的印第安蛮子"（《为英国人民声辩》，参页522-523、524-525）。①由于弥尔顿还在《为英国人民声辩》别的地方抗议查理一世、劳德大主教（Laud）和温特沃思（Wentworth）的星宫法庭（Star Chamber）滥用司法程序，包括拒绝给予陪审团审判权，我们可以说，在大多数方面，弥尔顿的详情诉状与《独立宣言》的详情诉状具有极为明确的相似性。甚至连殖民地人民对国王乔治正在打造专制的温床并在"邻省"建立一个军事前哨的担心，都体现在弥尔顿抱怨查理一世对苏格兰的处理中。这个问题值得后面单独分析。我们这里先不考虑事实，而是考虑《为英国人民声辩》和《独立宣言》在详情诉状方面的相似具有什么意义。

我自信没有给读者留下这个印象，即，我认为，如果没有书面文字上的先例，殖民地人民的后背就无法感知英国红衣士兵的刺刀要干什么。我并不是在确立书面文字上的起源，而是探究共和思想的连续性，进而指出弥尔顿和杰斐逊反对专断政府的具体陈情时依据了哪些能够长久适用的基础。他们的陈情单都源自弥尔顿和《独立宣言》视之为不证自明的原则，而这些真理如今被用来分析具体的政治恶行。对此的分析将揭示一种在杰斐逊的时代即将在分权概念里神圣化的自由政府学说。

---

① 英国人也许会抗议说，他们只不过是在以牙还牙，因为"印第安人"将他们的茶叶倒入大海。殖民地人民也将疯癫的印第安人纳入自己的队伍中，尽管肯定是用自己更文明的欧洲战争规范来训练他们。

但是，弥尔顿僭政概念的一个重要因素似乎没有在杰斐逊那里出现，否则二者的列举就一一对应了。弥尔顿也许觉得，他所指控的查理一世的所有不当行为，其严重性都不及查理一世和劳德坚持推行划一的教会教义和敬拜这一不当的统治措施。《独立宣言》看上去似乎没对国王乔治提出类似的陈情。它显然没有提及教会、教会教义和教规以及敬拜问题。尽管《独立宣言》在实践领域强调的问题比《为英国人民声辩》更为世俗，但是我们应当考察似乎体现在一个具体细则中的宗教忧虑，虽然这一点今天似乎最不为人所关注。

五 魁北克与废除国教

《独立宣言》发布半世纪后，起草委员会的一位成员回忆说，殖民地当时怀疑英国密谋将安立甘宗主教送至美洲。根据约翰·亚当斯的回忆，这个问题在 1776 年听起来是

> 一种对英国议会权力的普遍担忧。这导致人们普遍而又合理地认为，议会会将主教、主教教区、牧师和什一税强加于我们。我们都知道，如果没有议会的法案，国王、大臣、大主教都不能在美洲任命主教；如果议会可以向我们课税，他们就能在这里建立英国国教，包括国教所有的教义、教规、考验、仪式和什一税，并能禁止其他教会，将其视为非法集会和裂教机构。①

历史学家判断，殖民地人民因有可能出现皇家教长（royal prelate）而惊恐不安，如果这个判断准确，如果我关于《独立宣言》的起草者提出了弥尔顿一百多年前阐述的那些陈情这个观点正确，那

---

① Bernard Bailyn, *Ideological Origins of the American Revolution* (Cambridge, MA: Belknap Press of Harvard University Press, 1992), pp. 256 – 257, 引用了这段话。

么，我们就会期待，控诉状会在某处这样抱怨国王派遣大批官员吞没我们并准备派遣雇佣军：

> 与他的其他行为相呼应，国王图谋派遣傲慢嚣张的主教控制我们的教会，这些目中无人的神职人员，他们的属灵斗争法则就是无差别地镇压男人、女人和儿童，其主要手段就是将世俗权威与属灵权威不恰当地结合在一起。所有僭主都知晓这种做法，但是我们面对造物主时应当践行的独立良心却与之势不两立。

当然，这些话并没有出现在《独立宣言》中，然而，杰斐逊后来对于自己为弗吉尼亚州1786年法案加入一条宽容内容这个成就颇为自豪，所以，他应该会较为青睐这个表述。对添加这部分内容的反对意见可能是：尽管英国国教与美洲的主教教区之间的关系并不明确，但很显然，主教派在弗吉尼亚的，是税收的受益人。人们应该是觉得，冒险疏远那些弗吉尼亚人并不妥当，他们比杰斐逊更加赞同殖民地内部制度。此外，在其他殖民地，其他一些教派同样依赖殖民地的官方支持。

起草者们面临的问题是，如何在利用人们对英国可能实施的埃拉斯都（Erastian）方案的厌恶的同时，不惊动那些像杰斐逊那样还没有打算主张废除国教的人。他们的解决方法很聪明——即便有任何违背之处的话，也没有蛮不讲理地违背原则——而且我们还应当指出，这种解决之道秉持了弥尔顿的思想。

无论我们应当归因于杰斐逊突然改变主意，还是亚当斯、富兰克林、五人委员会全体成员或另外两位成员谢尔曼（Roger Sherman）和利文斯顿（Robert Livingston）做出了修改，反正有人聪明地想到为杰斐逊的初稿加上对国王乔治的指控，即通过统治魁北克来为侵犯殖民地做好准备。这一条明确指出，乔治三世因下述行为而难辞其咎：

他在一个邻省废除了英国法律的自由制度，在那里建立专制政府，扩大其疆域，使其立即成为一个样板和合适的工具，以便向这里各殖民地推行同样的专制统治。

魁北克如今因两个原因而变得令人不安：它最近正式表示赞同法国法典（尽管已依循惯例长时间采用），而且国王乔治已经开始通过法律制裁，为英国王室的法国臣属确立罗马天主教的地位。① 因此，魁北克这个"远亲"向费城的起草者们展示了一台可怕的双线发动机，使他们能够解决下述难题：在吸引主张废除国教的爱国者的同时，不会过于坚持将政府扶植的宗教等同于专制，从而不会疏远美洲的新教国教主义者。殖民地人民有权憎恨天主教，对私人宗教领域遭受政治侵犯表达愤恨，憎恶安立甘宗主教法冠带来的恐惧。

像弥尔顿的《论出版自由》和《论宗教改革》（*Of Reformation*）一样，他们可以（如果他们选择这么做）在赋予新教徒以自由的同时，拒绝给予天主教徒自由。弥尔顿指出，天主教根本就不是真正意义上的宗教教派，而是一个披着神父大袍的国际世俗利益团体。这就为上述做法提供了依据。亚当斯或其他某个人做了进一步的润色和变通，没有在文件中提及天主教本身，这样就不会公然冒犯天主教民兵。但与此同时，他们允许反教皇派表达他们的愤怒，在文件中为反教皇派能想到的国王乔治的"合适的工具"，可能给他们的良心造成的最大伤害提供了一个说法。通过这样一种隐匿但可能有效且有理有据的方式，弥尔顿的良心辩护得到了委员会或会场辩论的重视，故而被大陆会议7月4日的正式

---

① 《弗吉尼亚有关诺斯勋爵的安抚决议案的决定》（*Virginia Resolutions on Lord North's Conciliatory Proposal*，1775年）指出，下议院"变更了魁北克的政府和宗教"（Boyd，卷一：页172）。

成稿采纳。

在作为思想家和政治家的整个生涯中,杰斐逊都追随洛克的下述信条,即政治权威不可随意就灵魂拯救问题立法。①但是,杰斐逊有时候似乎想两者兼得,就如他用了一段祈祷文作为那封要求一座"隔离之墙"的信的结尾。如果大陆会议和各个殖民地的协商会议可以被视为革命时代的公共意见的指数,那么,美国人的信条显然背离了杰斐逊的洛克面相,并且认为,犹太人和基督徒在圣书宗教方面共有的内容,不仅有利于杰斐逊提出的不证自明的真理,而且证明这种真理所不可或缺。在这方面,殖民地人民背离了洛克-杰斐逊而转向弥尔顿。

弥尔顿禁止政治权威干预教会事务,但同时拒绝给予天主教徒敬拜、教义和言论方面的自由,此外他还认为,基督教时代的共和政府需要在政治上支持基本的基督教原则,不是某个教派的原则,而是一种结合了耶稣(以及《申命记》)的两条重要戒律道德的一般有神论,霍布斯将这种混合物称为"亚里士多德学"(Aristotelity)。②

---

① 杰斐逊的《日记本》包括了一些来自洛克《论宗教宽容》的冗长摘录。就我们这里的语境而言,其中最有意思的是:"洛克拒绝宽容那些其见解与保存社会必需的道德规范相悖的人。这些见解包括:无法与其他信仰相容的信仰,被开除教籍的国王丧失了自己的王权,统治权基于恩典,应当服从某个外国君主,此外还有那些不负有或不教授在宗教上宽容所有人这项义务的人,和那些否定上帝存在的人。"杰斐逊对此评论说:"(就像他[洛克]自己在谈及制定宽容法案的议会时所说的那样)做到这一步很重要,但是在他戛然而止的地方,我们可以继续。"(Boyd,卷一:页548)

② 写作《论宗教宽容》的洛克大概会觉得,这些都不是他担心的问题。洛克明确允许一个受国家支持的教会,尽管这个主张似乎很难与《论宗教宽容》的逻辑相符。但是,对于更接近弥尔顿而非洛克的殖民地人民来说,正如我一直主张的,对行将出现的教长的担忧可以与详情指控状中列举的英国违反自然法和自然之上帝的法的其他行为相提并论。

将杰斐逊的自然神论或不可知论完全剔除后，他的更宽大主义（latitudinarian）的思想经过调整，在大陆会议通过了，还在魁北克那段得到修正，这样，就通过这条详情诉状传达了弥尔顿有关公民宗教的复杂看法，这些看法可见于《失乐园》《论宗教改革》与《为英国人民声辩》，亦可见于他成熟期一直到《建设自由共和国的简易办法》的作品中。

与其他问题相比，洛克和弥尔顿在废除国教这个问题上较为接近。但是，他们从完全相反的起点接近对方，这是固定在他们反方向始发点的弹性系绳，因此最终达到了极限。

确实，如果我们将《论宗教宽容》（Letter on Toleration）所述视为洛克的观点，那么弥尔顿和洛克的立场几乎完全相同，因为洛克与弥尔顿一样认为，世俗权威与神圣权威完全不同，而且政治权威通常不应强制要求划一，无论是信条方面还是敬拜方面。此外，无神论者以及那些要求教友实施不道德行为的基督徒，都被弥尔顿和洛克都排除在宽容之外。虽然与弥尔顿相比，洛克与天主教徒更合得来，但他根本上赞同弥尔顿看法：不能宽容那些认为自己无需与异端分子谈什么信义的天主教徒、那些认为自己无需服从被教皇开除教籍的统治者的天主教徒。

弥尔顿与洛克之间的一个分歧在于，根据《论出版自由》中的论证，弥尔顿拒绝赋予异教徒以言论和敬拜自由，洛克则特别指出应当宽容异教徒（《论宗教宽容》，Sherman 编本，页 180）。再说一遍，如果人们认为洛克明确给出的教诲就是他自己的根本教诲，情况就是如此。但是，如果洛克宣称自己憎恨无神论主要是为了保护自己，那么他与弥尔顿的分歧就会明显变大，而且，随着有利于无宗教信仰的环境接近我们现在的环境，这点将在政治层面产生更大的影响。

我认为洛克的直白教诲并不是他的根本教诲，因为他所宣称的本人的敬虔与他的论证逻辑不符。如果我们考察洛克宽容异教徒的谨慎呼吁就能看到，这种宽容可以轻易地直接延伸至无宗教信仰的人群，尽管洛克本人没有明确这么做，而是任由他的读者来做此推演。洛克为普遍宽容（排除了前面所说的两类人）提供了强有力的论证，但是反对无宗教信仰的论证却较为单薄。①

如果我对洛克的解读不误，那么，在美国人宣布独立时，就可以列出四种与他们处境相关的有关宽容和废除国教的立场。从这些不同立场构成情况来看，左边是更普遍的宽容，右边是更有限的宽容，而杰斐逊在左，弥尔顿则在右，洛克紧挨着杰斐逊，《独立宣言》紧挨着弥尔顿。靠左边的两个立场对圣书宗教缺乏热情，这种漠视当然也表明他们对宗教分歧更加漠不关心，故而更为宽容，所以与靠右边的两个立场不同。

之所以将杰斐逊放在洛克的左边，是因为这位弗吉尼亚人与洛克不同，没有直接对正统基督教表现出自己的虚伪。之所以将大陆会议的起草者放在弥尔顿的左边，是因为《独立宣言》只字不提反天主教，或至少暂时宽容教皇派分子，只要后者恰当调整自己的行为，不再坚持教皇高于世俗统治的至上地位。

如果基于对国家扶植的宗教的反对程度评估这四种立场，弥尔顿就该与殖民地人民交换位置。当然，如果我们考虑到，某个殖

---

① 《论宗教宽容》通过设想自己身处异教君主统治的政权，质疑基督教对异教徒的不宽容。洛克问道，他是否应当将自己在异教统治下希望得到的良心自由赋予那些异教徒？对于人们应当选择其中那个把握了更高真理的教义这个反驳，洛克回应说，某个人的正统教义在另一个人看来就是异端邪说（Sherman 编辑本，p. 181，pp. 200 - 201）。洛克这里早早预见了如今在大学生中普遍存在，同时也在教师中几乎被普遍接受的不合逻辑的说法。大致是这样一个形式："X 认为 A 意味着 B；Y 认为 A 意味着 C；因此 A 既不意味着 B，也不意味着 C（也不意味着其他什么）。"这些人选择性地进行这种不合逻辑的推理，常常会加重这种危害，尽管有时候会迸发出一些真理。

民地拥护政府扶植的宗教并不等于要在全国层面实行公民宗教，那么这个问题就会变得更加复杂。如果做出这种恰当的调整，殖民地人民就该更加靠近弥尔顿。①

反国教的美洲人，如果想要在弥尔顿的著作中为他们的义愤找寻圣经原则的支持，他们可以注意弥尔顿的《论宗教改革》《教会政府的理由》《论教会治理中的政府权力》，这些都是写于1640至1647年间的反主教制论著，另外还有一些十四行诗和晚期的《解除雇佣工的最佳方法》（1660年）。教会自称，基于圣经的早期教会的实践证明，主教领导的教会政府具有正当性，弥尔顿在这些著作中一方面驳斥这一做法，一方面又努力以这两个规范性为基础，确立以长老为领导的去中心化治理模式。如果这个基于规范的论证传播出去，殖民地人民将会发现，而且他们有些人已然发现，这是一个将弥尔顿有关教会和国家的思考联系起来的理性论证。对待教会和国家的共和主义立场，是从所有政府的正当权力都源自被统治者的同意这个弥尔顿坚持的牢固前提出发，能够得出的一贯结论。如果殖民地人民想要找寻弥尔顿有关政治权威和宗教权威的终极标准的说法，他们可以看《为英国人民声辩》的下述表达：

> 起初，人们聚集在一个政治秩序中过着安全和自由的生活，不受摧残和侵害，同时在教会中过着敬虔和敬神的生活。政治秩序有法律，教会有教义教规，两者迥然不同。正是由于（我

---

① 贝林确实给出了令人信服的证据表明，在1776年的时候，国教主义者在殖民地各地疲于奔命。即使如此，如果能够以某种方式，在不惊吓保守分子的同时警示废国教主义者，那么处于战火纷飞下的大陆会议就不会冒险失去任何支持者。杰斐逊的说法表明这些保守分子依然具有一定的影响，他说他十年后的宗教宽容法案在通过时经历了"艰难的斗争"。

们的）政府和教会混淆了他们的权威，多年来，在整个基督教世界，一场战争为另一场战争播下种子。①

显然，并不是所有殖民地人民都会赞同弥尔顿如此直白的谴责，因为如前文所述，许多人，或者大多数人生活的地区都为某个教派提供税收支持。此外，所有殖民地即便不提供真正的州补贴，也都通过免除税收，为祈祷和斋戒提供州资助，并且颁布法律鼓励不可解除的婚姻，由此而为一般的基督教提供某种支持。基于洛克式或弥尔顿式的考虑，或兼而有之，某些（许多？）签署人心里也许期望，谴责伦敦和坎特伯雷终将成为星星之火。他们可以借此将政治高压与家乡附近为人们所接受的教派拉开更大距离。其他殖民地人民会满足于维持一条相当稀疏的栅栏——因为根本谈不上是一堵墙，将基督教的羊群和牧人与政治监督者区分开来。

也许，让杰斐逊这位自由思想者反感的是，《独立宣言》允许其选民基于自己的理由而厌恶王室任命的教长。但是，绝大部分非托利党人都将自己有关这个问题的陈情视为某种弥尔顿立场的变形，大陆会议也可能寄望于此。这个立场基于比洛克更广泛的基础，所谓"更广泛"，并不是指概念层面，而是指更广泛的代表性，因为他们认为，与洛克式隐秘的卢克莱修主义相比，基督教共和主义为更多人所接受。无论如何，可以想见，比起洛克没有明确要求将安立

---

① "序言"，页 34，Columbia edition。此处系笔者的翻译。耶鲁（Yale）版用"随之而来（followed）"而非"播下种子（sown）"来翻译拉丁词 seritur。另外，弥尔顿可能是在呼应撒卢斯特（Sallust）的一个惯用语，《历史》(*Histories*), 4.61。耶鲁版的翻译也许是取 seritur 的"缝（sew）"或"结合（join）"之意，由此将其翻译为"随之而来"。在这个点上，我受惠于 Kathleen Alvis 和 David Sweet 的提示。

甘主义去国教化的宽容教诲,此种弥尔顿式反主教主义更符合《独立宣言》的创世、平等、权利和同意命题背后的圣书宗教。没错,根据推测可知,不同于杰斐逊不得不做出的明显妥协,洛克的逻辑会要求将安立甘主义去国教化。凭借弥尔顿式的推理,杰斐逊即刻就能得到他那些基于圣经的不证自明的真理,还能得到他希望的那堵隔离之墙。有人也许会质疑,这堵墙是否与《独立宣言》不证自明的真理长久发挥作用完全相容,但这是杰斐逊的思想融贯性问题,也是我们今天会考虑的问题,而不是大多数殖民地人民面对的问题,更不是弥尔顿的问题。①

---

① 辛普森(David Simpson)曾论及美洲英国人的发展及其政治意涵这个有所不同但却与之相关的主题,并显然立足于一个他可能觉得与我不同的角度,他对爱默生(Ralph Waldo Emerson)与库柏(James Fenimore Cooper)的比较偶然反映了我在《独立宣言》中看到的那种神学精神。在下述引文中,邦波(Natty Bumppo)集中体现了起草者们的典型世界观:

> 当爱默生式的人凝视地平线的时候,他看到了"与自己的本性一样美丽的东西",而且只要他"看得够远",他就"永远不知疲倦"……与之不同,纳蒂从没有去想自己的本性;他注意到了上帝的荣耀,接着开始打量令人生疑的烟雾。 (*The Politics of American English*, 1776 – 1850, [New York: Oxford University Press, 1986], p. 254)

霍桑(Nathaniel Hawthorne)的小说《恩迪科特与红十字》(*Endicott and the Red Cross*)的结尾恰到好处,这是他惯常的笔法。他概括了自己在描述新英格兰清教徒对国王查理一世和主教劳德的厌恶时的讽刺,暗示1776年的独立不仅解决了外来统治强制人们的良心这个问题,而且解决了美洲人固有的宗教不宽容。但是,尽管霍桑比米勒(Arthur Miller)(比如《萨勒姆的女巫》[*The Crucible*])这类想法过于简单的意识形态思想家更胜一筹,但米勒终究还是认识到,宽容带来了道德正直被腐化的代价。霍桑认为我们必须承受这个代价,但无论如何,这依然是一个代价。诸神赐予的礼物左手中有,右手中也有。

六　生命、财富和神圣的荣誉

杰斐逊第一稿中未被大陆会议修改的最后一段内容，也支持我目前提出的解读。我之前指出，如果准确把握《独立宣言》的权利理论，就可以得出结论，杰斐逊想要调整一种洛克式相对主义权利观，以适应一种更为传统的、可能是弥尔顿式的理解；根据弥尔顿的理解，人的诸种权利应从义务并最终从感激一位创造、供养和裁判人类的神的超级义务中推导出来。

就有关权利的段落而言，我基本认为杰斐逊与弥尔顿一致，这矫正了杰斐逊与洛克一致这种学术界更为流行的看法。因此，要确认我这里得出的结论，对洛克著作的阐述要远比拙文详尽方可，还需要证明洛克的权利理论并不依赖于任何神圣源头，并且不会采纳权利会施加密不可分的道德义务这个观点。

无论这种阐述结果如何，笔者观点的证据，主要来自先于权利规定的神学真理所构成的语境。但是，这些理由是主要而非唯一的，因为杰斐逊列举各项自由后的具体语境除了为前述分析提供支持外，还提供了简短却在修辞上很重要的一段文字。我认为，这段文章将《独立宣言》与弥尔顿及其他志同道合之士连接起来，同时，将自己激昂的英雄气概与洛克那种笨拙的功利主义划清了界限。这段文字就是杰斐逊将其作为结尾并经大陆会议通过的誓言。

在首段做好打地基的工作，并在文件主体部分搭建起具体诉状这个拱门后，大陆会议用下述总结性誓言作为拱心石：所有成员宣誓忠于这项他们已经通过言和行（即还在进行的战争）以及他们当前写下的眼下正在开展的工作，为此献上自己的"生命、（他们的）财富和（他们的）神圣的荣誉"，捍卫他们的事业。与整篇宣言的顶点相应，这一系列宣誓事项本身也是逐次达致顶点。签署者的生命很重要，他们的财产更为重要，而他们的荣誉比生命和财产更加重要。实际上，他们回归到文件开篇的神学修辞，再次援引"神意"的赞同，并主张他们的荣誉神圣不容置疑。签署者们为什么如此评价并区分他们宣誓压上的赌注？

生命是人生巅峰的前提，但就其自身而言，"生命"并不能命名人们可得到的最值得称道的善。财产比生命更为珍贵，因为有产者比赤裸裸的个体在道德层面上具有更重要的意义。签署者们能够理解莎士比亚《亨利六世》（*Henry VI*）中的塔尔博特（Talbot），因为他向敌人吹嘘说，虽然他们捕获了自己的肉身，但是并没有得到他的实质。他所谓的实质，是基于他在英格兰的土地所有权赋予他的社会身份，更基于那些相互间的责任纽带、业已确立的忠诚以及领主与附庸间关系的政治权力。杰斐逊毕生反对贵族制的长子继承、限定继承的不动产和专有权，他的工作将这种个体的放大化的理念转变为基于共同体的有产代表，但是他的努力只不过是将塔尔博特的实质重新置于一个有所不同但也许更为自然的设定之中。有产者的生活基于托付关系，而非纯粹的报酬。原因如前文所述，上位者、附庸和已经世俗化的贵族构成的小型共同体，依赖于人们负责地运用自己的劳动和工具，以及积累性劳动和付出货币化为某人的金融资本所有权。由于有产者是经权力及相应责任提升的个体，所以财产是政治人的进一步实现。

因此，签署者，无论富有与否，相较于生命，更看重财产，而无论财产的多寡。即使没有财产的"没有文饰（unaccommodated）的人"，也如《独立宣言》所主张，凭借其造物主的恩典被赋予不可让渡的尊严，不只是"一个寒碜、赤裸的两脚动物"。李尔王最终认识到的就是这个道理。但是，除了奴隶，这片土地上几乎没有这种人，或者至少在新的独立派人士中很少有这种人。他们将享有对自己天赋的财产权，而且他们每个人都已经对这场革命试图确保的那些权利享有财产权。无论富有与否，从财产角度来审视的人，都在尊严方面高于纯粹的生物，尽管后者可能是理性的，是受到神恩惠的。

尽管如此，确切地说是由于这个缘故，置于最后的是荣誉而非财产，因为排在第一位的是尊严。荣誉代替了起初的三重权利中的"追求幸福"，因为荣誉更确切地指明了构成幸福的、道德上值得追求的东西，而加上"神圣的"这个修饰语，是为了防止人们联想到虚荣或野心。荣誉在这里显然是指真正的正直而不是贪求名望，即使有人与阿代尔（Douglas Adair）一样认为，在公众人士那里，这两种倾向通常并存，而且在国父那里，是较为低级的那个动机在有力地刺激他们获取正直的名声和表现；下述推断可能也没有那么牵强："神圣的荣誉"将幸福等同于一种政治化的德性，它基于道德和思想上的成就。在《独立宣言》中，这些成就是人们对自己所亏欠的上帝的回报，而易犯错的人类就应当这样来回报上帝。

就算这些论述言之有理，它们对我们目前针对洛克和弥尔顿的"确认生父之诉"（prosecution of their paternity suit）有何影响呢？我们知道，对洛克来说，自我保存从头到尾一直都很重要。要想彻底明白洛克所讲的自我保存究竟是什么意思，就需要考察洛克怎么理解这里的"自我"。这一考察需要大费周章且颇有争议。就我们这里的情况而言，下述分析就足够了。洛克在《人类理智论》中指出：

> 自我是依靠意识的东西……它能感觉到快乐和痛苦、幸福和患难，因此，这个意识扩展到什么地方，这个自我就对它自我关心到什么地方。

就我所知，他没有在其他地方给出不同说法。这个定义中的一项尝试会让柏拉图笔下的苏格拉底觉得好笑，因为它列举了某项事物的所有作为，但却没有说明这个事物是什么。这个定义的另一个缺陷在于，它将需要被定义的事物包含在定义中：自我是"自我"考虑的东西。读者有时会怀疑，洛克为了不直接说明自我归根到底就是身体，而让自己掉入不合逻辑的迷宫。无论如何，他在上述段落中似乎将自我等同于意识，特别是有关"痛苦和快乐"的意识，它显然需要一个身体，尽管这一需要在逻辑上并不严格。多数读者不就是将这个概念从《人类理智论》带入《政府论下篇》的吗？关于自我保存的教诲，洛克在其他地方没有任何论述使我们放弃此处直白但有文本依据的还原。需要被保存的是感受快乐（以及痛苦?）的个体能力，一种对我们的身体的保有，这个身体最好处于被洛克称为"无痛"的伊壁鸠鲁式沉静状态。

如果我之前的论证多少有些道理，人们就肯定会得出结论：杰斐逊在《独立宣言》中让洛克意义上的自我保存从属于一些别的关切。就如弥尔顿在《为英国人民声辩》中没有忽视安全、健康以及纯粹的生命，1776年的起草者们也没有忽视自我保存。尽管他们从没有使用这个词汇，但是他们对于国王和议会杀害公民感到不满，无论这些公民是否被视为苦乐经验的感受者。但是，揭竿而起的殖民地人民倾向于从另一个角度来理解人，他们倾向于像弥尔顿那样，将人理解为神的赋予物及人类独有的相应责任的受益人。弥尔顿的《为英国人民声辩》，尽管绝非持有此种人性观和排序观点的唯一作品，但却平易近人且广为人知，而且可能最易用于解释殖民地人民的处境，因为从政制、法律、宗教和道德的角度来看，他们的情况和目标与弥尔顿在1651年了解的情况类似。

七　同意：顶点还是削弱？

与此类似，但不尽相同，我绕开了杰斐逊有关政治同意的表述，因为我觉得这部分内容推进了《为英国人民声辩》的论述。分析杰斐逊与弥尔顿的相似之处，可以为我们提供观察这一推进的有利角度。但是，他们之间的一个重大分歧也并非无足轻重。

在捍卫共和国革命的整个生涯中，弥尔顿发现自己深受一些对手的困扰，他们咬住他的同意概念不放，将其视为弥尔顿的革命辩护中最薄弱一环。萨尔马修斯讥讽信约理念的鼓吹者装模作样，这些鼓吹者将信约订立者仅限于那些将会服从圣约安排的公民中的一小部分。弥尔顿没有回避这个问题，但是人们可能质疑他的回答。他在《为英国人民声辩》中承认，根据一定道理的推测，革命由不占多数的部分人发起，他们还将继续革命。尽管如此，他还是坚持认为，如此实施的政制变更依然具有正当性。弥尔顿甚至强调，少数人甚至可能比多数人更能代表人民：

> 为什么不能说，议会较完善或较健康的部分，即人民权力的所属之处做出的行为就是人民的行为呢？假如议会的多数人想奴役人民，出卖政府，那么，倘有可能的话，其中的少数人制止这种事情的发生并保卫他们的自由，难道不对吗？（页 457）

弥尔顿面临的实际问题，是由于他愤愤不平地承认自己坚持一种少数人立场。他说，自由仅仅适合于善良人士（Yale 版，页 190）。他自认为，大多数英国人并非善良人士。但是，由于这位书写人类首次反叛的诗人认为，英国人比大多数其他民族善良，而人整体而言就更不善良，他意识到自己不仅面临一个直接的实际难题，而且还面临任何以同意为基础构建正当政府权力的学说无法摆脱的局限。这个困境一方面在于，如果人们不愿意同意一个自由政府，他们是否可以被迫接受自由；另一方面，如果政府在开创时期可以被正当地要求征得同意，那么政府在其随后的运行中是否也需要获得同意。弥尔顿对这两个问题都给出了肯定回答。

但是，对于是否就此可以要求民主这个更进一步的问题，弥尔顿给出了否定的回答。为什么？因为这样会使政治生活受制于多数人的恣肆，可以想见，他们多为未获重生之人（the unregenerate）。对弥尔顿来说，正当法律这项实质要求可以与基于同意制定政策这项形式要求区分开来。前一项原则必须胜过后一个权宜之计。因此，他试图通过诉诸实质代表制（virtual representation）概念，将他关于根本的同意的教诲从要求持续的多数主义这个可以想见的难题中解脱出来。多数人或作为整体的人民，不应当在政策制定中直接并持续地体现自己的意志，而应当默许一个声称实质上代表他们且比人民亲自出席更好地代表他们自己的制度。弥尔顿说，正直的少数人并不恰好代表人民，而是可以这么说，他们竭尽全力代表人民。

这正是英国人认为他们提供给美洲人的代表，但美洲殖民地人民却是反对的。①更温和的英国人愿意接受无代表则无纳税这个说法，但是他们回应说，美洲人其实已经在他们没有议席的议会中被实质代表了。在最后时刻，盖洛韦（Joseph Galloway）建议安排几位美洲人到下议院任职，但这不切实际。《独立宣言》没有采纳这项和解措施，没有承认此事属实，仅仅咬住那些首要原则。只有实际代表制（actual representation）而非实质代表制才符合源于神赐平等的同意标准。顺便提一句，洛克在《政府论下篇》中似乎回避了这个问题。

在他们产生分歧的这个问题上，杰斐逊和弥尔顿的观点哪一个

---

① 参 Ed Erler, *The American Polity: Essays in the Theory and Practice of Constitutional Government* (New York: Crane Russak, 1991), pp. 115 - 116。

更合理呢？杰斐逊。杰斐逊的解决之道更符合抽象原则，而且只要能够操作的话，看上去更有助于形成公民之谊（civic friendship）。此外，美洲人似乎已经确信自己应当在政府的某个层面上获得实际代表，而且重申他们不会放弃这一点。但是，杰斐逊的解决之道并不是没有问题，他本人多年后也不得不承认这一点：尽管必须服从多数人的意志，但是这种服从若要具有正当性，则多数人的意志必须是公正的。弥尔顿反转了这个难题的有效事实。杰斐逊的成功在于，他避免了采用实质代表造成的逻辑缺陷，但代价是使自己的立场面临另一个同样严重的质疑。难道他有关同意的形式要求不会削弱《独立宣言》那些不证自明的响亮真理蕴含的实质正义？这里提出的问题是：是否可以说，我们拥有一项根本大法，该法宣称人类被平等地创造并被造物主赋予某些权利等等，除非多数人在某个时候做出相反的决定？

人需要被统治。政府的终极权威必定源自某处。无论这个权威源自何处，包括源自被统治者的同意，谁来统治统治者这个令人发愁的问题依然存在。或者，如后来的一位国父所说：

> 最大的困难在于，必须首先使政府能够控制被统治者，然后再使政府能够控制自身。（《联邦党人文集》，第51篇）

我对这个问题的分析似乎将《独立宣言》和弥尔顿置于一个反复出现的困境的对立两端。这个困难根本无法通过某种公民社会理论解决。

但是，这些冒险的选择也许并没有那么相持不下。杰斐逊的选择更接近完美方法。不证自明的真理确实是绝对的，不依赖任何多数人的见解或意志。那些互不相关的、从历史上看较为狭隘的多数人，曾经且总会违背这些真理，并不时侵犯其同胞的权利。

一个相同的观察是，我们可以通过类型来识别群体，而非等到为时已晚再通过行为来识别群体。如果多数人与少数人之间没有分歧，那么，理性的人会同意多数人的决定，毕竟他能够勉强接受多数人通常会因某些原因而负责任，这类原因也许是设计好的一些制度，能够审查和修正多数人的意志。

弥尔顿也许会赞同这个一般说法，但是他还是会坚持下述疑虑：17世纪的多数英国人长久以来在国王和主教的影响下道德败坏。又或者，他也许会这样回应此处归之于杰斐逊的推理：鉴于人类在堕落后灵魂并没有重生得救，我们根本不能合理地指望，负责任的多数人能够发现他们当中谁是更有才智的人，除非有一个民族总是乐意赞同杰斐逊归之于"我们"的神学政治宣言，而且这个"我们"也坚持杰斐逊开篇提出的那些命题。但是，杰斐逊至少公开宣称，他设想会有个民族乐意这么做，而他的那些签署者们想必也会对此表示同意。随后，1787年提出的有关政府架构的方法，将有助于使多数人乐意这么做，而且正如《联邦党人文集》所说，社会的广度和多样性还将发挥抑制煽动和去芜存菁的作用。

考虑到殖民地人们冒险相信实际代表而非实质代表的全部三样东西，我们现在需要再次提到杰斐逊的著作与弥尔顿的著作之间的关系图景，杰斐逊如同金字塔塔顶，弥尔顿则如塔身。但是，如果这个基础搭建在一些经不起微小震动的基石之上，这个图景传达的那种上升就可能有些不符合实际。例如，一些值得尊敬或至少值得信赖的学者向我们保证，如今在象牙塔中，相信自然法近乎于相信鬼神。如果这种对自然法的怀疑确实存在，它就会威胁杰斐逊原则的认可度，其严重程度大于宗教信条遭受侵蚀造成的威胁，因为，如果没有更好的选择，人们的信仰毕竟会在某种多愁善感和畏惧中寻找寄托。对于维持杰斐逊的赌注来说，更为关键的必定是下述信条，即创造之源和历史之主（lord of history）也为自然权利提供了保证。

我已经阐明，弥尔顿新改造的政制与他坚持的政治信约需要普遍同意这条基本原则之间，存在明显而无法解决的矛盾。弥尔顿认为，对英国来说，最可行的政制是一种贵族共和制，这个政制的特征包括法治、某种分权、彻底废除国教，并要求（这点不是特别明确）政府至少在建立时得到人民的许可。但是，弥尔顿的设计首先要求将权威交给一个可靠的新教徒和公理会信徒（congregationalist）构成的团体，提防其中大多数还不是新教徒、共和主义者、公理会信徒和废除国教者的民众。因此，弥尔顿似乎无视坚持同意概念必须遵循的逻辑，没有得出必然的推论，也就是将他的贵族政体转化为一个民主共和政制。十年后出席制宪会议的杰斐逊及其他后继者改进了弥尔顿的理论，接受了弥尔顿拒绝做出的推论。

讨论制宪问题的代表们努力想要解决下述问题：代表制是否仅仅基于人口，无需考虑其他因素？他们最终认为应该如此。他们背离西方共和思想传统一直盛行的主流看法，做出了这个决定，其意义非常重大，因为他们的做法背离了在之前的共和理论家中占绝对支配地位的下述信条：最可行的政制是罗马和英国采取的那种混合政制，在这种政制中，按算术方式代表人口数量（成年男性）的同时，人们的财产及其他的杰出之处也将会按比例被代表。因此，美国国父们拒绝了以人口基数计算代表之外的其他方法，拒绝了平等之外的其他任何形式原则，比如，富人和有产的中间阶层依然可以通过非正式的政治方式保护自己，据此，国父们宣称他们是在缔造一个民主共和国。在革命战争后，这似乎是坚持1776年独立战争的正当性时诉诸的原则必然导致的结果。

在《为英国人民声辩》十年后的《建设自由共和国的简易办法》中，弥尔顿虽然提出更接近于这样一种偏民主的模式，但他从未完全接受这种模式。如我之前所言，在《为英国人民声辩》

中,他回避了逻辑要求他得出的结论。如果我们再来看弥尔顿未完成的金字塔顶端,我们就会看到,这个顶端的材料正是用一个民主共和政制取代传统上受人们青睐的共和主义混合政制。后来,1787年宪法中具体阐释的《独立宣言》扬弃了弥尔顿。就此而言,《独立宣言》的原则不应局限于弥尔顿为共和国辩护提出的论证。

但是,如果我们设想弥尔顿穿越到1776年的费城,他会发现,自己周围的民众大多数都是新教徒,而且其势力随着天主教徒被拔去政治獠牙而得到增强,且绝大多数人都赞同放松世俗权威与具体基督教教派之间非圣洁的联合,甚至干脆放弃这种联合。写下《为英国人民声辩》的那个弥尔顿如此穿越之后,难道不是很有可能接受另一环境下的弥尔顿拒绝的民主结论吗?当然,仅仅在有利环境中进行检验并不能证明什么。也许更合理的做法是,问一问《为英国人民声辩》是否与民主共和主义存在任何理论上的矛盾,抑或弥尔顿的基本原理其实需要美洲人随后提供的构架,纵然弥尔顿自己并没有想到这个架构?

结　论

那么,作为受具体处境制约的自由思想者而撰写《独立宣言》的杰斐逊,与作为畅所欲言的自由思想者的杰斐逊之间,又有怎样的差异呢?杰斐逊写下了自己的自然神论思考,对福音进行去神话(demythologizing)的删减,在创建弗吉尼亚大学时用盎格鲁-撒克逊语课程代替圣经研读。而《独立宣言》的起草者依靠上帝的创世行为和授予具体尊严和平等权利的行为,为独立于英国也为人类建立一个新秩序辩护。这位不受约束的杰斐逊是否为维护对圣经中的创造者上帝的公共信仰做好了充分的准备?

根据前述最后一项成就来判断，杰斐逊在为弗吉尼亚的年轻人设置课程时，似乎决心削弱被犹太人、基督徒和伊斯兰教徒各自称为唯一之书的权威，青睐那些尽管坚持共和主义但却是异教的、盎格鲁－撒克逊的、培根式的、洛克式的以及近期变成了美国式的著作家们，并且随着他成为"意识形态学"（18 世纪新造的词语，意指对思想过程的物质基础的研究）教授，还青睐那些实证主义的著作家。① 《独立宣言》之后，当时的有神论者杰斐逊变回到时而敬虔时而不敬虔的——如果不是彻底的不可知论者的话——杰斐逊。

对政治哲学的研习者来说，一个有意思的问题是：就政治智慧而言，哪个杰斐逊更胜一筹？用更对学术研究者的口味的行话来说，这个问题就是：除了拥护圣书宗教的人提出的理据，我们根据什么来合理地确立平等、权利和同意？此外，即便它们可以在脑中确立起来，它们又如何能充分节制广大非哲人的市民实际生活行为中的利己追求？这几乎是在问：民主共和国这个理念究竟是一个可行的理想，还是一个不可行但却有益的目标？或者，它是一种败坏的一厢情愿，还是说它不过是将矛盾的术语强行结合在一起罢了？

这是需要哲人回答的问题，而我们这里的问题其实是，我们忽视了《独立宣言》的实际内容。我们的建国文献用一个最模糊不清的并列连词"和"来连接"自然法"与"自然之上帝的法"。理性头脑的一个突出挑战就是耐心但有所怀疑地审查这个连词，因为利害攸关的问题就是理性与启示之间的关系，思想生活与敬虔生活之间的关系。《独立宣言》对这个终极问题的缄默不语——

---

① 有关杰斐逊在弗吉尼亚大学努力削弱圣经的出色分析，参 Eva T. H. Brann, *Paradoxes of Education in a Republic* (Chicago: University of Chicago Press, 1979), especially pp. 58, 81, 86, 91 - 92, 93, 98, 139。

这样的缄默不语却使得这个问题更为扎眼——这是在邀请或刺激美国人在一个对真正的闲适而不甚友好的社会中，尽其所能地开展哲学反思。这个好处也许是《独立宣言》主张的独立所留下的遗产中最有价值的东西。

更通俗但也更实际点来说，如果我们在阅读《独立宣言》时，尝试透过像弥尔顿这样具有神学心智的共和主义者的眼睛，我们也许能读得更加透彻。这个益处也许会继而激发家长们对各阶段学校教育中教师惯常做法的不满。这些教师要求学生知悉《独立宣言》，但却不阅读这份文件本身。即便他们罕见地领着学生阅读，这种阅读也因世俗倾向而一点都不专注，或者更糟。我提倡的这项改进的一个好处可能在于，我们不会很快再次陷入以下这个尴尬境地：听着一位连任两届的总统错误地将林肯"民有、民治、民享"的口号归于《独立宣言》，但没有任何人注意到这一点。

（译者单位：华东政法大学科学研究院）

如何阅读弥尔顿的《论出版自由》

肯德尔（Willmoore Kendall）撰
邢锋萍 译　叶友珍 林凡 校

最近，已经有人提醒我们，自由是个"问题"。①而且，当我们不再关注所谓的普遍自由，而是去阐明特定的自由，比如思想自由、言论自由、信仰自由等，它就变成一个棘手的问题，并且难以解决。这些特定的自由中的每一种也最终都成了问题，相互间的关系错综复杂，而且很可能需要特别的处理方法——不同的象征符号、词汇和理论程序。②

---

① 参 Walter Berns, *Freedom, Virtue, and the First Amendment*, Baton Rouge, 1955；参阅书中的讨论。Berns 教授有时似乎忘记了美德同样也是"一个问题"。

② 例如，密尔（Mill）在谈到言论自由的主题时，就抛弃了自己作品宣扬的整个概念结构，其中包括他提出的自我保护原则（self‑protection principle），他在开头曾说这个原则能把我们从涉及普遍自由的所有难题中解救出来。随后，他论证言论自由的基础实在出人意料，若以此为前提，人们甚至可以质疑，他为什么在毫无解释的情况下将有关章节同其他章节放在同一本书中。要想在这方面兼而有之，参 David Spitz, *Democracy and the Challenge to Power*, New York, 1958, 该书将言论自由同化到作者关注的其他自由形式中（它们都

基于这个原因，我们可以恰当地谈论关于思想和言论自由问题的文献，从某种意义上说，政治理论领域的大部分学者，无论他们对这个问题的看法如何（假设有多种看法），都会列出处理这个问题相同的"必读"书单，并且在讨论该问题时一遍又一遍地引用这些书目。我们可以补充一句，所有这些书目被普遍视为"赞成"思想和言论自由——无论正确与否，除了本文题目所涉及的著作外，其他我们在此不再赘述。① 这些书目包括：柏拉图的《苏格拉底的申辩》（*Apology*）和《克力同》（*Crito*），洛克的《论宗教宽容》（*Letters concerning Toleration*），斯宾诺莎在《神学政治论》（*Tractatus*）中关于自由问题的简短讨论，弥尔顿的《论出版自由》（*Areopagitica*）以及密尔的《论自由》（*Essay on Liberty*）。最后一本可谓最为重要，原因有二：首先，它最容易让人联想到"自由"，其次，专家们视其为此类文献的最高成就。②

现在，我写这篇文章正是因为确信这些书目中至少有一本，即《论出版自由》之所以榜上有名，只是由于人们一直没有仔细阅读该书，而且现在正是为它正名、使它跨越划分"赞成"和"反对"分

是好的，因为它们是"民主"的一部分，而民主是好的，因为它建立在共识的基础之上，共识同样也是好的，原因则留待我们自己去猜测），但是我们所熟悉的来自密尔（密尔当然不会被 Spitz 的论点吸引）的论点在最后被提了出来——很可能是为了达到双重确信的效果。

① 公开反对思想言论自由的书籍，至少在现代来说确实罕见。我此刻的观点仅是指出那些被认为反对思想言论自由的书（比如针对密尔《论自由》的著名回复）还没有引起当今学术界的足够重视，还没有相关文献领域占据预期的一席之地。

② 施特劳斯（Leo Strauss）在《关于马基雅维利的思考》（*Thoughts on Machiavelli*, Glencoe, 1959）中为思想和言论自由的捍卫者提供了一个令人惊讶的新同盟，即马基雅维利本人。如果这个观点广为人知，那么，马基雅维利的《论李维》（*Discourses*）无疑也应列入上述书单。

界线的最好时机——让它在那些我们从小就被教导需要谴责和回避的政治论文中找到合适的位置。然而，为了达到这一目的，我们首先需要有一份关于"赞成"立场的声明（statement），据笔者的理解，"赞成"的立场被普遍认为是从文献中"显现"出来的，而且已经在政治理论家眼中成为盛行的观点。

论流行学说

当代学说中关于思想言论自由（或思想自由和言论自由）① 的主要观点认为，在一个好的——也就是进步的——社会中，一切问题都必须被当作开放问题（open questions）处理，除了是否一切问题都是开放这个问题本身。②在这样的社会中，必定不存在正统的观念，无论是宗教、政治、社会或经济的正统观念，或者即便不能如此，每个人至少在他的公共行动中必须表现得好像不存在正统观念一样。这暗示了，我们可以通过一些简单的测试，来检验一个既定社会是否履行了它的义务（"义务"[obligation]是非常贴切的字眼[mot juste]）从而成为一个进步的社会。

这些测试完全可以由一系列问题构成：一个社会的公民可以自

---

① 这方面存在许多难以解决的问题，尤其是如今目力所及都可以观察到的趋势就是，只要言论自由得到保证，思想自由就无需操心了，因此思想自由和言论自由被简化为单一的自由——但实际上它们明显不是一体。就像笔者在其他地方想要表达的，洛克谈到了思想自由的问题，但是几乎没有意识到存在着言论自由的问题。相反，柏拉图显然对思想和言论都很感兴趣，但是他对"自由"这一术语的理解，在那些习惯阅读当今自由问题的大部分读者看来，其实难以明白，这正是他被严厉诟病的一点。

② 我不会在这部分用大量文献给读者造成负担。这里尝试着不去归纳文献，而是在几个段落中抓住我们都熟悉的观念思潮。

由挑战他们希望挑战的任何所谓的真理，或任何公认的观点吗？在挑战了这样的真理或观点之后，他们是否可以自由地对此进行反思——首先在自己的头脑中，随后在公共讨论场所中大声说出来？他们是否可以自由地"独立思考"，用自己的方式得出结论，随后无论通过口头还是书面大声说出自己的想法，说服别人相信他们结论的正确性？他们可以真正自由地去做这些事吗？——也就是说，他们可以在实际处境中不受威胁或强制，不必因此而接受这样或那样预定的结论，而且当他们寻求行使自由去争取别人的观点时，不被置于无望的不利境地吗？比如，存在以这样或那样的方式惩罚其不喜欢的观点或倾向的权威（无论是何种权威）吗？套用尼迈耶（Gerhart Niemeyer）的一句贴切表达，这种权威把"内圈跑道"（inside run）给予他们同类的观点。①这个盛行的立场断定，如果存在此种权威，言论就不是真正的自由，而且很快思想也将不再有真正的自由。

其次，公民们在观念、评价、世界观（Weltanschauung）方面存在多样性吗？这种多样性事实上是否延伸到各种各样的问题？大量观点实际上在公共论坛中得以表达了吗？如果没有，这种立场就会断定，传达给公民的自由必定只是形式上的，而非真正意义上的：社会内部达成全体一致的观点（除非是关于诸如道路通行权之类的琐事），就是一种明确的标志，意味着抑制了人类无意识地用互相矛盾的观点来表达自身的自发特性——无论如何，这本身就是一种不健康的状态。这就是思想言论自由的倡导者最可能从《论出版自由》中引用的观点之一，其中包含了很多确实有用的语句，比如一个

---

① Gerhart Niemeyer, "A Reappraisal of the Doctrine of Free Speech", *Thought*, XXV, 1950, 6, pp. 251 - 274, 这篇文章在我看来可以和斯提芬斯（Stephens）的杰作比肩。

"传统与形式的泥淖";①比如：

> 有的人……认为任何人只要是放弃了自己的箴言就是一个极大的灾难……既不能虚心听取人家的意见，又不能说服人家，而只是把所有在他们纲领中找不到的东西一律压制下去。（页45）

最后我们需要注意，这个立场的拥护者们完全赞同其理论基础，即其中休戚相关的"价值"是真理以及真理形成的过程。他们确信，追寻真理是一项共同合作的事业，因此显然两个人的头脑要好于一个人，而三个人的头脑要好于两个人，因而参与者越多，就越有机会成功。同时，这是一项"持续进行的"事业，一如扩张的帝国主义，它总是不满于业已征服的成果，因此总是不断向新的领土进发，或者总是不遗余力地巩固已获得的疆域。这种追寻真理的过程正是通过相反立场之间的相互测试对抗而进行，也就是通过意见相左的追寻者之间展开的辩论来推进——质而言之，相互测试的相反立场越多，这些立场就越得到反复的表达，那么追寻真理的进程就会越快。

这种立场表明，我们永远不知道什么样的人，甚至人的什么做法将会开辟一条他人认为不值得探索的崭新道路，从而为追寻真理做出下一个重要贡献。因此，追寻真理过程中的所有准参与者（would-be participants）都受到欢迎、鼓励，而且更重要的是得到

---

① 本文作者在引用《论出版自由》时参考萨拜因（George H. Sabine），《论出版自由和论教育》(*Areopagitica and Of Education*, New York, 1951)，该书是这部散文作品出版史上的转折点（忽略我们的文化史不提），因为这本书认识到我们已经到了这样的时代，即普通本科生对这本书写成时的语言一无所知。[译注]《论出版自由》译文采用吴之椿译本（商务印书馆，1987），页40，本译文略有改动，下文引用该书时直接标出中译本页码。

倾听。而且，万一某些人需要被排除出去——这实际上不可能——原因也永远不会是因为其他人认为他错了。因为事实上，只要单独一个人反对某个所谓真理，那么，对那个真理的探索就必须继续，而且要意识到，那个人的不赞成本身就已经建立起一种与那个真理背道而驰的假设。此外，参与者在任一特定时刻自认为知道的任何事情，充其量只能被断定为是暂时性的，因为，即使他们今天认为毫无疑问的观点，也许明天就被扔到垃圾桶里。这种追求本身的本性（nature）要求绝对的思想自由和绝对的言论自由。① 对绝对思想自由或者绝对言论自由的任何干预，都会挫败追求真理的目标，阻滞追求真理的步伐，不仅削弱那个被干预的追求者，而且也削弱那些干预他的人们（他们为某个所谓的真理代言，希望把这个真理提升到一个无可匹敌的位置）。准干预者并不确定他的真理是否正确，甚至不确信他是否已明白其真理的涵义，他只有将这个真理付诸持续的、永不间断的反复测试。

因此，这一立场的根源上存在着关于真理，关于发现真理过程的本性，以及关于真理追求者为了不至于半途而废而必须遵守的规则等一系列主张。这些组成了我们所指的追求真理过程的模式

---

① 一位可敬而博学的朋友强烈反对在这种情况下使用"绝对"一词，指出密尔本人也认可某些阻碍言论自由的事物。也许这会让我显得顽固不化，但我依然假设密尔在写出下面这些话时表达了他的真实想法：

> 出于道德信念，应该存有最全面的（也就是，无限制的?）表达和讨论任何学说的自由，无论这个学说被认为多么不道德。（强调部分为本文作者所加）

奇怪的是，密尔选择把这一段放在脚注中（位于《论自由》著名的第二章第一段后），但是这一段极好地阐述了他实际上所要论证的结论。那些不喜欢这个结论的人应该抛弃这些论证。

(model)。对于那些持有这一立场的人来说，这种模式在逻辑上显然优先于他们提出关于思想和言论自由的建议所依据的自由社会模式。不仅如此，自由社会的这种模式以前者的精确形象构建而成，因此这个立场预设了方法论方面的前提；也就是说，我们可以适当地移动，并且以一种非常简单的一对一的方式（one–one manner），从追求真理过程的模式向自由社会的模式移动，对于这种自由社会的模式，我们可以满怀信心地把它推荐给我们的同伴。我认为，这个立场作为一个整体，并不比那个（在我看来未加批判的）方法论前提推断出的结论更有力。

为了避免任何可能的误解，请让我重申我的观点：对于思想和言论自由，普遍流行的立场涉及一系列关于如何组织社会的建议。这些建议以自由社会的模式为基础而提出，认为所有现实社会都应该以此为典范。这一自由社会的模式反过来又预设了一个追求真理过程的模式，就像镜面反射一样。为了批判这种立场，我们必须按顺序提出以下问题：一个有思想的人能够接受这种立场对于真理和追求真理过程的看法吗？假设这个问题的答案是肯定的，我们能恰当地从一个追求真理过程的模式移动到一个自由社会的模式，并令后者仅仅是对前者的机械复制吗？这么做的话，无论我们愿不愿意，我们接受的是哪个或哪些默认的前提呢？

最后的问题在我看来至关重要。我们在追求真理过程中接受的默认前提就是：真理是社会的至善，对真理的追求是社会的核心活动。假如没有这样的前提，我们就无法解释为什么把追求真理过程的模式作为出发点。换句话说，这一过程的效用就是让社会中其他一切的善都让位于对真理的追求，这是目前普遍流行的立场——也就是说，这个过程的效果忽视了一个显而易见的事实，即一个好的社会之所以称其为好，是因为它守护了许多善，它实际上试图使所有善达到最大化，然而，每一种善在最大化时往往以牺牲别的善为代价，而且由此而来，没有一种善能被提升至具有绝对价值的地位。进而我认为，正因为如此，现实社会从来没有按照这个立场所倡导的建议采取行动，也正因为如此，这个立场的拥护者们耗尽不幸的一生，想出各种理由，为他们自己为何没有按照这些建议行事而辩解。

最后一点，如果相关的追求真理过程的模式本身有错——在我看来，如今盛行的立场中牵涉到的追求真理过程的模式明显存在错误——那么，整个程式当然就会变得更加没有根据。即使我们假定一个共同体很愿意把追求真理当作他们的至善（有人会以为，共同体承载着各种各样学术科目的训练，总是时刻准备着接受这种任务），因此根据前面所说的建议行事，这样的做法也不会产生真理，反而会造成纯粹的混乱。也就是说，这些建议为混乱的场景绘制了蓝图，如果我们能意识到这一点，这个世界将会成为更快乐（或更安宁）的住所。我认为，造成混乱的一部分原因就在于，我们理解真理的本质时存在谬误，而这些谬误被构建于前述两个模式的第一个模式，即追求真理过程的模式。

关于《论出版自由》

目前对《论出版自由》的误解如恒河沙粒，因而在进入主体部分的讨论之前，我们不妨略做停顿，注意这本书中的某些特质，正是这些特质部分地解释了评论家未能正确解读该书的原因。

（一）和许多其他政治哲学经典作品一样，《论出版自由》在其声称要处理的问题之外，还广泛处理了许多其他更重要的问题，这些更重要问题中的大部分只是得到了解答，却没有被明确提出。

事实上，如果这部作品只是毫无抱负地解决它显白提出的问题，它就不值得我们关注了。该书的初衷仅仅是理性地请求议会撤销对书籍和小册子的预先审查制。弥尔顿不仅在一开始就这样描述（页

2-3），而且一次又一次特地把他的论点和预先审查制问题关联起来。然而，在他的论证过程中，他实际上提供的"答案"已经得到更多的拓展和深化，读者在毫无准备的情况下甚至已经开始处理有序社会中的整个自由问题，尤其是思想自由问题。但我并不想探究这种有趣的旁枝末节：弥尔顿是一开始（ab initio）就意图阐述他对这些广义问题的立场，从而把一篇有关自由问题的论文掩饰成一本关于审查制的小册子呢，抑或是因为论证过程中的惯性逻辑而被迫处理这些广义上的问题。①

正如他给出的承诺，弥尔顿当然回答了那个狭义的问题，他的回答方式合乎上文指出的当前流行的学说，即，他"反对"对言论自由的一种特别干涉，具体而言，他反对对书籍和小册子的预先审查，因此，在这一点上他对出版"自由"持"赞成"立场。在这个问题上，他的论证过程甚至在某种程度上看似预见到密尔及其追随者的观点。轻率的读者因而可能陷入两种错误，这对我们理解弥尔顿的教导显然是致命的。

第一个错误是，轻率的读者可能根本没有注意到，弥尔顿尽管清晰地讨论了他提出的问题，实际上却在处理更广泛的问题，因此，这样的读者没有理由去考虑那些与更广泛问题相关的段落。换句话说，读者可能有选择性地阅读这篇论文，随后从弥尔顿在狭义问题上的自由主义立场推断出他对广义问题的立场也是如此——既然弥尔顿反对书籍出版前的禁令，那么认定他同时反对书籍出版之后的禁令不是很自然的吗？

第二个错误是，虽然轻率的读者可能注意到弥尔顿的论述涉及

---

① 但是通过仔细阅读下文（分析欧里庇得斯诗句的那些段落）讨论的该书开头引用的诗行，我们可以发现，弥尔顿提醒读者他有一些话要说，而且这些话涉及的问题远比对书籍和小册子的预审更为重要。

更广泛的问题,但是这样的读者可能受到以前二手资料的影响,把那些与弥尔顿"公认"立场相悖的段落视作附加观点(obiter dicta)而忽略。简言之,《论出版自由》的结构本身就容易遭到轻率读者的误解。

(二)《论出版自由》中的许多段落由于令人陶醉的修辞术而被频繁引用,①如果将这些段落剥离出上下文语境时,那么弥尔顿看似确实在思想和言论自由问题上站在自由论者的一边。我们以其中一句耳熟能详的话为例:

> 让我有自由来认识、发抒己见,并根据良心做自由的讨论,这才是一切自由中最重要的自由。(页52)

如果我们在阅读这句话时,就像我们惯常阅读亨利(Patrick Henry)那句"要么给我自由,要么给我死亡"(Give me liberty or give me death)那样,也就是把重点放在"给"(give),而很少强调"我"(me),或者更进一步假设弥尔顿笔下的"自由"就是密尔及其追随者所指的意思,那么弥尔顿看上去确实更早地宣扬了现代自由社会的学说。

---

① 例如《论出版自由》以下各处:"……那么我们首先压制压制者本身就不能算是不公道的回敬了"(页58-59);弥尔顿呼吁和那些据称犯错的人展开"和蔼的会谈、温柔的讲解",并且询问为什么"我们不去争辩,而常常以宽容的面谈来彻底辨明事情的原委……所有尝试过学术的人都会认为:不满足于接受陈旧意见的人都可能……向世界上解说新的论点,使我们在许多方面获得益处"(页57-58);"如果我们竟致采用查禁制,那就非常可能是查禁了真理本身"(页56);"某些人所谓最新的见解其实是最糟糕的见解。他们认为,除开自己所喜爱的人以外,就不应当听从任何人"(页56);弥尔顿谴责"一种粗暴地强奉国教的呆滞状态,就好像是草木禾秸毫无生气地被挤压和冻结在一起,而形成一个死的结合一样"(页55);我们得知"压制新颖而不能见容于流俗的意见"不仅"有害"而且有如"螳臂挡车"(页52)。

但是，当我们把弥尔顿这句话放在上下文语境中，我们就必须以截然不同的侧重点来理解它。弥尔顿实际上一直在说，他并不想在税收和类似问题上争吵，他情愿把这些问题留给别人去解决。也就是说，他在试图把人区分成两类，一类是他和那些像他的人，博学多才，专注于追求真理，另一类是共同体中那些对税收问题感兴趣的人。他在为前一类人说话时写道：

> 让我［其实是我们］有自由［我自己想要的、我随时准备为之战斗的是我的自由以及其他那些博学之人的自由］来认识、抒发己见，并根据良心做自由的讨论。（强调部分为笔者所加）

而且，并不是所有博学之人都必定享有这样的自由。因此完全抛开我们在理解弥尔顿所指的"自由"意义时的困难（"根据良心"就足以警告我们确实存在诸多困难），我们马上就看到，这句话与亨利的名句并不相同，没有普遍呼吁一种关于言论自由的公共政策，而是在特定的场合提出特定的要求，而且我们将会看到，这并不必然导致自由主义倾向。

（三）有一类评论者拒绝承认学者有责任按过去本身的立场理解过去，而把自身的逻辑规则强加给过去，这类人尤其容易误解《论出版自由》。以下面熟悉的讨论段落为例，弥尔顿强烈呼吁采取"宽容"政策：

> 但是，假如大家不可能全都一条心（谁又说能做到这一点呢？），那么，让许多人都可以得到宽容而不使所有人都受到压迫，无疑［注意这个勉强的"无疑"，以及我们的历史学家的眼睛是如何略过这一点］更健康、更谨慎、更合乎基督精神。①

---

① 《论出版自由》（页 55-56）。这句话必须放在上下文语境中去解读。

然而，弥尔顿没有将这一观点坚持到底，证据是，他紧接着马上明确指出对一些团体无法容忍，还有一些要被"根除"（extirpate）（页56）。弥尔顿为什么没有像我们这样清晰地看到，他关于宽容的吁求所需的逻辑，必定会要求他具备更大的宽容度，因此而必然要对天主教采取宽容态度？同样，尽管弥尔顿应该已经看到，他的论点同样适用于其他类型的审查，他为什么还"仅限于"出版前的审查制？用《论出版自由》来玩这种游戏，有着巨大的诱惑力，因为这本书本身就参与到这种游戏之中；但是，屈服于这样的诱惑只会导致我们对文本的错误解读。

对于试图像弥尔顿理解自己一样理解弥尔顿的评论者来说，他们很轻易就能看出上一类评论者错在何处。正如密尔在《论自由》中的做法，弥尔顿在《论出版自由》里也建构了一个自由社会的模式。但是这个模式的本质意义在于，在这个模式里，有些特定的人群不会得到宽容；后文会详细地分析，相关的人就一些重要事情达成完全共识，只要不对他们珍视的财物构成任何威胁，他们完全可以"宽容"对方（要求他们"宽容"，实际上等于没有任何要求，只是让他们对自己宽容）。那些本应该"引领弥尔顿"变得更加宽容的"原则"实际上并不存在。因此，关于出版前的审查问题，这个模式的本质在于，采用合理手段阻止那些有恶意或有害出版书籍的自由流通，但是，与此同时又通过把这些书籍从事先审查制的桎梏中解脱出来，从而试图促进书籍的流通。这两种情况的"矛盾之处"或者说弥尔顿无法"坚持到底"的原因在于，他也许比我们预期的还要更加认同开放社会的立场，而不是他的认同度不够高。尽管我们不喜欢《论出版自由》实际上表达的意思，但是这并不能成为我们无视它实际内涵的理由。

模式一

我们现在把视线转向上文已经列出的评论纲要。首先，在关于真理的复杂问题上，弥尔顿的观点是什么？

让我们先注意一下，他在《论出版自由》中采用了大量关于真理的隐喻，有些是他的自创，有些则是从他熟悉的文献中挑选出来的，这些隐喻的确使他看上去与开放社会的倡导者为伍。具体而言，这些隐喻确实强调真理追寻过程中的合作性（页57）和持续性，① 同时，从这种真理追寻本身的立场来看，这些隐喻还强调了人为强加的一致性将会带来的危险。然而，关于这些隐喻的背景和目的，我们需要在仔细审查之后再作探讨。

弥尔顿提醒我们，根据圣经的记载，真理是一泓"涌动的泉水"：它的泉水"如果不经常流动，就会干涸为一个传统与形式的泥淖"（页40）。我们的"信仰和知识""愈运动愈健康"；一个人如果没有牢牢掌握真理的根基，他就会发现"他相信的真理正是他的异端"（同上）。又说，真理像光一样：我们如果拥有它，就有理由以它为骄傲，但是如果我们只是注视它，不能明智地看待它，而且不用它来"发现我们还远不知道的东西"（页45），它就会把我们打入"黑暗"。那些不让我们眺望远处的人，那些认定"真理的瓶子不能再流油"的人，那些认为"我们将停驻在这里，并认为已经达到了凡人所能看到的宗教改革的最高境界"的人，他们已经注视茨温利（Zwingli）和加尔文（Calvin）两人的光芒太长时间了，所以

---

① 《论出版自由》："因为上帝在照耀他的教会时，方式就是逐步放出他的光……至于上帝将首先在什么地方或从哪里听他的选民的声音，也是不受限制和不做指定的。"（页57）

他们"什么也看不见了"（同上；此句前面两处引言分别来自页39、页44）。除此之外，我们不仅在教会中需要把所有这些铭记在心，当"经济和政治生活原则"出现问题时，我们也要牢记这一切（页45）；也就是说，这不仅关系到神学问题，而且与社会和政府方面的问题有关。

此外，真理是圣洁的"处女"，她"以十分完美而灿烂夺目的形态来到这个世界"，她伴随耶稣的传道留在了这个世界。但是当"圣主升天之后"，她遭受一个"恶毒的欺骗民族"的凌辱，他们"把她可爱的形体砍成千万个碎片四散抛开"。从那以后，她的"悲伤的友人"开始"四处奔跑，一块一块地把找到的肢体拼凑起来"。然而，他们没有找到所有碎片，直到圣主第二次降临，唯有圣主可以找全所有碎片，再"把它们铸成永生不死的美妙而完善的形象"。与此同时，我们的任务是"继续寻找"，"继续为殉道的圣者举行葬礼"，任何人都不能"禁止"或"阻挠"这种追寻（页44）——有人认为，"任何人只要放弃了自己的箴言，就是一个极大的灾难"（页45），他们不去帮助"拼凑那些分散的碎片"，也不允许其他人这么做。

我们必须把"找到的真理结合到真理身上去"，因为我们知道真理的身体"本质相同而且比例相称"，而且相互结合的真理终将组成一个完满的整体（同上）。这就是"神学和数学中的金科玉律"，因为它"能构成最美满的和谐"——区别于"冷漠、中立、内部支离破碎的思想在外表上的强制结合"（同上）。我们必须成为"贤明的人民，成为拥有先知和圣者的民族"，而要达成这一目标，缺乏的是

> 执笔为文和善于思索的人……[他们]彻夜守伴孤灯；沉思、探讨、创立出新的观念……还有一些同样苦心钻研的人，他们尝试过一切事物之后，也同意推理说服的力量是很大的。（页47）

原因在于"哪儿有学习的要求,哪儿就必然有争论、笔战和分歧的意见,因为善良人们的意见就是正在形成的知识"(同上)。

最后,正是上帝本人激发了"追求知识与领悟的热切渴望"(同上)。我们之所以不能团结一致、"亲如兄弟地共同追求真理",完全是因为我们缺少"一点对别人的宽容和一丝慈爱"(页48)。当我们设法"把自由良知和基督徒自由硬塞到人们的箴言与信条之中去"时,我们忘记了在建造上帝的圣殿时"有许多教派和小团体分别在采石场和伐木场里工作",他们"有的采切石材,有的把石材凿方,有的则去砍伐杉树"(同上)。石头被"非常美观地堆砌在一起",却无法"结合成一个整体",因为它们不可能"形式完全一致"。已完工的建筑物表现出的完美形态完全体现于"美妙和优雅的对称",这来源于那些"彼此差距不大的许多适度的变化和亲近的差异"(同上)。那么,在"精神的建筑物中我们应该抱有更明智的态度",这样,摩西就能看到他的"光辉愿望"的实现:不仅仅是七十个长者,而且是"上帝的所有子民都逐渐变成先知"(页49)。那些害怕"我们经过这样分裂再分裂会垮台"的人们错了(同上)。那些"敌对者"尤其错了,他们"为我们的差异拍手称快",并自我安慰说,当我们分成的派别足够小以后,他们的时代就到了。他们看不见"让我们长出枝叶的那个牢固的树根",也不会醒悟——直到"我们这种分开的小队"有一天"从四面八方把他们团结得很差而尾大不掉的大队切成粉碎"(同上)。

模式二

我们已经认识到,以上所说的隐喻初看之下确实把弥尔顿归为开放社会学说的倡导者之列。正如前文所暗示,我们接下来的任务就是去注意一个事实,即,我们若对以上隐喻做进一步考察,并且抛开我们长久以来对《论出版自由》的预期,就会发现这些隐喻实际上并非如此。

比如,弥尔顿的确提到如果我们没有牢牢掌握各种真理,这些真理就会变为异端,而且密尔无疑从《论出版自由》中选择了这个观点。但是在弥尔顿笔下,接连不断的各类短语告诉我们,他这句话的本意和密尔强加在这句话上的意思相去甚远。我们仔细观察后会发现,弥尔顿显然认为我们主要的关注点在我们的真理,也就是我们已经拥有的真理,与之对立的是异端,即非真理(untruths),也就是我们所说的非真实(untrue),不仅仅因为它们与我们的想法冲突(这会导致我们向相对主义倾斜,而弥尔顿对此丝毫不曾提及),而且因为它们与真理本身冲突。此外,我们的真理是被保存下来的,①这是在告诫我们,弥尔顿建造的模式,其功能绝不仅仅是去发现新的真理,同样重要的是,我们要牢牢把握旧的真理并使之保持活力。

弥尔顿的确告诉我们不能自满于旧有的真理,也就是说,我们可能过久地注视加尔文和茨温利的"光芒"。但是他的话语同样清晰地表明,对他来说,那些我们不能过久注视的东西确实是"光芒""光明",我们在到处探索未知世界的知识时可以理直气壮地使用这些"光芒"。因此,弥尔顿丝毫没有暗示过这光芒会变成视觉幻想,或者这光明会变成黑暗。是密尔,②而非弥尔顿,传递出一种观点,

---

① 《论出版自由》:"这一法令……将成为真理的后母,首先是因为它使我们不能维持已经知道的东西。"(页39,楷体部分为本文作者所强调)

② 密尔确实在书中的一部分讨论过这样一种假设,即公认的观点尽管会导致其他不同观点受到压制,却可能正确,可能是真理。然而,我们仔细考察之后就会发现这种假设充其量只是一种假设而已。公认的观点成为真理,这只是潜在的压迫者自作主张以真理之名考虑到的三种理论上的可能性之一,这三种可能性分别为:公认的观点是真的,公认的观点半真半假,以及公认的观点是假的。密尔时刻想告诉我们,无论哪种情况,对新观点采取压制措施都毫无是处。在我看来,他非常谨慎地不去承认一个事实,即在有些情况下公认的观点其实恰好是"真理"。

即认为我们已知的全部知识最终会被证明是错误的。对弥尔顿来说，追求真理就是"根据我们之所知来追求我们之所不知"（页45）。这个模式在维护我们已知的知识和探索未知的知识之间达到了很好的平衡，它在处理两者的从属关系时，主要是使后者从属于前者，下文将更清晰地表明这一点。

弥尔顿的确提醒我们，处女真理的友人们四处奔波，想要拼凑真理的残肢碎骸，只是如今还没有全部找到。但是，假如我们希望弥尔顿对我们说这些已经收集到的残肢并不是残肢，或更糟的是，它们不是真理的肢体，而是某个不知名的道德败坏的年轻女人的肢体，那么他势必会让我们失望，因为不存在这样的观点，连这样的暗示都没有。进一步讲，弥尔顿明确相信"我们"在基督道成肉身时曾拥有过真理的整个身体，而且我们必须要注意，弥尔顿所谓的真理主要是与宗教方面的真理相关，而当他提到其他类型的真理时，会在前面加上相应的称谓，比如前文注意到的"经济和政治生活原则"真理，或者"算术"真理，此外，他把启示（Revelation）视为这些真理最主要、最权威的源头。因此，我们再一次发现，他和密尔以及那些一直引用他的实证主义科学家们有着天壤之别。

弥尔顿实际上坚称，我们的任务是坚持不懈地结合无论在何地发现的真理。我们重复着我们自己，这些隐喻本身也在不断重复着自身，然而有一点很清楚，他让我们结合的真理是"真实的"真理（绝非将不确定的假设连接到不确定的假设上面）——这些真理当然经得起细致的推敲，而且由于它们是真实的，因此注定不能搁置不理。同样，弥尔顿让我们对内在支离破碎的思想的表面结合心生疑窦，而且我们确实会受到一种诱惑，试图在此察觉到对某种"多样性"的吁求，而密尔正为这种"多样性"而辩护——而且，当我们的目光落在关于必须多辩论、多写作、多发表意见的句子上时，这种吁求就越发集中。但是，我们在进一步思考之后就会注意到无数的警告,即,我们处在一个完全不同于密尔的话语领域。上帝本身(当弥尔顿说"上帝"时,我们毫不怀疑他指的就是上帝,一个他相信的上帝)激发起许多争论、许多写作、许多观点,是为了上帝本身的目的。而且我们也知道,无论在何种情况下,伴随着学习的渴望总会产生"许多"意见,这种"多"是数量上的多,而不是普遍分歧意义上的多——尽管我们有些人可能"很自然地"把"许多"理解为第二种意思。

显然,弥尔顿的关注点在于,自由良知和基督徒自由过于纷杂,而非自由良知和基督徒自由本身,这是我们一开始就尝试的解读——也就是说,人们从良知出发来思考和行动,而且这里的人们指的是基督徒。我们还会一再地注意到,争论之成为争论,是在没有深刻分歧的人们之间展开;而许多意见作为石块,将被组建到对称的上帝的圣殿之中,它们确实彼此不同,但我们如今意识到这种区别是适度的多样性(moderate varieties)问题,而非——我们不妨再转换一下强调的重点——适度的多样性(moderate varieties)问题,是亲近的差异(brotherly dissimilitude)问题,而非亲近的差异(brotherly dissimilitude)问题。而且我们还应该意识到,弥尔顿添加了"彼此差距不大"这一修饰语,由此透彻地点明了他的观点。意见一致的情况最有利于真理的追寻,也就是说参与者们需要志同道合,这明显不是密尔的观点,但是以上段落的内涵却允许我们把这个观点归之于弥尔顿。如今我们注意到我们之所以不能团结一致、"亲如兄弟地共同追求真理",是因为我们缺少一点对别人的宽容和一丝慈爱。

我们有时候会倾向于把"我们"视为"全人类"的简称,但事实并不总是如此,所以,如果我们不对弥尔顿提到的"我们"(页47)包含什么人产生任何疑问,将无法掌握弥尔顿为追求真理过程建构的这一模式的真正特点。

一方面,《论出版自由》首先是一个英国人对他的同胞们发表的演讲,因此"我们"通常意味着"在英国土地上的我们",或是"我们英国人",① 也就是弥尔顿和他的听众,因此,当他在文中赞颂那种讨论过程时,他实际上颂扬了他当时看到的英国正在进行的讨论。这意味着这个模式本身包含着一整套隐秘的或几乎隐秘的设想,关乎这个"民族"的特点、相互关联性、传统以及品格,而追求真理的过程就在这个民族内部展开。或者,从不同角度来说,在出现带有"许多争论、许多书写和许多意见","意见……就是正在形成的知识",或者"执笔为文、善于思考的人"在"孤灯"旁冥思这类语句的相关段落时,我们必须追问,弥尔顿是否像密尔一样想让我们得出以下解读:要让任何贤明的、拥抱真理的民族投身于激烈而无限制的争论,或者在一个既有的、由某类人(我们可以有把握地说一句,他们有着这样那样的传统)② 组成的社会中,激烈而无限制的争论有利于追求真理。

在我看来,非常明显的是,当我们近乎本能地想在以上所探讨的段落中找到与密尔的《论自由》(这本书最明显缺乏的就是"一个既有的、由某类人组成的社会")相近的意义时,其实都在歪曲这些段落。因此,正如我们深入观察之后所见,弥尔顿的重点与其说放在"许多争论"上,不如说放在争论者的身份和品质上——善良

---

① 《论出版自由》:"英国的上议员和下议员们,请想想你们所属的和受你们管辖的民族究竟是什么民族……他们勇于创造,精于辩论,其程度绝不下于全人类的禀赋可能达到的最高度。因此我国最高深科学中的学术研究已经如此历史悠久而又杰出……"(页45–46)"一个这样服从真理而又喜好寻求真理的民族……"(页47)页34自豪地提到:"英国的发明、艺术、智慧以及庄严而又卓越的见解……"

② 《论出版自由》:"现在我们的心境已经更加开阔,我们的思想已经更加振奋,可以寻求和接受最伟大和最正确的事物。"(楷体部分为本文作者所强调,页51)(紧接着就是"让我有自由来认识"那一著名段落。)"我们的英语,这种语言在自由方面的成就是独步古今的。"(页13)

的品格。①而且无论弥尔顿如何推崇有关"言论自由"的美德,把"言论自由"推广至不符合他头脑中预想的情况,②就是一种滥用。

另一方面,从一种相似却不同的视角来看,要理解《论出版自由》,我们必定不能回避问题的实质,假设在一个具体实现了弥尔顿的预想的社会里,弥尔顿会认为什么样的人能够实际参与对真理的追求?他的模式是否和密尔的模式一样,脱离或者忽视社会个体间的素质差异,从而比密尔的模式更早预示了民主与平等主义倾向?密尔笔下孤独的反对者,在他反对的问题变为一个完结的问题之前,必须要被说服——直到另一名反对者出现,而且仅仅依靠他做出的反对行为就为追求真理做出了贡献。很明显,这名孤独的反对者可以是除了小孩或傻瓜以外的任何人,他在参与问题时,无需通过智力或道德表现方面的测试。弥尔顿说:

> 整个民族,或大部分人民会以超乎寻常的态度,全心全意地研究最高级和最重要的事物应如何改革……推理、阅读、创造、讨论,甚至也会创造出罕见的令人羡慕的事物。

当他这么说时,暂且不论我们以上讨论了怎样的"民族",我们

---

① 所以"意见……就是正在形成的知识"最终应理解为"善良人们的意见就是正在形成的知识"(楷体部分为本文作者所强调),受到密尔影响的人忽略了其中的"善良人们"。

② 当然包括关于哪些人不能参与辩论的预想,因为正如其他地方提到的,这辩论确实并非没有限制。弥尔顿非常清楚政策建议和预先设想之间的关联,这一点可以从以下引文看出来:"柏拉图……订立了许多法令来满足自己的幻想……他似乎除了严酷的条令所许可的以外就不能容忍任何其他的学术……〔但是〕柏拉图的原意是说这种法律只能适用于他那幻想的共和国……他知道那种诗歌许可制必须联系到而且要依靠他那幻想共和国中许多别的条令……〔把他推荐的办法〕和其他并行的法令分开,就必然等于虚设和毫无结果。"(参《论出版自由》,页24-25)

所处的立场似乎确实与密尔没有差别。"不但是七十个长老，而且是上帝的一切子民都逐渐变成了先知"，弥尔顿这句话似乎也是同样的情况（页49）。

但此处我们的答案必然如此：忽视弥尔顿观念中追求真理过程的贵族特性，就等于忽视了他作品的主要侧重点之一，而且他在该书一开始就强调了这一点。弥尔顿开篇就引用了欧里庇得斯的诗行：

> 这才是真正的自由，当生而自由的人民，
> 需要向公众提出建议时，可以自由进言。
> 那些能说且愿意说的人，值得高度赞誉，
> 那些不能说也不愿意说的人，可以保持沉默。
> 在一个国家中，还有什么能比这更公正？

当然，我们在此也受困于相当多的诱惑：

（1）略过"需要向公众提出建议"这句话，把前面两行读作"这才是真正的自由，当生而自由的人民……可以自由进言"——我们肯定不能这么做，因为"需要向公众提出建议"这几个字有着严格的界定，这句话告诉我们，生而自由的人民在公正的国家可以就哪些内容自由发言。

（2）不仔细阅读随后的两行诗，而只是严格阐释，我们会发现，这两行在声言其内容之前已经从逻辑上区分了两种生而自由的人民：一种是那些"能且愿意［向公众提出建议］"的人民，一种是"不能也不愿意［向公众提出建议］"的人民。这就向我们"传达"出隐含在界定性语句"需要向公众提出建议"中的两分法。

（3）忽视这两句诗行最后提出的主张的不对称（asymmetry），即第一种人"值得高度赞誉"，因为他们"能"提出建议，即有提出建议的能力，而且"愿意"提出建议，也就是愿意主动肩负起伴随他们的自由权而来的责任，他们怎么会不值得赞誉呢？而第二种"不能也

不愿意"的人"可以"保持沉默,但没有出现应有的对称(symmetrica)表达"不值得高度赞誉"或"应该被鄙视"——这本是我们的预期,这种非对称性强化而非弱化了后面一行的观点;同样,如果没有"不可以保持沉默"这一句,① 就会强化而非弱化了前面一行的观点。换句话说,这两句的主张远比表面意思复杂,它的内涵变为:我们具有真正的自由和最大限度的相对正义,那些既有话要讲,而且讲出来的话也值得听的人们,可以"自由进言",他们在实际中做到了这一点,因此应该得到高度的赞誉,也被视为应该得到高度的赞誉;而那些没有话要讲的人不该得到高度赞誉,也被视为不该得此赞誉,而且,他们还"可以"(may)保持沉默。同时,我们不应该错过"可以"这个词的讽刺意味:一个人被允许保持沉默,我们很少会把这种权利视为自由,况且根据这句诗的意思,在任何情况下,只有那些无话可说的人才能享有这个权利;考虑到这种讽刺性,我们就会完全理解"务必使他们保持沉默"。

　　简言之,如果我们受到那些二手资料的蛊惑,想要从这里发现民主平等的主张,即那些不能也没有能力提建议的人们以及那些不愿意——其中有些也许有能力——的人享有自由发言的权利,终是徒劳。我们正在讨论的"真正的自由"属于贵族阶层,他们不仅在智力上而且在道德上都具有优越性。②

---

① 假如我们从后往前倒着读,就会预料到出现此类语句。
② 我没有尝试去探究希腊原文是否允许这样的解读,因为我们此处面对一种极少见的情况,即译文才是至关重要的——弥尔顿亲自翻译这段箴言则更加证明这一点。参见弥尔顿,《弥尔顿散文全集》(*Prose Works*, London, 1839),卷一中的"导论"(Introductory Review),弗莱彻(Robert Fletcher)写道:"……这段箴言取自[弥尔顿]最爱的欧里庇得斯作品,由他本人欣然翻译。"人人文库版本的简介在下文被引用,但是这个版本不知何故删掉了这段箴言,这不仅仅是一时兴起。

(4) 我们已经知道，所谓"真正的自由"实际上并不是没有限制，而是与限制和责任有关，但姑且不论真正的自由和虚假的自由之间隐含的区别，也不论弥尔顿在结束语中"提起"并发展这一区别所用的方式。"真正的自由"在那里变为"贤哲们（wise men）所希求"的"最大限度的人权自由"（页1-2）。弥尔顿暗示了，"最大限度"实际上是什么，①而我们不应对他提供的答案过于好奇，以致掩盖问题的本质，遮掩诸多预想以及这些预想对答案的影响。弥尔顿让我们确信，我们享有那种"最大限度的"自由，因为"怨诉［要记住这怨诉来自谁］被自由地听取，并作深入的考虑和迅速的改革"。这种问题的形式告诉我们，贤哲们不会过多追求与"真正的自由"不相符的自由，也就如其中所暗示，他们不会追求力不能及的自由，但依然享有自由。存在着一种"最大的限度"，而且自由不能超过这个限度，否则将会变得愚蠢。因此，有关自由的问题首先是多大程度的自由？随之而来的问题则是关于谁的自由？这个问题确实影响了它的答案："怨诉"并不能阻止我们去询问是什么样的怨诉；"自由地听取"也不能阻止我们去进一步质疑这种自由听取的程度；"深入的考虑"也不能阻止我们进一步质疑这样的考虑用了多长时间；"迅速的改革"也不能阻止我们去质疑如何迅速以及何为"改革"。在前两页篇幅中，弥尔顿已经竭尽所能使我们远离《论自由》中出现的主要谬论。

因此，弥尔顿之所辩论，乃是以贵族阶层为前提：好人与坏人间的区别既是可知的，也很有意义，而且适用于人类事务；有关自

---

① 参看博斯维尔（Boswell）的《约翰逊传》："某个礼拜日，他和我一起去听我的老师夏普（Gregory Sharpe）在圣殿里布道。夏普在一开始的祷告中大声疾呼自由，认为自由是我们应该强烈恳求的恩赐，而且我们应该祷告它一直留在人间。约翰逊注意到我们的自由其实没有受到任何形式的威胁——夏普如果在祈祷里反对放荡不羁，倒会更好一些。"（*Life of Johnson*, Oxford, 1931, p. 422）

由的理论化阐释当然必须植根于好人与坏人的区别,并且植根于这种区别所预设的有关善的概念本身;除了不需要经过预先审查就可以出版小册子和书籍的自由——或者甚至包括这种自由在内——自由只属于好人,而不属于坏人。

在《论出版自由》中,所有表面强调民主和平等的内容,都必须根据这些前提条件去解读,在我看来,只有这样才可以证明这些内容与这些前提条件完全相符。所以,我们也可以最终证明,上文讨论的段落没有丝毫暗示,相较于"有学问和博学之人","整个民族,或大部分人民"(页49)在追求真理时扮演独立而富有创造力的角色。在弥尔顿的模式里,前者的角色是有学识的人,由于他们受到合适老师的悉心教导,①我们可以在下文即将谈到的范围之内,放心地让他们自己选择阅读材料。②尽管在弥尔顿看来,对真理的追寻最为重要,然而重点始终应当放在学术和学者身上。我们可以确信,和后来的伯克(Edmund Burke)一样,弥尔顿希望,普通人,甚至英国的普通人,也可以充分利用他们自身拥有的理性。那些"有能力且有愿意"的人适时地变成

> 富于自由精神和天才的人,他们显然生来就宜于研究学问,而且是为着学术本身而爱好学术;他们不为金钱和其他目的,

---

① 参《论出版自由》,页22:"……容易被有学识的人接受,而异端邪说……也极容易从他们这里传布到民间去。"参《论出版自由》页58,提到"叫人民重见光明";页30:"他们的勤恳、学识和公正都必须在一般人之上。"

② 参看讨论过的"整个民族……推理、阅读、创造、讨论,甚至也会创造出罕见的令人羡慕的事物",其中我们可能会说"创造"这个词出现在这一系列动词清单上会破坏原本的观点。然而请比较以下段落(《论出版自由》页50),其中"人民"被认为把注意力集中在"最神圣最真纯的问题的讨论和新的发明"上面。这两个段落并非必然矛盾:"整个民族"能够通过其中有能力创造的"一部分人"的努力工作达到"创新"的目的。

而只为上帝和真理服务；并且追求一种流芳百世的令名和永垂不朽的赞誉，这是上帝和善良的人们对于出版书籍促进人类福利的人乐于赠与的。①

模式三

我们现在开始讨论一些经常被引用的段落，这些段落显然与我这篇文章的论题格格不入，引用这些段落的人们似乎在利用弥尔顿的影响力来支持如下奇怪的观点：历史在某种程度上站在真理这边，在自由的"观念市场"里面，与格勒善法则（Gresham's Law）正好相反，良币完全可以驱逐劣币，以真理的名义干扰这个市场只会弄

---

① 《论出版自由》，页31。弥尔顿清楚地表明，他不关心那些"浑身铜臭的冒牌学者"的自由，而且在一段话中暗示，学者们在事业上得到完全自由之前，也就是"如果那样多岁月，那样多辛勤劳动，以及他的才能在以往的信誉都不能让他达到一个成熟境地，因而始终不能被人相信"，那么我们可以适当地邀请他们去"赢得应有的奖赏"（页32，楷体部分为笔者所强调）。页58提到"这些人具有杰出才能，是上帝在这些时日中派出做特殊工作的人"，其他人（即那些能被忍受的人）的存在似乎只是为了让这些具有杰出才能的人拥有磨炼才智的机会。页57："上帝唤起才华出众、勤勉过人的人为他而工作；叫他们不但回顾以往，把已经宣教的东西重新修订；同时也叫他们继续前进，叫他们对真理的发现再采取一些新的明智步骤。"页46-47对"圣者每天庄严地表达想法时的普遍本能"产生兴趣。页39强调"学术界和宗教界人士"。页42提到"贤明渊博而有良心的人"以及那些"把为真理而战作为自己职责的人"都在隐性地追求着自由。页37提到"素养学识高于一般庸人、可以促进他人接受真理而又可以从他人身上接受真理的人"（楷体部分为笔者所强调）。页33提出疑问："威信是教学的生命，那么一个人要如何有威信地展开教学呢？"其中还讽刺地提到"像学生一样的老师"（pupil-teacher）（这个概念毫无意义，除非真存在"像老师一样的学生"[teacher-pupil]这种人）和"已经被庸人接受的东西"这样的短语。

巧成拙。① "……［谁］不知道，"弥尔顿充满信心地询问，"除开全能的主以外就要数真理最强？她根本不需要策略、计谋或者许可来取得胜利"——这些都是"谬误用来防卫自己、对抗真理的花招"。（页54）因此，我们必须：

> 让真理有施展的余地，而不要在她睡着时把她捆绑，因为如果把她捆起来，她就不会再说真话……会变成各种各样的形态，而不现出自己的原形。（同上）

更奇怪的是，弥尔顿还如此提到："让［真理］和虚伪交手吧；谁又见过真理在自由公开的交手中吃过败仗呢？"（页53）还有："她的驳斥就是最好的和最可靠的压制。"②

相较于前文已经考察过的明显具有自由主义倾向的段落，这些段落产生了一个完全不同的问题，即，转换侧重点或把它们直接放回上下文语境的方法，已经不能简单地解决这个问题。看起来，这些段落确实在呼吁一个"开放社会"，而且它们不是简单地出现于《论出版自由》书中，我们还可以清晰地发现，它们展现了弥尔顿赋予它们的最好的、无与伦比的修辞技巧。既然《论出版自由》实际上提倡对观念的自由市场设置非常严格的限制，我们又该如何看待这些段落呢？难道我们必须得出结论，认为弥尔顿确实相信这些段落的表面意义，而没有看出它们看似不可回避的隐含内容？也就是说，弥尔顿已经把它们写下来，但是他却没有将其深入，也没有采

---

① 这里存在一个难点：密尔明确否认此类观点，承认有时候逼迫也能成功。尽管密尔矢口否认，但是他对真理将如何在自由市场一展拳脚持最乐观态度。密尔的追随者们如此频繁地引用弥尔顿的这些段落（我们即将对这些段落进行引用），恰恰证明此类观点隐含于当前流行的学说中。

② 《论出版自由》，页53。参页24："当真纯的真理自由发抒时，它的展示是一切方法和讨论所赶不上的。"

取密尔一样的立场,所以他"自相矛盾"吗?所以,难道《论出版自由》实际上是"当前流行学说"的遥远源头?

我们有必要重新概括、阐释这个问题:我们面前放着一本书,它明面上支持某些容易识别的结论,然而我们却在其中发现一些段落,它们从表面来看恰好削弱了那些结论,面对这种情况时,我们该如何做呢?不能轻易断言,弥尔顿这样的作家会在一篇短论中犯下自相矛盾的错误,①窃以为,我们最基本的义务在于扪心自问,问题是否可能出在我们自己身上。

我们需要回到文本,而当我们试图阅读那些明显有问题的段落时,应关注它与主要论点的关系,因为这些段落发端于主要的论点并深受其影响,这样我们才会有所发现——为显示对作者的公平,我们不能反其道而行之。换言之,在阅读那些有问题的段落时,我们应该赋予它们符合主要论点的意义②——在《论出版自由》里,这个主要论点就是贤明的人追求的自由有其"最大限度",而且一个

---

① 我们同样需要避免另一种解决此问题的捷径,即认为弥尔顿表现出更好的理解力:"各个时代的革命往往不能恢复已失去的真理,这份真理的缺失使整个世界变得糟糕。"(《论出版自由》,页6)

② 关于这一观点的全部影响力,不妨参考关键的"我不是说要宽容"(《论出版自由》,页56)这段话,我们在此可以深有领悟。弥尔顿写道:

"……人们无法分清麦子和稗子,也无法把好鱼从坏鱼中分辨出来,这只能是天使在世界末日时的事情,但假如大家不可能全都一条心——谁又说能做到这一点呢?那么,让许多人都可以得到宽容而不使所有人都受到压迫,无疑更健康、更谨慎和更合乎基督精神……我不是说要宽容教皇制和公开的迷信……

在此提出"自相矛盾"或"不一致性"显然无济于事,除非我们进一步假设我们面对的是一位意志薄弱的作家。我们在阅读《论出版自由》时已经学会了在读这一段落的同时不去注意其中的任何不一致。页55:

自由社会并不等于开放社会。

如何理解"［真理］不要策略和计谋"？如果我们认为，这种"策略和计谋"包含一个社会为了保护或延续它自以为具备的真理而采取的常识措施，我们的确会面临困难，但是，如果我们可以足够同情地理解弥尔顿，让他在这些常识措施和"策略和计谋"之间作出区分，我们就不会有任何困难。

如何理解我们必须"让真理有施展的余地，不要在她睡着时把她捆绑"？此处的困难同样由我们自己造成："让真理有施展的余地"这话绝对不能阻止我们提出"有多少余地"这样的问题，也不能排除文中提供的针对这个问题的特殊答案。而且"不要在她睡着时把她捆绑"这句话，也不能阻止我们提出问题：对恶毒书籍采取压制措施必定不会引起弥尔顿的反对，①那么，这样的措施是否"捆绑"了真理呢？

"让［真理］和虚伪交手吧；谁又见过真理在自由公开的交手中吃过败仗呢？"然而，这句话并没有说，让真理和虚伪在任何场合、在任何人之间交手——也就是说，弥尔顿可以完全自由地以他自己的方式提出并回答这个问题：在何种场合、何种人之间，真理和虚伪会真正交手？至于"自由公开的交手"，就像弥尔顿教导我们的，只有当我们质疑什么是"自由公开的交手"时才会出现一些有趣的问题——这场交手如何自由、如何公开，又将如何保持"自由""公开"的状态？即，在这场交手中，如何让真理与虚伪格斗，让真

如果我们具有慈爱精神，如果我们不把互相议论作为我们虚伪精神的主要支柱，那么又有多少东西可以和平相容而交由良心解决啊！

此处的"我们"显然是"对基本问题达成一致的我们"的简称。"基本问题"是弥尔顿的原话（同上）。

① 详见下文模式四讨论的第四和第五点内容。

理可以自信地认为它不会被打败？

除此之外，弥尔顿和如今那些引用这些存疑段落的人们不一样，他自认为了解什么是真理，因此，"真理"对他而言是"我们的真理"的缩写。而"交手"的目的也非常简单，是打倒谬误，而不是去追寻何为真理。①当我们理解了这一点，以上所有一系列句子就有了不同的涵义。我重申，我们其实一直在为自己制造困难，具体而言就是在阅读"自由公开的交手"等句子时掺入只有从密尔那里才会发现的涵义，而这绝非弥尔顿的本意。实际上，弥尔顿的论辩过程中浮现出的自由社会模式，充满了密尔所谓的"策略和计谋"，而这种模式其实就是他所说的"自由公开的交手"。

模式四

正确解读《论出版自由》就会发现，它一方面在某一社会中呼吁撤销加诸言论自由的一项特殊限制，即对书籍和小册子的预先审查制，另一方面又热切地维护现状（页51–52，以及页49–50）。除了书籍和小册子的预审制，弥尔顿显然认为，现状等同于"真正的自由"，他对现状非常满意，而且如前所示，这一现状正是他在请求出版自由时预先设定的目标。因此，认为弥尔顿在辩论中反对预先审查制，并由此"引导他"提倡密尔所说的开放社会，或者他的辩论在任何情况下都适用于所有形式的审查制，这些观点都毫无意义。原因在于，弥尔顿关于免除书籍和小册子的预先审查制的呼求，之所以要求一定的公开程度，其目的仅仅是消除他认为荒谬的东西，

---

① 参《论出版自由》，页43–44："由于我们掌握了很大限度的真理，尤其是我们和教皇……所以我们就应该比其他民族更加大声地向上天表示我们的感谢。"

而从密尔的观点出发,视开放为其本质的社会则会将这种消除视作"封闭"。

在弥尔顿的论证过程中,他向我们展现了他认可的社会的几大特点,并大加赞赏,我们还可以说,这些特点正好构成了弥尔顿理解的自由社会的模式。这些主要特点如下:

(1)这个社会认为自己奠基于宗教真理——不仅生活在上帝的掌管之下,以上帝的旨意而不仅仅是以社会自身的目的为目标,而且尤其为上帝所喜爱,①与此相应,这个社会有责任保护并传播一种特定的宗教教义。②正如上文所示,如果没有被教导误读《论出版自由》,我们就会期待弥尔顿说,这个社会的最高美德不是密尔意义上的"追求真理",而是践行并传播一种不断扩张的启示宗教。

(2)这是个同质社会,并不崇拜多样性,最多是"教义或规训上一些谐和的差异,甚至无关紧要的差异";这是个同质的社会,因为它自愿变得相同,也就是说,它尽管"宽容",却并不容忍"教皇制和公开的迷信",这个"它"[教皇制]——不是"它们"——应该被"消灭",因为它[教皇制]"要消灭一切宗教和世俗的主权";这个社会同时也不能容忍"那些反对信仰和破坏风俗习惯的、不虔敬的和罪恶的事情"。③

---

① 参《论出版自由》,页2,其中弥尔顿辩论说,假如我们重新获得我们的"自由……这首先应当赞美上帝我们的救主的大力庇佑"。

② 参《论出版自由》,页46,弥尔顿认为要不是"主教们"的顽固,"改革我们邻国的宗教的荣誉将是完全属于我们的"。

③ 参《论出版自由》,页56,弥尔顿补充说:"没有法律会允许那些不对自己有所约束的事情。"换言之,整个观念的立足点在于区分那些妨碍以及不"妨碍精神合一"的人,区分那些"谐和的差异"和不谐和的差异;我们不会轻易丢掉这个观点,推断后来的经验证明弥尔顿在判断新教徒和天主教徒之间

弥尔顿没有告诉我们他所谓的"消灭"是什么意思，也许他会满足于驱逐天主教徒。有关教义和规训的重大问题，也就是新教徒和天主教徒之间的问题，不可公开，即不适合讨论。弥尔顿赞同的社会模式，由于其奠基于最初的不宽容和排斥行为，因此不是公开社会。

（3）这是结构分明的社会，即等级社会，其中"研究学问和雄辩术的人……受到尊重"，他们的意见得到"欣然且非常恭敬的倾听"（页4），也就是说，"普通大众"明白他们的位置不同于那些智力和道德上优越的人。

（4）这个社会自认为有这样的权利和责任，要确保"教会与国家时刻警惕注意书籍与人的具体表现，然后拘留、监禁并严裁作恶者"（页5）。"……［如果］书籍有毒素或进行诽谤，查禁或焚烧就是人们所能拿出的最有效的办法。"（页59）"……［如果］……［任何人的知识子嗣］被证明是一个魔鬼，谁又能说不应当把它付之一炬或沉入大海呢？"（页13）

那么，这个社会尽管没有事先审查书籍和小册子，在出版之后是否愿意加以查禁？这当然是上述引文初看之下表达的意思。许多评论者认为，看起来，弥尔顿反对预先审查制的很多论点，同样适用于反对一切审查制，不过，他们同时又指责弥尔顿鼓吹或至少在

的差异是否如预期的"谐和"问题上发生错误（尤其在后来的经验至今还未结束的情况下）。得到的教导如下：精神合一是我们自由社会的前提条件，也是自由社会内部展开的讨论过程的前提条件。对于现今作者而言，后来的经验显示，当欠缺此类精神合一时，讨论进程也会中断。参《论出版自由》，页52-53，弥尔顿援引上议员布洛克（Brooke）的话：

> 有些人希望过纯正生活，把自己的良心所给予的最好指引当作上帝的安排，这些人不论怎样受到他人的诽谤，我们都要谦恭而又耐心地听取他们的意见，尽管这意见与我们的有所不同。（楷体部分为笔者所强调）

考虑出版后的审查制问题，并对他自己的观点视而不见。然而，那些反对预先审查制的论点，尤其其中很有力的论点明显可用于反对出版后的审查制，除此之外，还有至少两个原因可以解释我们为什么应该避免对《论出版自由》做出以上的解读。

首先，弥尔顿在此处就像别处一样行文啰唆，对细节尤其关注，但他从来没有暗示，一个自由社会的运转机制需要对"作恶"的书籍进行限制、禁锢并严予制裁。

其次，《论出版自由》中有许多论点显然试图证明，当我们以异端或邪恶倾向为由禁止同胞们接触书籍时，无论从美德还是真理的角度来说，都会造成巨大伤害。更糟糕的是，弥尔顿在进行这些辩论时，不断让预先审查问题从他笔尖完全溜走——虽然如上文所言，他又频繁地重新回到这个问题上，①并把这些辩论发展成简单地反对所有审查制。我们必须留意，假如在那样的辩论语境中，弥尔顿已

---

① 参《论出版自由》，页5，在一个句子内就从预先审查问题（"这法令的订立者是诸位不屑于承认的"）转移到"我们对阅读问题普遍应持有的看法"这一宽泛问题，随后又回到预先审查问题本身。我们也许注意到，并不是所有反对预先审查的论点都同时可以用来反对出版后审查制，比如他提到的过去最好最明智的城邦，如雅典（页7）、斯巴达（页8）以及罗马（页8、9、10）就没有设立预先审查制（"以往书籍和生灵一样，可以自由进入这个世界；没有一个嫉妒的朱诺跷着二郎腿诅咒人的心灵子嗣的产生"）。然而书中引用的关于最好最明智城邦的例子表明，他们确实对书籍严予制裁：雅典严禁"渎神或无神论"的文字；斯巴达不喜欢那些远离他们军歌小调的高雅写作；罗马反对"诽谤性的书籍和作者"以及那些"亵渎他们崇拜的神"的文字（尽管"通常是好书被禁的多，而坏书被禁的少"）。基督徒皇帝们"禁止或焚烧"那些"被他们认为是大异端的人写的书籍"，并制裁那些"公开谩骂基督教"的"外教作家"（页10）。弥尔顿总结道，预先审查制是由"最反基督的宗教会议和最专横的宗教法庭"（页13）、"最虚伪的诱惑者和压迫者"（页14）发明出来的，目的恰好是"破坏和阻挠宗教改革的来临"（页14），不过他后来又谴责柏拉图想出来这个主意（页24–25）。

经在考虑出版后的审查制,那么,我们实际上面对的是一个知识上的错误,一个我们有权居高临下放肆谈论的错误。

"无论何种书籍"(页14;强调为笔者所加)在"兼容并包地阅读"(页20)后,是否能产生更多"好处……或弊端"?弥尔顿在回答这个问题时,给出了关于我们上面讨论的要点(页14):

> "在洁净的人,凡物都洁净";……一切好的和坏的知识都是这样;只要愿望和良心纯洁,知识不可能使人腐化,书籍当然也不可能使人腐化。(页17)
>
> ……最好的书在一个愚顽的人心中也并非不能用来作恶。(同上)
>
> "坏的书籍……对一个谨慎而明智的人来说,在很多方面都可以帮助他善于发现、驳斥、预防和解释。(同上)
>
> ……一切看法,包括一切错误在内,不论是听到的、念到的还是校勘中发现的,对于迅速取得最真纯的知识来说,都有极大帮助。
>
> [上帝]从前普遍扩充人类肉体的食物时,始终没有用节制的原则,因此,正和从前一样,关于我们心灵的食粮和消化问题,他也任人选择。(同上)
>
> [上帝]不会把人们永远限制在一切规定好的幼稚状态之下,而使他自己具有理智来选择。
>
> ……关于善的知识和关于恶的知识之间有着千丝万缕的联系……(页18-19)
>
> 谁要是能理解并估计到恶的一切习性和表面的快乐,同时又能自制并加以分别而选择真正善的事物,他便是一个真正富于战斗精神的基督徒。(页19)

这其中最强有力的论点是:

关于恶的认识与观察对人类美德的构成是十分必要的，对于辨别错误肯定真理也是十分必要的。既然如此，我们如果想探索罪恶与虚伪的领域，又有什么办法能比读各种论文、听各种理论更安全呢？（页20）

而且，如果我们为了防止"毒素流传"，开始"清除"或"禁止"书籍，那么第一本被禁的书必定是圣经，因为"里面常说到非常粗野的渎神事件以及恶人们非常不雅的肉欲"（同上）。

……压制［那些］极易腐化生活和教义……的书籍……必然会导致学术的下降和辩论才能的削弱……（页22）

……［一个］聪明人……能从一堆矿渣似的书中提炼出金子来，而一个笨人拿着一本最好的书……同样是一个笨蛋……［因此］如果我们限制笨人读书也无补于他们的愚笨，那么我们也没有理由剥夺聪明人在增加智慧方面的任何便利条件。（页23）

［邪恶］等风俗完全能够不通过书籍而找到上千条其他途径来习得，这些途径是没法堵塞的。（页22）

［对有些人来说，包含］邪恶与错误［的书籍］并非引诱或无用之物，而是有用的药剂和炼制特效药的材料……而对其他人来说，如小孩和幼稚的人，他们没有技术来炼制这种原料，则应当**劝告他们自行节制，但是不能强制阻挠**……（同上；楷体为笔者所强调）

［压制书籍的做法毫无意义，除非我们可以］同等地注意管制一切其他同样易于腐蚀心灵的事物……（页25）

如果有人想要借消除罪恶的事物来消灭罪，那他就是个不通人事的人。（页27）

……我们像这样消除了多少罪恶，就会破坏同样多的美德。（页28）

> 试问我们又为什么要制定出一套严格的制度，忤逆上帝和自然的意旨，取消那些考验美德和体现真理的东西呢？（页28）

的确，为什么呢？某一本书怎么会被理直气壮地烧掉，教会与国家为什么要密切关注书籍并对它加以限制、禁锢并严予制裁呢？如果持续这样的情况，教会与国家难道不需要为书籍设置二十个牢头和看守，这和二十个许可制审查员岂不面临同样的反对意见？这些问题的答案就是，我们其实是自找麻烦。前文提到的那种知识上的错误不是弥尔顿的，而来自我们自己，我们怀着这样的错误对弥尔顿的教诲视而不见，而当我们不再以高人一等的态度对待他时，就能清楚无疑地看到他的教导。

为了把问题说清楚，我们不妨把这部分开头的引用中涉及的原则称为"焚书原则"（book-burning principle），并把以上论证语境中提出的原则概括如下：书有好坏之分，有些教导善良，而有些教导邪恶，有些教导真理，而有些传授谬误。这样的差别同善恶之分、对错之分有关，如果一个社会否认这种差别，或者尽管承认却否认它自身有能力在适当的时机、以适当的手段干预并阻止坏书偶尔造成的伤害，我们就不能称其为社会。现在，我们从这样的事实出发，也就是弥尔顿肯定焚书原则，把它视为自明公理（"谁能否认呢？"），并使得这一原则成为他教导的必要部分。

但是，令我们吃惊的是，弥尔顿没有提到机制，如果机制对我们来说意味着审查制，那么他清楚地表明不应该有任何机制，实际上他补充道：没有焚书者！对此，我们出于我们智慧的优越做出回复：要么有焚书者，要么没有焚书原则，必须二选其一。弥尔顿反驳道：我拒绝做出选择，我要的是有焚书原则，没有焚书者，两者之间的关联只存在于你们自己的头脑。如果有焚书者，那么社会就错失了坏书被恰当使用后能带来的好处。如果没有焚书原则，我们就任由自己受到不恰当使用坏书带来的伤害，偶尔也受到好书带来的伤害。这两种情况，我们的社会都不能承受。

任何深入阅读这两类语句——阐明焚书原则和反对审查制的语句——的人，都可以想象弥尔顿会继续说，也许带点不耐烦的语气：阐明我立场的关键语句在于我言及"小孩和幼稚的人"的部分，我提到，"应当劝告他们自行节制，但不能强制阻挠"。现在，当"小孩和幼稚的人"被劝告节制时，他们可能会自行节制，但也可能不会。如果他们自行节制，社会就已经"焚烧"了有问题的书籍，其效果远甚于任何二十名焚书官员，①而且不会产生那些好官员带来的不利影响。但是，请注意关于节制的劝告——社会中合适的老师对他们合适的学生提出劝告，这本身就预设了焚书原则：坚持认为确实存在好书和坏书之分，有必要适时对坏书采取合理措施。

我的主要观点是，采取的合理措施从来或者几乎从来不是强迫性的；或者用稍微不同的话来说，如何使用好书和坏书这一问题的解决办法在于，让好书和坏书都流通到那些能够合理使用它们的人手上，而避免落入那些误用书籍的人之手。至于机制问题，一个健康社会由于其内部自动自发的阶层关系，本身就是一台硕大的机器，可以持续筛选书籍和观念，把好书和坏书区分开来，并"焚烧"坏

---

① 如果有人认为这种观点不可信，那么他明天就可以在欧洲任何地方尝试去买一本被公认为我们时代最糟糕的一本书，名叫《我的奋斗》（*Mein Kampf*）（这本书在几年前的书市上还有几百万本）。当你找不到一本《我的奋斗》时，就该问一问自己：是谁烧了它们，是怎么烧的？然而，我们必须强调，与之相反，弥尔顿的立场并不会排斥或甚至不会劝阻政府对文学作品销售和分配方面的一切干预手段。但是他的立场在我看来是有益的，他警告我们，这样的干预并不能解决真正的问题，这种干预的必要性正好证明，社会中合适的老师和学生之间的恰当关系已经破裂，这样的干预本质上是拙劣的，而且充满危险，而且在任何情形下（如弥尔顿的类比所指出的）反对书刊的措施就应该类似于反对那些罪犯或品行不端之人的措施。

书,至于此处"焚烧"的意义,我希望我现在已经讲清楚了。因此,回到刚才的讨论,如果幼稚的人不能自己做到节制,问题可能出在社会中合适的老师和合适的学生之间的关系上,前者必须学会成为更好的老师,后者必须受到教育,要表现得更好。①

和其他地方一样,我们在此发现弥尔顿的教导与现代的开放社会学说不谋而合,比如在强制性的出版前和出版后审查制问题上确实如此,但是,我们所看到的,至多是为一个很大程度上封闭的社会提供的一则建议,这个社会内部愿意而且能够像一个开放社会一样运转,恰恰是因为它没有站在焚书原则的对立面,没有认为关于好书和坏书的区分毫无意义、社会无权针对坏书采取任何措施。弥尔顿仿佛已经预见到一个时代并为这个时代而书写,在这个时代里,审查制问题完全脱离了它赖以讨论的唯一预设。②

(5) 这个社会自认为有这样的权利和责任:向社会成员灌输关于美德与真理的"正面"观念——也就是,这个社会的根基在于

> 那些不成文的或至少非强制性的关于道德教育、宗教和世俗教养的法律,柏拉图……说,这些法律是国家的纽带……在那些容易逃避许可制的事情中,它们将起到主要作用。(页 26 - 27;强调部分为本文作者所加)

因此,弥尔顿的教导如下:只有当自由社会无法履行它的教育职责时,审查问题才会出现,自由社会的教育职责包含的内容与焚

---

① 关于此种关系的详细讨论,参看科林伍德(R. G. Collingwood)的《新利维坦》(*The New Leviathan*, Oxford, 1945),他从父母和托儿所之间的类比来充分讨论所涉关系。同时参看《论出版自由》页 58 中提到的"教会人们重见光明"。

② 参《论出版自由》,页 24 - 25,弥尔顿警告说,政治上的提议和人们的预设不可分割。

书原则——坚持好书与坏书的区别、坚持认为有必要站在好书的立场上采取适当措施——恰好相反。

各种模式间的关系以及广义的教导

尚存的疑问是：首先，针对前文提到的方法论问题，弥尔顿的立场如何？其次，我们是否有权利把密尔提倡的广义上的有关思想自由和言论自由的教导归功于弥尔顿？

第一个问题。我希望已经清楚说明，弥尔顿的确发展了一套追求真理过程的模式，这套模式完全不同于密尔的模式，而且比密尔的模式更能吸引那些重视真理的人。我也希望已经清楚说明，弥尔顿在论证过程中发展出一套自由社会的模式，这套模式同样与密尔的模式差别巨大。最后，我希望已经阐明，在多大程度上，这套与当前"流行学说"相关的自由社会模式，由追求真理过程的模式所引发并决定：追求真理的过程有这样或那样的要求，因此社会就必须被这样或那样地组织起来，有些事可以做，有些事不能做——我已经指出，其结果就是把对真理的追求，尤其是对新真理的追求奉为自由社会的至善。如今我们要问，弥尔顿的这些模式也是以这样的方式而相互关联吗？

在《论出版自由》中，我找不到一段话可以对此问题提供肯定答案。弥尔顿的确很关心真理，关心对真理的保持和追求；他确实表明，如果我们不对知识自由设置形式上的束缚，维护并传播真理的过程就能顺利进行；他也确实辩论说，自由社会不应该强加这样的束缚。但正如我在前文多次提及，弥尔顿各个观点的顺序往往与密尔恰好相反：他有关自由社会特征的想法，明显优先并独立于他有关保持和追求真理的想法；如果说一个模式从属于另一个模式——在大部分情况下，二者互不从属，弥尔顿的问题恰恰是如何让这两个模式互相包容——那么，追求真理过程的模式从属于自由社会的模式。换言之，弥尔顿的观点恰恰在于，他的那种知识自由服务于社会目的，尤其是宗教改革的目的；我们可以毫不夸张地说，他可能完全无法理解密尔的程式。

具体来说，他并没有准备——虽然在密尔的程式里，他必须做好这样的准备——从有关知识自由的讨论转移到重新公开讨论他在书中已经极其平淡地解释过的两个问题。其中一个问题是：宗教改革在我们自由社会里占据什么地位？弥尔顿实际上给出的答案是：自由社会理所当然把宗教改革视为公共真理，奉为正统，而且毋庸置疑应该为之服务。另一个问题是：那些否认或藐视这一正统的人在自由社会里占据什么地位？弥尔顿回答如下：他们在自由社会里毫无地位可言，被"消灭"以后，他们就不再出现，因此不会带来任何问题。也就是说，争论无益。比如，弥尔顿应该已经看到，从"检验一切"（proving all things）的角度，支持"教皇制和公开迷信"的人会起到和坏书一样的作用；同样，出于"检验一切"的角度，在学术共同体里，①所有将一切问题当作开放问题来处理的观点，同样也可以用来为一个把所有问题当作开放问题对待的社会进行论证。对弥尔顿来说，这就颠倒了事情的合理顺序，而且误解了学术共同体和其他事物之间的关系，因为和自由社会中的其他存在一样，学术共同体也从属于一些特定的公共真理，从属于自由社会本身。

以上讨论把我们引向第二个遗留问题，我们现在可以这样提问：难道我们可以如此理解弥尔顿的教导，即在世界各地的所有社会里，占主导地位的团体有权利把它的真理奉为公共的正统，并让一切事

---

① 即使出于学术共同体的考虑，这句话也没有承认弥尔顿已经思考得这么深远。

物包括学术共同体都从属于它？比如，我们此时在英国，在我们开始"检验一切"之前，我们有权利消除一切不友爱的分歧，同样，那些在西班牙主张"教皇制和公开迷信"的人，不也有权利"消灭"那些在"重要观点"上与他们意见不合的人吗？一旦我们跟随弥尔顿来到他最深刻最重要的政治思想领域，他是否就会和密尔一样准备断言，他教导的内容——比如消除不友好的分歧，随后避免对知识自由的限制——可以作为有序社会广义上的良方？

答案当然是否定的，尽管我们可以令人信服地从他身上获取某种普遍意义上的教导，即在有着"很大差距"的人们之间展开合理谈话毫无益处可言。这将会误解他整个精神内涵："我们"之所以有权利清除天主教徒，是因为我们正确而他们错误，上帝向我们而非他们显现他自身，而且我们必须完成我们主的事业。①这是弥尔顿的政治和知识自由问题产生的背景；而且在《论出版自由》里追踪这些问题时，他只是停在"我们"② 应该如何处理这些问题上面，而没有进行更深入的探讨。③

如果让弥尔顿面对以下问题，我们的确会感到自信：那些比我们"［更少］得到上天的喜爱"（页46）的社会应该如何处理政治和知识自由问题呢？弥尔顿可能会给出和伏尔泰（Voltaire）类似的答案，即创建一种宗教：首先你们要进行宗教改革。正是由于这个缘故，一切试图把弥尔顿——他在关键问题上其实是不宽容的典型代

---

① 这一点在《论出版自由》中随处可见；如果想记录相关表述，我们必须引用这本书中的一半内容。

② 最多指代那些拥护宗教改革的国家。

③ 也许，他最像是对政治方面给出普遍教导之时，也正是他在《论出版自由》中提到那些最不受重视的主题时，也就是他关于焚书原则以及"自由的最大限度"的教导。但是我们很难想象出弥尔顿建议西班牙人焚毁诺克斯（John Knox）的作品。

表——①作为现代宽容学说和开放社会遥远源头的尝试,②必然忽视了其中一些重要段落,必然忽视了书中观点的先后顺序,因此就必然会像"那位高明的先生用关闭园门的方法来拦住乌鸦"(页22)一样,注定失败。

---

① 当然,我们此处涉及的并非弥尔顿和那些他不能容忍的人之间的问题。
② 参看沃恩(C. E. Vaughan),"导言"(Introduction),载于莱斯(Ernest Rhys)编,《论出版自由》(*Areopagitica*, London, 1927):"[如今]被广泛阅读的唯一一本弥尔顿的散文作品……竟然是推崇我们普遍认同的宽容这一平凡主题,这点有时令人颇感遗憾。"

《论出版自由》对历史的运用或滥用

道　林（Paul M. Dowling）撰
王　涛译

> 古代的历史学家描述的事实即使是错误的，仍有很多见解可以供我们采用。我们都不善于认真地利用历史；大家只注意那些引经据典的批评：好像要从一件事实中得出有益的教训，就一定要是真实的事情。明理的人应当把历史看作一系列的寓言，它的寓意非常适合于人的心理。
>
> ——卢梭
> 《爱弥儿》，第二卷

《论出版自由》这部反对书籍许可制或书籍出版事前审查的伟大著作，首先考察罗马天主教徒发明许可制的事。更具体地说，在考察了古代雅典、斯巴达和罗马的审查活动后，弥尔顿揭示了罗马天主教徒如何不断增加他们的政治权力，最终，他们要求书籍必须在出版前接受审查，且必须在获得许可或正式批准后才能出版。对于弥尔顿时代以清教徒为主的伦敦来说，这个论点特别具有吸引力，因为清教徒对于没有改革的罗马教会没有任何好感。但是我将提出，以这种方式来打量所谓的《论出版自由》的"许可制的历史"，忽视了弥尔顿的真正意图——至少是最深层的意图。弥尔顿的"历史"根本并不是现代意义上的历史，而是文艺复兴时期古典史的一个典范。要想理解弥尔顿的历史，我们必须朝向希罗多德，而非伯里（Bury）、兰克（Ranke）或伽德纳（Gardiner）。

我们需要做出一些界定。首先谈谈现代意义上的史学较为容易，因为它就像我们的语言一样为我们熟知。它的目标是准确性。它的问题是：过去发生了什么？它的方法由历史系来传授，主要在于运用书籍、档案、信件、碑文、工艺品等等一些证据。我将现代的史学定义得如此宽泛，并非意图否认现代历史学家之间的一些非常重要的差异。对于什么构成一个历史事实，比如，是否可以在重要的军事和政治精英或大众和非精英的行为那里发现历史事实这些问题，历史学家持有不同的看法。也许当我们回过头去看现代史学的古典对应物，我如此宽泛地刻画现代史学的原因会变得更为清楚。

如今，谈论古典意义或希罗多德意义上的史学非常困难，就像谈及现代史学是如此容易一样。原因并不仅仅在于古典意义上的史学完全不同于我们的思维方式，而且还因为直到最近，历史学家都还没有完全理解希罗多德所研究的"历史"的所有特征。

对此我将利用一小批晚近学者的研究，其中最著名的是伯纳德特（Seth Benardete）的《希罗多德的〈原史〉》。[1]伯纳德特的书名"探原"是对希罗多德原书希腊文标题的直译，伯纳德特指出，希罗多

---

[1] *Herodotean Inquiries*, The Hague：Martinus Nijhoff, 1969. 另参 Stanley Rosen, "Herodotus Reconsidered", *Gironale di Metafisica*, no. 13, 1963, pp. 194–218。古典史的另一个文艺复兴范例，参 Harvey C. Mansfield, "Party and Sect in Machiavelli's Florentine Histories", *Machiavelli and the Nature of Political Thought*, Martin Fleisher ed., New York：Athenaeum, 1972, pp. 209–266。学界有

德主要关心的并不是准确地回答过去发生了什么这个问题。以现代史学的框架来理解希罗多德的著作是一种错误。当然，希罗多德确实讲述了希波战争的一些事情，他确实使用了一些书面或其他档案。但是，希罗多德整理了这场战役的具体资料，他也承认其中有些是错误的，或者不准确，但他整理的目的是使那些更具洞察力的读者能够反思这些具体资料蕴含的某些普遍问题。希罗多德的普遍理性（logos）包含于这些他讲述的可能为真也可能为假的具体材料中。

举个例子也许有助于澄清希罗多德的"历史"写法。希罗多德在第八卷（节118-119）讲述了一个虚构的故事。用他自己的话来说，这个故事"在我看来根本不值得相信"。①故事讲述了波斯国王薛西斯（Xerxes）的一段航行。当风暴来临时，舵手要求船上的波

不少关于弥尔顿史学的研究，但是都没有像这几篇文献那样抓住古典历史的特征。学者们经常提到弥尔顿史学中的古典因素，但是它们通常都将其限于风格而没有延伸至什么是"历史"这个根本问题。参 French Fogle, "Historiography, Milton and Seventeenth‐Century", *A Milton Encyclopedia*, ed. William B Hunter, Jr., Lewisburg: Bucknell University Press, 1978, p. 3, pp. 185–193, esp. p. 193; Ernest Sirluck, "Milton's Critical Use of Historical Sources", *Modern Philology*, 50 (1953), pp. 226–231。最好的分析来自路易斯（C. S. Lewis）的《被抛弃的意象》（*The Discarded Image*, Cambridge: The University Press, 1964, pp. 174–185, 尤参 pp. 179–181）；作者认为，弥尔顿是在一种前现代史学传统中写作。但是路易斯指的是一种中世纪的史学传统，它对自己的文献来源采取不批判态度，不区分历史和故事、传奇，避开了路易斯所说的历史主义："这样一种信条，即通过研究过去，我们不仅能够知晓历史真相，而且能够知晓元历史的或超验的真理。"（页174）《论出版自由》的"历史"可能会被误解为这种中世纪"历史"，但是从总体上看，弥尔顿似乎比路易斯所讲的中世纪"史家"更为自觉。弥尔顿故意曲解他的资料就是为了搞某种与路易斯所讲的历史主义类似的东西。如果我对《论出版自由》的解读具有一定说服力，那么，也许弥尔顿研究者们应当从希罗多德史学传统的角度来重新打量弥尔顿的其他历史著作。

① *Herodotus*, Henry Cary, New York Harper & Brothers, 1872, p. 533.

斯人为了国王的安全跳海。据说，波斯人确实都跳海了，船也安全抵达港口。接着，薛西斯马上做了两件事：

> 他因舵手的救命之恩而赐给他一顶黄金冠，但同时割下了这个舵手的头，因为他使许多波斯人丧了命。

伯纳德特指出，由于这个故事并不真实，因此我们只能通过思考希罗多德所谓的故事的"意涵"（meaning）来解释，这种意涵就是希罗多德试图通过这个故事传达的教诲。伯纳德特认为，希罗多德使用这个故事是为了说明：

> 薛西斯的做法表现了对正义的完美反讽。他的两个行为本身都是正义的，但是将它们合在一起，一个正义的行为抵消了另一个正义的行为，便导致一种荒谬。因此，讲述这个故事是因为它说明了有关正义的一个事实：严格执行一项正义规范，偿还所欠之物，会导致自相矛盾。波斯人尤其具有这种对正义的误解，后文会将这种误解显现得更为清楚，因此我们会看到，即使虚假的故事也能够说明有关波斯人的真相。（《希罗多德的〈原史〉》，前揭，页4-5）

如伯纳德特所言，阅读古典史与阅读文学相差无几：读者通过解读书中的诸多具体资料来发现作者的意涵。那么，我们需要牢记现代的"史"（history）与古典的"史"（historia）的差异，还需要牢记，现代的"史"注重事实准确，而古典的"史"作者不拘泥于事实准确性，但其意图传达的意涵却非常重要。

现在让我们来看弥尔顿的"许可制的历史"。①首先，我们来讨

---

① "许可制的历史"这个术语来自西拉克（Ernest Sirluck），但是如我下文所示，用这个术语来描述《论出版自由》四个主要论证中的第一个并不够确切。

论一下编者和批评家在将这份"历史"纳入现代范畴时碰到的三个问题。在指出这种做法面临的困难后，我将说明，通过将弥尔顿所写内容理解为古典史如何能够解决这些问题。

首先，弥尔顿的"许可制的历史"免除了古代雅典、斯巴达和罗马与早期基督教在发明许可制或书籍事前审查方面的责任。但是，为什么弥尔顿要花费笔墨为它们免责呢？在抄本时代，书籍的抄本非常少见，书籍副本都出自抄写员之手而且读者人数极少，实施书籍事前审查对于这个时期的政府当局既不可能也不急迫。这难道不是显而易见的吗？只有当印刷机发明后，印刷书籍迅速增多，阅读人群扩大，还应当加上的是，像伦敦文具公司（London Company of Stationers）这样的协会在印刷机发明后垄断这项技术一个世纪之后，政府当局的书籍许可制才有可能实施，才会成为一个急迫的问题。莱斯（Warner G. Rice）针对弥尔顿所述历史中的这个异常现象指出："弥尔顿这里采用的历史方法完全错误。"① 之所以错误，是因为其衡量标准是现代史学。

另外，在处理古代雅典的时候，弥尔顿还说，在雅典，"书籍和哲人比希腊任何其他地方都要多"，弥尔顿还宣称，雅典的"长官只注意两种文字，渎神（blasphemous）和无神论的，或诽谤中伤的"（卷二，页494）。就苏格拉底时代的古代雅典对书籍和哲人的政治迫害而言，这个说法显然是有选择的，也不全面。《论出版自由》的19世纪编者黑尔斯（John Hales）第一个注意到，弥尔顿

其他有关《论出版自由》的引文来自西拉克的版本，《弥尔顿的散文作品全集》(*The Complete Prose Works of John Milton*)，Don M. Wolfe 总编，New Haven; London: Yale University Press, 1959 年，第二卷。下文对《论出版自由》的引用将插入正文中（标注卷数和页数），拼写则加以现代化的处理。

① "A Note on *Areopagitica*", *Journal of English and Germanic Philosophy*, 40 (1940), p. 477.

并不想做到详尽全面，否则，他肯定会提到阿那克萨戈拉（Anaxagoras）和阿斯帕齐娅（Aspasia）因"不敬神（impiety）"而被控告。

有关这些控告的历史事实文献，他建议读者阅读格罗特（Grote）的《希腊史》。①但是，当弥尔顿说"长官只注意两种文字"时，他其实宣称自己已经做到详尽全面了，只是黑尔斯提到的"不敬神"并没有包含在内。我们可以进一步推进黑尔斯的观察。弥尔顿在对雅典长官如何对待"书籍和哲人"做出历史描述时，并没有提到苏格拉底的审判和处死，这看上去确实有些奇怪。毕竟，虽然苏格拉底没有写书，但是他的哲学智慧肯定非常令控告者厌恶，所以他们才控告他"败坏青年，不信城邦信的神，而信新的精灵之事"。②

最后，我们来看弥尔顿的历史叙述得出的明确结论：无论如何，许可制就是罗马天主教徒的发明，而正直的英国清教徒不会采用。弥尔顿的另一位编者西拉克（Ernest Sirluck）反对这个结论："这个结论竟然得到这样普遍的接受，真令人吃惊，因为这个结论完全背离事实。"他补充说：

> 不仅查理一世和劳德大主教，就连弥尔顿眼中真正的清教改教者国王和改教者，都采取许可制政策……（卷二，页158）。

萨拜因（George Sabine）在他编辑的《论出版自由》中也要面对这个问题，他提到弥尔顿"高度偏颇的历史"，并建议读者阅读

---

① John W Hales ed., *Milton's: Areopagitica*, Oxford: at the Clarendon Press, 1874, p.70.

② 柏拉图，《苏格拉底的申辩》（*Apology of Socrates*），24b - 3，Thomas G. West 译，Ithaca, N.Y.: Cornell University Press, 1979，页29。

《大英百科全书》和《社会科学百科》有关宗教法庭和审查的内容，以了解实际情况。①

关于这三个问题，弥尔顿的编者和批评家都假定，弥尔顿是在书写某种有关许可制的现代意义上的历史，但他有时候没有做到这一点。但是，在我看来，这个假定本身正是问题所在。原因在于，弥尔顿之书写历史，并不是在现代史学传统之中，而是在某种近似希罗多德的传统之中。解读在这种传统中写成的"历史"，仅仅确定史家是否准确书写事实并不够。相反，我们必须认为，无论真假，那些具体资料都在表达某种"意涵"。

让我们从这个角度出发重新审视我们发现的那些问题。比如"许可制的历史"问题，这种制度始于古代雅典、斯巴达和罗马，远在印刷机的发明使得许可制得以操作和显得急迫之前。在这里，编辑者和批评家使用的"许可制的历史"这个标题就过分简化了弥尔顿所做的工作。要想理解弥尔顿的"历史"的复杂性，读者必须密切留意弥尔顿对自己目的和结论的几次重述。第一次说明自己书写"历史"的目的时，弥尔顿仅仅说，他将证明"这项许可制的订立者是诸位不屑于承认的"。但是，在下一段岔开去说了说书籍本身后，弥尔顿再次陈述他的目的，包括两方面的意图：

> 尽管我反对许可制（licensing），但我还是要引入许可（license）[概念]；我将不厌其烦地从历史上引证古代的著名国家制止此种混乱[即书籍写作自由导致的混乱]的办法，然后追溯这种许可制怎样在宗教法庭中产生，为我们的主教们拿来利用，并吸引了许多长老会的长老。

---

① *Areopagitica and of Education*, Arlington Heights, Ill : Harlan Davidson, 1951, p. 6n. .

弥尔顿的叙述有两方面的目的：表明古代国家在制止书籍写作的自由或混乱方面的做法；说明谁发明了许可制。出于这两个目的，弥尔顿从古代雅典开始书写这一历史看起来就合理了。但是，弥尔顿对自己意图的重述没有至此结束。在这一"历史"的结尾，弥尔顿声称，信奉异教的雅典、斯巴达和罗马这些"古代著名的国家"为"古往今来最好、最明智的国家"（卷二，页507）。这个细节反映了弥尔顿在清教徒主导的伦敦可能不想大声说出的"意涵"：在处理书籍写作自由导致混乱这个问题上，不是耶路撒冷、日内瓦或爱丁堡，而是古代异教政权才是"古往今来最好、最明智的国家"。

第二个问题是，弥尔顿笔下的雅典比实际情况更为自由、更为宽容。相较于前一个问题，回答这个问题需要更多分析，部分原因在于，这个问题的涉及面要比编辑者所指出的更加广泛。在关于最佳且最明智的异教政制的历史的思考当中，弥尔顿将雅典描述为自由化的城邦成为一种模式，这样，对自始至终不妥协地追求真理或哲学思考的个体与政治社会的实践需要之间的紧张关系，弥尔顿就可以轻描淡写了。

至于斯巴达，弥尔顿认为这个城邦极度军事化，毫无书卷气，所以无需许可制。但是，斯巴达确实找了一个"很小的借口"（弥尔顿如是说），就把阿基洛库斯（Archilochus）赶出城邦。弥尔顿没有说明这个"很小的借口"是什么，但他的资料来源是普鲁塔克的《斯巴达政制》（*Instituta Laconica*）293B：阿基洛库斯被赶出城邦是因为他主张，与其放弃生命，不如放弃盾牌。在一个军事对于其生活方式来说至关重要的城邦里，这显然是不审慎的言辞。但是，弥尔顿将言说真理的欲望与政治社会要求之间的张力做了轻描淡写的处理。

至于罗马，哲学如何进入之前军事化的、无知的早期共和国中这个问题，弥尔顿也是轻描淡写。在弥尔顿看来，哲学这样进入罗马：

> 卡尼亚德斯（Carneades）、克利托劳斯（Critolaus）、廊下派的第欧根尼（Diogenes）在出使罗马时，趁机使这个城尝试了他们的哲学，当时竟连监察官加图这样的人都怀疑他们是煽动者，于是便在元老院中提议将他们立即赶走。

加图对这些希腊人的言论的反对，被弥尔顿视为老年人一时的过度警惕。但是，这个事件的主要资料来源（普鲁塔克的《加图传》和西塞罗的《论共和国》3.6）却讲述了一个不同的故事。首先，克利托劳斯这位亚里士多德逍遥派的领袖人物并不在场。其次，另外两个人是对政治毫无兴趣的怀疑派和廊下派的代表人物，他们只是不够审慎。卡尼亚德斯做了两场演说：一场演说论证正义，另一方演说则反驳正义。在罗马这个如此需要具有公共精神的公民的地方，公开诋毁正义显然不是一件小事。但是，弥尔顿并没有反思早期罗马与哲学的这场遭遇呈现的问题。他隐藏了不妥协地追求真理与政治社会的要求之间的张力。

有人会反对我对哲人与古代城邦之间冲突的解读。也许弥尔顿根本没有捏造关于罗马的事例。也许，他仅仅是转述了普鲁塔克和西塞罗之外的其他资料。当然，我无法证明不存在其他资料，但是我可以指出，一个多世纪以来，《论出版自由》的编者们并没有发现这种资料。也许更重要的是，鉴于晚近对这种古典历史的重新发现，我们为什么要将精力和关注只放在那些事实准确的历史上？如果弥尔顿已知的材料对相关事件有一个说法，而弥尔顿本人却多次偏离这个说法，甚至成为一个模式，那么，我们为什么不尝试确定弥尔顿的偏离如何符合他的历史书写的"意涵"？

我们可举一例，弥尔顿在谈及哲学进入罗马时，加入了克利托劳斯这个普鲁塔克和西塞罗都没有提到的人物。对政治毫无兴趣的哲学学派的两位代表人物，应当因一位亚里士多德学派的代表的在场而有所节制，这对弥尔顿的故事版本不是很恰当吗？因为后者对政治和道德事务感兴趣，而且理解审慎这项德性。如果这就是克利托劳斯在场的原因，那么，弥尔顿将他置于两位激进哲学同伴中间（"卡尼亚德斯、克利托劳斯、廊下派的第欧根尼"）以表明他的节制意义，不是很恰当吗？

但是，即使我们假定弥尔顿以希罗多德的方式写作，为什么他自始至终对哲学和古代城邦的张力轻描淡写？我认为，弥尔顿是想表明，他讲述的这些异教政制应当成为现代基督教英国的典范。它们的自由化和宽容为英国提供了一个可堪学习的榜样。这个事例即使在历史层面不够准确，也能够激励英国走向宽容，而这正是英国可以也应当做到的。

为了了解弥尔顿有关古代城邦的事例的重要性，我们需要将其与弥尔顿在《论出版自由》后文对英国提出的建议加以比较。正如雅典和罗马惩罚两种书籍和哲人，弥尔顿也建议英国惩罚两种书籍和哲人。英国的书籍事后审查应限于那些被弥尔顿称为"恶意的"或"诽谤中伤的"书籍（卷二，页569）。这两个类别与雅典和罗马的"渎神和无神论的，或诽谤中伤的"类似（卷二，页494、498）。"智者"（wits）参与教学和宣讲活动及没有见诸书籍的其他活动，关于他们，弥尔顿建议普遍宽容新教教派。他拒绝宽容两类人，罗马天主教徒和做出"违背信仰和破坏风俗习惯的，不敬虔甚至绝对邪恶的行为"的人（卷二，页565）。

弥尔顿的这种不宽容基于完全世俗和政治的理由，而非彼世的、神学的理由。在弥尔顿看来，罗马天主教"要消灭一切宗教和世俗的最高权力"，坚决不能予以宽容（卷二，页565）。20世纪一位作家的下述说法表达了弥尔顿这里的意思："有可能的情形是，普遍宽容必然受到了不宽容那些不宽容的人的启发。"①在 17 世纪，罗马天主教就是不宽容的人。

另一方面，弥尔顿提到不敬虔的、绝对的邪恶时，并没有说它们是对神的冒犯，而是说它们会造成混乱，"使得（法律）自身非法化"（卷二，页 565）。弥尔顿这里援用了政治哲人的教诲，即政治社会的法律需要公民的某些态度和道德倾向的支持。②比如说，信奉一位在死后审判人的罪行和信仰的神，这种信仰似乎支持人们服从

---

① Harvey C. Mansfield, "Party Government and the Settlement of 1688", American Political Science Review（December, 1964），p. 941. 曼斯菲尔德是在讨论 1688 年的《宽容法案》，但是他的某些论证有助于阐释弥尔顿在 1644 年的《论出版自由》中有关宽容的说法。

> 《宽容法案》提出的合理原则是最大范围内可行的宽容。为了实现这个目的，法案的制订者必须避免那种看上去具有宗派色彩的宽容；他们肯定要避免提及下述这种宽容原则，即某些不从国教者的原则……法案不出于纯粹宗教的动机。天主教徒不因为他们是异端而被排斥；不从国教者被包含在宽容范围内并不是因为他的信条为真。目的是要达成一种非－宗派的宽容。（页 941）

对于弥尔顿在《论出版自由》中就宽容问题所提出的看法，大致也可以这么说。西拉克（卷二，页 179）提出证据表明，弥尔顿拒绝宽容罗马天主教徒是基于世俗的政治原因。他指出，弥尔顿在《摘录簿》（Commonplace Book）中提及，梵蒂冈宣布臣民对自己国王的忠诚无效。

② 有关宗教在民政或政治上的作用的教诲，一个文献来源是马基雅维利《论李维》的卷一和卷二。弥尔顿在他的《摘录簿》中大量摘录了此书的内容。下文就是马基雅维利从世俗角度予以论证的例子："敬奉神明是共和国成就大业的原因，亵渎神明则是它们覆亡的肇端。失去神明的敬畏，王国要么覆灭，要么援之以对君主的敬畏，补足宗教缺失之短。"《论李维》（The Discourses of Niccolò Machiavelli），Leslie J. Walker 译, London and Boston: Routledge and Kegan Paul, 1950, I, p. 242. 应当注意，根据这里所举的例子，马基雅维利是在说罗马异教。

法律规定。诸如不敬虔和绝对邪恶这样的混乱,则会削弱对法律的支持。但是,这种哲学推理未必属于某个宗派,更不见得是一般信徒在思考宗教信仰的好处时会出现的想法。许多宗教都会有一些最低限度的信条,鼓励教徒守法。无论如何,弥尔顿认为,如果英国以雅典和罗马的那种世俗的、政治的角度来考虑书籍和哲人问题,英国就会变得更为人道、更为理性。

最后一个问题。萨拜因说弥尔顿写的历史是"高度偏颇的历史",西拉克也指摘弥尔顿没有提那些免于许可或参与实施事前审查的新教徒。似乎在这些编辑者眼中,弥尔顿与他的大部分新教读者一样心怀偏见,将许可制与遭到强烈厌恶的罗马天主教徒视为一路货色。这个问题过于庞大,无法在这篇论文的有限篇幅内予以完全的回答。若要提供一个全面的回答,就需要考察弥尔顿的整篇演说,而不仅仅是5页篇幅的"许可制的历史"。拙文先开其端绪。

让我们首先关注一个问题,借此检测一下弥尔顿与他的清教读者的偏见之间的关系。这就是弥尔顿如何处理罗马皇帝刚刚成为基督徒之后的罗马。这个问题与那些希望按照早期教会模式改革基督教的清教徒休戚相关。如果弥尔顿认为纯洁和原始时期的基督教存在真正的缺陷,他们肯定会感到不安。弥尔顿首先说了一些令人安慰的话,虽然有些模糊。他说,早期基督教的控制"并不比以前的做法更严厉"(卷二,页500)。问题在于,不比哪些做法"更严厉"?它指的是前面段落的哪个地方?弥尔顿是指相对自由的雅典政制和罗马共和国晚期吗?还是说,他是指前两句中提到的罗马帝国的暴政?

> 从那时以后,罗马帝国除了暴政,几乎什么都没有。如果我们看到坏书被禁得少,好书被禁得多,那也一点不稀奇。(卷二,页499-500)

我认为，所指的模糊是弥尔顿有意为之。那些认为早期基督教是后世典范的读者会觉得，弥尔顿的意思是，不比雅典和罗马共和国晚期"更严厉"。但是，我将指出，弥尔顿是在向更具洞察力的读者表明，罗马的早期基督教律条导致一种与罗马帝国时期同样糟糕的暴政。

可是，《论出版自由》紧接着的段落似乎表明，早期的基督教罗马追随那些最好的异教（pagan）国家的自由审查政策（liberal sensorship）。原因在于，弥尔顿指出，基督教罗马仅仅审查两类书籍，即异端邪说和外教（heathen）书籍，或教外之人的（Gentiles）书籍。由于最好的异教国家仅仅审查两类书籍，渎神和无神论书籍或诽谤中伤的书籍，所以，读者会倾向于赞同，早期基督教的控制相对来说较为自由。

但是，基督教的这两种审查类别其实与异教的两种审查不同，这也许会促使某些读者琢磨，弥尔顿为何要显明这种差异呢？如我们之前所分析，异教的审查类别基于某些世俗的政治考虑。在某些政治社会中，誓言基于对某些神灵的信仰，服从法律受到对某种来世的信仰的支持，那么，政治长官就有正当理由担心公开表达无神论的行为。也许更显而易见的是，政治社会需要对文字诽谤做出不同于暴力矫正的政治矫正。但是，基督教类别的标准又是什么呢？它们似乎基于教派主义而非政治考虑。它们保护罗马的基督教教派，压制对立教义。人们必然会问，政治长官就其恰当职责而言，为什么应审查异端邪说和外教书籍？不管怎样，在对英国的审查提出建议时，弥尔顿并没有采纳基督教的那两种类别。

因此，仔细阅读后我们会发现，弥尔顿有关早期基督教罗马的历史描述微妙地暗示了某种近似教会暴政的东西。例如，他暗示，主教理事会或其他教会机构（而非政治长官）在决定应当禁止哪些书籍。弥尔顿写道：

> 所有被认为是大异端写的书都被检查、驳斥，并在大公会议上加以谴责；在此之前，帝国当局都没有予以禁止或焚烧。（卷二，页 501）。

接下来的一句话则暗示，弥尔顿认为这种教会统治是一种暴政。在那里，弥尔顿漫不经心地提及，波菲利（Porphyrius）就是一位因公开谩骂基督而被禁罚的外教作家，而弥尔顿曾在他的《英国史》（卷五，页 105）中以赞许的口吻引用这位哲人的《驳基督徒》（Against the Christians）。

简言之，这段有关早期基督教在罗马的审查制度的"历史"具有反讽意味。弥尔顿明确痛斥罗马天主教的反对者，他坚称，只有后来的罗马天主教才如此不宽容而采取许可制，而他对早期基督教的不宽容的批评却颇为隐微，二者存在明显的差异。弥尔顿在提及波菲利之后，间隔几句给出的另一句话即为这种反讽的典型，他说"从公元 800 年以后，罗马教皇就尽情垄断政治权利，把自己的支配之手伸出来遮住人们的眼睛"——这里有一个强调的从句——"就像他们从前控制人们的判断一样，凡属不合他们口味的东西他们都禁止阅读，并付之一炬"（卷二，页 501）。基督教对人们判断的支配早于基督教的罗马天主教时期。它可以追溯到清教徒以为的早期更纯洁的基督教，这时的基督教审查书籍并不是为了保卫政治社会，而是为了保卫基督教这个教派。异教的雅典和罗马才是"古往今来最好的、最明智的国家"（卷二，页 507）。

我之前就承认，此处无意全面解答弥尔顿与他的清教读者之间关系的问题。完整的解答首先需要考察弥尔顿在《论出版自由》中对修辞的理解。弥尔顿沿用了一位希腊讲演家一篇讲演的标题作为自己的书名。他在自己的演说中指出，自己追随伊索克拉底（Isocrates）的修辞模式（卷二，页 489）。但是，弥尔顿如何理解这个模式？目前还没有充分的学术研究。①古典学学者对于伊索克拉底的修辞意图也各执己见：他的讲演仅仅是有关讲演术的临时之论，还是表面上看似临时之论但其实更富哲学意味？②关于弥尔顿的《论出版自由》也存在此种观点分歧。它真如巴克（Arthur Barker）所言，是一部应运而生的清教小册子吗？或者，是有关言论自由的更哲学的论述，超越了它的清教背景和清教构想？③

---

① 西拉克（卷二，页486）说，弥尔顿"对书名的选择较为奇怪"，而且他没有援引任何有关弥尔顿如何受惠于伊索克拉底的修辞模式的研究。在他的版本中，黑尔斯得出了类似的结论。他仅仅谈及伊索克拉底的讲演与弥尔顿的讲演之间存在"少许类似"（页xxxii）。下个脚注将分析自西拉克的版本问世以来有关这个主题的一篇论文。

② 参 R. C. Jebb, *The Attic Orators*, London: Macmillan, 1893, II, pp. 203 – 206, 该文将克拉底斯视为与狄摩西梯尼（Demosthenes）一样写作临时演说的人。Jebb 认为，伊索克拉底的《战神山议事会演说》（*Areopagitikos*）的保守诉求意在提出恢复不民主的战神山议事会，作为雅典道德规范的审查机关。另参布鲁姆的（Allan Bloom）的博士论文，《伊索克拉底的政治哲学》（*The Political Philosophy of Isocrates*, University of Chicago, 1955）。布鲁姆认为，伊索克拉底是一位哲学作家，他运用临时讲演的形式和外观，向他更具洞察力的听众传达隐藏在具体问题背后的理论问题。根据布鲁姆的解读，伊索克拉底的讲演是在以一种巧妙且具有欺骗性的方式，在民主雅典表达非民主的教诲，即贵族支配的混合或均衡政体是最佳的政制形式。特别参阅 pp. 17 –21, pp. 28 – 43。自西拉克的版本问世以来，唯一一篇有关弥尔顿如何理解伊索克拉底的修辞术的论文似乎是 Joseph Anthony Wittreich, "Milton's *Areopagitica*: Its Isocratic and Ironic Contexts", *Milton Studies*, 1972, 6, pp. 101 –115。维特赖希追随 Jebb 对伊索克拉底的解读，没有考虑布鲁姆的解释。因此他拒绝承认，弥尔顿说自己在追随伊索克拉底的修辞模式可能是认真的。

③ Arthur Barker, *Milton and the Puritan Dilemma*, 1641 – 1660, Toronto: University of Toronto Press, 1942, xxi、xx、pp. 8 –97。巴克认为，弥尔顿1641至1660年间的散文是一个整体：都是应对不断变化的各类事件的临时论辩，由"清教主义意识形态"主导（页xxi）。萨拜因在他编辑的版本中指出，《论出版自由》的教诲超越了弥尔顿当时的宗教和政治论战："……它表达了英语世界人民的政治思想背后的最根本的道德信念……"（ix）

要回答这些问题需要另写一篇更长的论文。就我目前的目的而言，得出下述结论足矣：弥尔顿在《论出版自由》中书写了一种古典"历史"。他整理了一些有关审查活动的具体资料，其中有些在事实上并不准确，其目的在于，那些更具有洞察力的读者能够反思这些具体资料反映出来的某些普遍问题。

（译者单位：华东政法大学科学研究院）

弥尔顿与政治正确

麦克格莱尔（Mary Ann McGrail）撰
邢锋萍 译

在论文集《迫害与写作艺术》中收录的同名论文开篇，施特劳斯（Leo Strauss）做出如下推断：

> 我们可以很容易地想象出一位生活在极权国家的历史学家，他也许是这个国家唯一政党的一名备受尊敬的党员，从来没有人怀疑过他。这个国家的政府倡导一种对宗教史的特定解释，而这位历史学家在从事研究的过程中，很有可能对政府倡导的这种解释的合理性产生怀疑。没有人会阻止他猛烈抨击他心目中的自由观点。当然，他在抨击自由观点前不得不对它加以陈述；他会以一种平静、低调，甚至有些乏味的方式来陈述自由观点，而这种陈述方式似乎是完全自然的；他会使用许多专门术语，给出大量引文，过分看重一些无关紧要的细节；他把注意力完全集中于学究们的碎屑争吵，似乎忘记了人类的圣战。他只在触及争论的核心时才以简洁、活泼的文风写下三四个句

子,而这种文风恰恰容易引起喜欢思索的年轻人的注意。这一核心段落陈述了对手的论据,清晰、有说服力、不留情面,即便在自由主义的全盛时期,也没有人像这样陈述过这些论据,因为在自由主义大获全胜,因而接近于休眠状态时,自由信条往往会生出一些赘疣,而这位历史学家在陈述自由信条时,默不作声地省去了所有多余的蠢话。他的一位明白事理的年轻读者第一次瞥见了禁果。对自由信条的抨击——这是作品的主干——恶毒地引申了圣书或执政党的书中那些最恶毒的话语。这个聪明的年轻人,因为年轻的缘故,在此之前一直被那些极端的话语所吸引,现在则只有厌恶的感觉,在偷吃禁果以后,甚至觉得那些话语无聊透顶。他把历史学家的书读了第二遍,又读了第三遍,这时他注意到历史学家对从权威的书中摘出的引文所作的刻意安排,从中觉察到一些新的重要信息,可以补充出现于十分短小的第一部分中间的那几个简洁陈述。①

这里描述的是显白写作,也就是说具有两种教诲的写作方式:

> 一种是具教谕性质的大众教诲,处在前台;另一种是关于最重要的问题的哲学教诲,仅仅透过字里行间暗示出来。(同上,页29)

这是一种与施特劳斯和施特劳斯学派密切相关的阅读准则。施特劳斯在这里展现了持有异端观点的作者"在字里行间写作"(writing between the lines)的实践,这种实践活动受到读者偏见或其写作

---

① 施特劳斯,《迫害与写作艺术》(*Persecution and the Art of Writing*, Chicago, 1952),页24-25。[译按]《迫害与写作艺术》的译文参考刘锋译本,北京:华夏出版社,2012,页18-19。本文译文在此基础上略有改动。

发生的国家中特权阶级的限制。"在字里行间写作"这个术语同时被施特劳斯作品的反对者和学生广泛误用,并且使得施特劳斯学派获得秘传派(hermetic school)神秘诗学的(mythopoetic)地位。这一理论普遍认为有些作者怀有秘密的教诲,因此有时导致不同种类的学术欺骗和卖弄。

施特劳斯在这段话中谈及极权国家的作者立场。这可能会使一个处在自由民主社会的作家或评论家错误地以为,这种写作方式不会出现在一个自由社会,因为在自由社会,言论自由没有受到直接压迫。我希望在这篇文章中说明,弥尔顿的《论出版自由》(*Areopagitica*)使用了一种显白的写作形式,这种写作形式被麦考利(Macaulay)称为"特殊技艺"(peculiar art),它的言辞既面临来自上层的思想压迫的危险,也面临来自下层的思想压迫的潜在危险。在自由政制当中,托克维尔(de Tocqueville)将来自下层的思想压迫的源头定位于"多数人的暴政"。当今时代,与此相对应的一种形式即是"政治正确"(political correctness),它坚称公共写作和言论必须得到净化以符合特定观念,这种观念规定了构成"公正"语言的内容。希尔(Geoffrey Hill)把这种公共领域强制性的约束称为"政治正确的残暴刻板模式",这一短语表达了一个自相矛盾的概念,它一方面基于一种确信,即作家和演说家无法绕过流行用法所带来的不断变化的障碍,同时又坚持要求根据学术上的正确规范来清除语言中的刻板模式。正如希尔所言,这种坚持本身就是一种对语言的暴力,指向一种新的官腔(Newspeak)。①

尽管经常被人们忽视,但是施特劳斯本人在作品中清楚地指出,

---

① [译按] Newspeak 是奥威尔(George Orwell)小说《1984》中的极权国家大洋尼亚(Oceania)官方创造的一种新语言,目的是控制人民思想,阻断思想自由。

极少有作家能够进行显白写作。在一门关于文学和审查制度的课程中，我多次阅读弥尔顿的《论出版自由》，由此推断弥尔顿就是那极少数作家之一。弥尔顿在为争取免于审查的出版自由时，进行了艰难而且在当时看来极其危险的辩论，而看起来，他的论辩确实表现为"在学究们的琐碎争吵声中遗忘了人类的圣战"。这本小册子充满刻意为之的学究气，所有现代版本中的大量注释可以证明这一点，这把读者的大部分注意力带离核心论点的激进本质。假如某个作家想知道圣哲罗姆（St. Jerome）阅读西塞罗（Cicero）作品时的大斋节之梦（Lenten dream）① 是否源于身体的疾病，那么，在同样的背景下，为宗教和哲学异端保留一方公共空间这样激进的事情，他就不可能会关注。在当代人看来，重要的是，我们能在弥尔顿独具一格的显白写作中发现一些指导方法，用于克服当代作家和演说家所面临的阻碍，确切地说，"政治正确"之类的阻碍。

《论出版自由》是用英语写成的最著名、最具影响力、最晦涩的争取出版自由的论辩小册子。Areopagitica 这个词的完整意义也很有趣——幽默而怪异。弥尔顿写作这本小册子的直接背景是：1643年6月14日颁发了出版许可令，同年8月24日英国出版同业工会（Stationers' Company）发出了关于严格执行该法令的正式通知。该通知提到了弥尔顿的名字，而且提及他在8月1日（在出版许可令业已颁发之后）未经许可出版的《离婚的戒律和学说》（*The Doctrine and the Discipline of Divorce*）。1644年8月14日，长老会神学家帕尔默（Herbert Palmer）在议会前布道，指责这本论离婚的小册子

---

① [译按]圣哲罗姆的大斋节之梦是教会史上一个非常著名的梦，它改变了哲罗姆的一生。公元375年大斋节期间，哲罗姆梦见自己站在神的审判台前，因其阅读西塞罗等异教文学而被鞭打。醒来后，哲罗姆立即丢掉对世俗经典的研究，转而投入对圣经真理的探索，立志为基督信仰而献身。

和弥尔顿本人。十年之后，谈起这本给他的事业带来最严重的政治和宗教污名的小册子时，弥尔顿说：

> 我只懊悔一件事，我不应该用母语［英语］写作这本小册子，如果不用母语，我就不会面对本国的读者，他们往往对自己的状况无知，却嘲笑他人的不幸。①

用只有少数读者熟悉的外国语言来写作，显然是面对粗心又武断的读者时所能采取的简单方法。然而，这不是弥尔顿在《论出版自由》中选择的解决方案。在离婚小册子事件过去没多久，弥尔顿再次用母语写作，而且选择了一个令人焦虑的话题——出版自由。仅从传记的角度来看，人们可能想知道他如何做到这一点并逃脱了惩罚。事实上，他做得极其成功，他最有名的传记学者马森（David Masson）记载了他的小册子造成的"非常可观"的影响，而且称赞弥尔顿在英国"推动了人们围绕宽容以及对自由思想和自由出版权利的要求展开激烈论争"。②早期的弥尔顿传记学者托兰德（John Toland）记录了一位审查官被弥尔顿的作品深深打动，甚至辞掉了自己的工作。③马森也记载了类似事件。历史学家麦考利在一篇关于弥尔顿的论文中提到"《论出版自由》崇高的智慧"，他

---

① 参弥尔顿，《弥尔顿散文全集》（*The Complete Prose Works of John Milton*, New Haven, 1966），Gordon Campbell 编，卷四，页 610。另参弥尔顿的第 11 首十四行诗《随我写的某些论文而来的诽谤》（On the Detraction Which Followed upon My Writing Certain Treatises）和第 12 首十四行诗《同上》（On the Same）。

② David Masson, *The Life of John Milton*; *Narrated in Connection with the Political, Ecclesiastical, and Literary History of His Time*, New York, 1896, vol. 3, p. 431.

③ John Toland, "The Life of John Milton by John Toland 1698", in *Early Lives of Milton*, 1932, p. 133.

似乎把它视为弥尔顿最优美最富影响力的散文作品。①虽然这本小册子没有对它直面的观众即议会产生实际影响——毕竟这个出版许可令并没有被撤销——但是，它在当时以及后世都广受拥护。

从 20 世纪自由民主制的角度来看，关于审查制度的争论已经变成几乎是专门针对色情和淫秽内容而展开的辩论，而这本《论出版自由》引起最多回响的句子也许是：

> 误杀好人和误禁好书同样容易，杀人只是杀死了一个理性的动物，破坏了一个上帝的像；而禁止好书则是扼杀了理性本身，破坏了瞳仁中的上帝圣像。（页 6）②

或者：

> 让我有自由来认识、发抒己见，并根据良心做自由的讨论，这才是一切自由中最重要的自由。（页 52）

> 摆出一个许可制的窄桥让挑战者通过，这在战争中也许很勇敢，但在真理的战斗中却是懦弱和胆怯的表现。（页 54）。

这样的论辩非常简单，当代读者很容易掌握：如果你审查书籍，那么你不可避免地剥夺了他人的知识和真理，而每个人都应该有平等的机会接触知识和真理。然而，当我们把以上这些值得纪念的引言放入历史和文学的语境，它们就非常类似前文引用的施特劳斯所谓的"以简洁、活泼的文风写下的三四个句子"。

---

① Thomas Babington Macaulay, H. A. Smithed., *Essays on Addison and Milton*, Boston, 1898, p. 59.

② ［译按］《论出版自由》引文采用吴之椿译本（北京：商务印书馆，1987），本文译文在此基础上略有改动，下文引用该作时直接标出中译本页码。

20世纪自由主义观点使我们现在阅读这本小册子时,始终以这些高调但简短的修辞性瞬间为依据,作为对完全出版自由的激烈辩护,而排除了大部分的争论。为了纠正20世纪自由主义读者的偏见,重新让人看到弥尔顿的艺术性并且对其有深入理解,我们需要认识到,从始至终,这本册子都认可一种对任何自由主义体制内的成员来说都非常严厉的审查制度,这种审查制度对当代人来说并不陌生:

> 我不否认,教会与国家最关切的事项就是注意书籍与人的具体表现,然后拘留、监禁并严裁作恶者。因为书籍并不是绝对死的东西。它包藏着一种生命的潜力,和作者一样活跃。(页5)

这本小册子六次提到焚书,而最后三次持赞许的态度。无论在私下还是公共场合,对待坏书的正确态度就是谴责和厌恶。弥尔顿在这本小册子的结尾重复道:

> 如果出版的书籍有毒素或进行诽谤,焚烧或查禁它们就是人们所能做的最及时有效的办法了。(页59)

因此,这位为出版自由辩护的斗士似乎支持焚烧书籍。拉什迪(Salman Rushdie)《撒旦诗篇》(*The Satanic Verses*)引致激烈的愤怒,甚至有针对他的追杀令(fatwah),他在较早时候面对最初的追杀令和这种愤怒时,曾经提到一种"想象的自由",但弥尔顿可以被理解为是在支持或反对这种"想象的自由"吗?

《论出版自由》中所论,是如今早已为人熟知的论点,但行文展开时刻意的学究气颇令人困惑;这本小册子极富修辞,但这种技艺对现代读者来说非常陌生。比如,弥尔顿似乎显示出支持两种对待书籍的极端态度，一方面支持"不加甄别的阅读"，另一方面又支持焚烧书籍。并呈这两种选择，聪明的读者对此难以满意。这本小册子提到天主教教会发布的禁书目录，在同一语境中又明显称赞焚烧坏书的举动，这正是前文所引施特劳斯的说法："恶毒地引申了圣书或执政党的书中那些最恶毒的话语。"弥尔顿给出许可制的历史也是出于同样的目的，是为了在读者中唤起对此类举动的反感，通过将这些举动和罗马联系在一起促使人们对此产生厌恶情绪。因此，这本小册子中刻意而为的学究气、弥尔顿的重复、隐晦、对历史事件的遗漏、错误的引用以及自相矛盾，凡此种种皆可视为这篇显白的英语散文杰作的主要特点。

正如几乎所有《论出版自由》版本中的大量注释所表明的，这本小册子充满了古典的、圣经的典故，但援引的方式常常很不明显。可以很普通例子为证，弥尔顿称拉丁诗人奥维德（Ovid）为奈索（Naso），而这个名字是莎士比亚戏剧《爱的徒劳》（*Love's Labour's Lost*）中迂腐的荷罗孚尼（Holofernes）所用（4.2.123）。这样的典故造成了隐晦的效果，而明显简单且如今已广为人知的论点则在这种隐晦当中传达出来。

对于这些隐晦不明和偶尔出现的错误，①20世纪的学者们却是一致沉默，认为弥尔顿只是因为这个话题而显得过分激动或者他在风格上本身倾向于学究气的典故，所以他从一个论点偏离到另外一个

---

① 大部分编者注意到，弥尔顿误引了斯宾塞（Spenser）的《仙后》（*Faerie Queene*），在弥尔顿笔下，引领谷阳（Guyon）的朝圣者也被带入玛门之洞（cave of Mammon）。[译按] 这个错误引用出现在中译本《论出版自由》第19页，然而此处译者误将 palmer [朝圣者] 译为棕榄叶，实际上，在斯宾塞《仙后》中，这位朝圣者是引领谷阳的老师和向导，但是他并没有进入玛门之洞，因此谷阳是独自一人来到玛门之洞受到世俗财富的诱惑，弥尔顿在此有意犯了一个引用上的错误。

论点。这些学者的做法显然意味着接受了弥尔顿在《论出版自由》开篇的诱导性说法，以此为这种误读辩解，因为弥尔顿宣称，向议会进言的过程"使我内心的支配力产生了热情，而这热情远比一篇序言所能引起的情感更令人欣喜"。弥尔顿此处所述是公开演说者尤其是政治演说家的情绪，他们"向共和国的当轴诸公直接进言"，他们体验了"对成功的怀疑""对即将受到某种责难的恐惧"，"抱着希望"或"深信不疑"（页1）。也就是说，弥尔顿在开始写这本小册子时就警示读者，他写作时可能心怀恐惧，也可能因为恐惧的原因而变得更加谨慎。

这本小册子的主要论点可以分成四个部分：第一，许可制的历史；第二，它对阅读的影响；第三，许可制之无效；第四，它对真理进步造成的破坏。前三个论点组成这本小册子的前半部分，第四个论点最长。对一个当代读者来说，值得注意的是，这本小册子中并没有当代各种各样关于支持和反对审查制的理论和流行观点。比如，相比较而言，弥尔顿并不关注感官享受类的书籍，即如今的色情作品，也不关注具有政治煽动性的文本。他希望鼓励英国模仿"希腊古老高贵的人文主义文化"（页3），他似乎还认为，在许可制历史上，希腊之后的时代削弱了文字的力量，也削减了真理的力量，他在此处辩论中对他身处其中进行写作的基督教历史略去不提，但是，基督教在古代之后介入历史，目的是促进真理的发展，这正是他后文阐述的内容。

这本小册子的标题本身就提出了一些问题。弥尔顿把《论出版自由》称为一篇"演说"（speech），但是这篇演说却从没有发表的打算。它延续了演说的传统，并以伊索克拉底（Isocrates）《战神山议事会演说》（*Areopagitikos*）而命名。伊索克拉底论辩说，雅典民主制已经变得松散，因此呼吁战神山议事会（the council of Areopagus)① 重建道德监管制度。伊索克拉底悲叹雅典文明的衰败，尤其是雅典城邦道德的沦丧，他主张对青年实行更加严格的管制，把他们的教育和社会风俗视为一个整体。伊索克拉底论辩的目的是希望战神山议事会实施更加严格的监督。弥尔顿一向喜欢做出有效的反转，他采用这篇向政府进言的演讲标题，但是悲叹许可管制委员会一旦被允许运行，就可能导致英格兰滑向无知和庸俗的境地。

给这本小册子贴上"演说"的标签，可以让人们注意到公开演讲和出版作品之间的差异。就像弥尔顿后文所言，写作"比说教更公开"（页43）。当弥尔顿在第四部分论辩中的第一部分给出许可制／审查制的历史谱系时，这种差异将起到重要作用。他赞扬议会选择效仿古希腊，因为古希腊时代，

> 研究学问和雄辩术的人在城邦内外都极受尊敬，如果他们公开对国政劝言，自由城邦和僭主城邦都会欣然地、非常恭敬地倾听他们的意见。（页4）

为更好地理解弥尔顿所说的，我们可以举出雅典最有名的劝诫者苏格拉底的例子。柏拉图在《苏格拉底的申辩》（*Apology*）中写道：

> [在我看来，神就派我到城邦里来当这样的一个（牛虻），]惊醒、劝说、责备你们每一个，我整天不停地在各处安顿你们。（30e）②

---

① ［译按］战神山议事会创建于梭伦之前，是雅典贵族议事会，在维持雅典法律的同时，它还是雅典刑事和民事案件的最高审判机构。

② ［译按］《苏格拉底的申辩》引文采用吴飞译疏本，北京：华夏出版社，2007，页111，下一句引文参页117。

苏格拉底在解释自己为何不参与公共生活时指出：

> 那么，如果我以公事为业，做一个好人应该做的事，扶助正义，公事公办地把这当作最重要的事来做，你们认为我还能活这么大岁数吗？（32e）

不过，弥尔顿并不会直接说起苏格拉底案件。但是，这并不意味着他没有提及。

在讨论宗教正统给学问带来的危险这个更宏大的的隐晦问题时，他才谈论苏格拉底问题。基于明显的历史原因，这是他论证中最为机智的一面。弥尔顿在一个不寻常的段落里再次引入苏格拉底，这次引入还暗示了他关于审查制的想法的另一面，并非如表面一般支持当时的宗教改革进程，即所谓出版自由可以促进宗教改革。在这一段里，弥尔顿讨论了尤利安（Emperor Julian）皇帝颁发的一项法令：

> 禁止基督徒研究外教学术，因为他说："他们将用我们自己的武器伤害我们，用我们的科学与艺术征服我们。"果然，基督徒由于这个阴险的法令而发生了很大的变化，几乎陷入无知状态。所以，阿波林纳利阿斯（Apollinarii）父子把圣经改变成讲演、诗歌、对话等形式，并拟定一部基督教文法，他就像人们说的那样从圣经中制定了七大学科。但历史学家苏格拉底说，神意的安排比阿波林纳利阿斯父子的辛勤劳动要高明得多，因为他把那条破坏学术的法律连同制定者本人的性命一起消灭了。（页15）

这一段落的奇特之处在于，它把借助审查制进行严酷宗教迫害的事件同苏格拉底这个名字联系在一起，但这不是哲人苏格拉底，而是后来的历史学家苏格拉底,为了澄清弥尔顿有意造成的混淆,应该确切地称呼其全名苏格拉底·司考拉斯底库斯(Socrates Scholasticus)。在弥尔顿列出的宗教迫害事件中,古典学术严遭禁止,我们知道弥尔顿不赞同这一点,因为他的整本小册子都在仿效希腊演说,他对古希腊人文精神和学术气息持有最高的赞誉。他为何把苏格拉底的名字同排斥古典学术的事情联系在一起呢?这次宗教迫害产生了只仰赖圣经阅读的原教旨主义教派,那么,把苏格拉底事件和这次宗教迫害联系在一起有何意义呢?

弥尔顿虽然在《论出版自由》中几次提到苏格拉底的同时代人阿里斯托芬(Aristophanes)和普罗塔戈拉(Protagoras),还有他的学生柏拉图,但是,全文都没有直接提及哲人苏格拉底。因此,弥尔顿在述说关于作者的流放、审查制和书籍许可制的历史时是有选择性的。他在描述雅典人和斯巴达人如何对待书籍时,只字不提古代世界与审查制有关的最著名例子——苏格拉底的审判和定罪。人们可能会忽略这一点,辩论说苏格拉底毕竟从来没有写下什么,尽管柏拉图记录了他的教诲。但是一个段落之后,弥尔顿在讲基督教以前的罗马历史时,提到被监察官加图(Cato)从罗马驱除的希腊人卡尼亚德斯(Carneades)、克利托劳斯(Critolaus)和廊下派(Stoic)的第欧根尼(Diogenes),因为加图认为这些"阁楼里的胡言乱语之人"带来伤风败俗的影响——不是由于他们的写作,而是由于他们的言谈。一个机智而博学的读者会因此而震惊。

阿里斯托芬在《云》(The Clouds)中对苏格拉底展开著名的批判,而弥尔顿在谈到这位谐剧作家时明显自相矛盾,这说明苏格拉底是游荡在弥尔顿论点背后一个重要的幽灵。弥尔顿在第一次提到这位希腊谐剧作家时说:

大家都知道,柏拉图还介绍他那位君王学者狄奥尼修斯

(Dionysius)阅读最放荡的谐剧家阿里斯托芬的作品。据说神圣的金口若望(holy Chrysostom)每夜都研读这个作家的作品,他具有一种技巧,能把其中肮脏激愤的话清洗成一种动人心弦的说教,这也是可以原谅的事。(页7-8)

奇怪的是,在论证的第三部分——即关于许可令之无效的部分,弥尔顿再次提到柏拉图和阿里斯托芬。这里,他批评柏拉图而非阿里斯托芬,因为柏拉图阅读阿里斯托芬的作品:

> 但当初他不甘受自己的立法限制,而要去管闲事;他写下许多对话和乌七八糟的警句,同时又不断地研读**索弗戎**的拟剧(Sophron Mimus)和阿里斯托芬粗鄙不堪的作品;阿里斯托芬曾经恶毒诽谤自己的朋友,柏拉图还介绍暴君狄奥尼修斯去念他的书,其实狄奥尼修斯根本不需要这种东西来消磨时间。根据这些,柏拉图难道不应当被自己的长官驱逐出境?(页24-25)

这段话中矛盾的焦点集中于这一句:"阿里斯托芬曾经恶毒诽谤自己的朋友。"而在《苏格拉底的申辩》中,苏格拉底称阿里斯托芬为"诬蔑者"(19b;中译本页71)。在这本小册子中,当弥尔顿第二次谈到"希腊古老高贵的人文主义"时,他引导人们反思希腊最宽容最有学问的城邦雅典的不足,这座城邦处死了第一位哲人。后来,弥尔顿谈到利用审查制对基督徒进行宗教迫害,这时,苏格拉底会再度进入读者的脑海,因为很明显,此处引用苏格拉底·司考拉斯底库斯既不重要也无必要。弥尔顿把苏格拉底的名字和一个只读圣经的社会联系起来,这个做法会引导读者做一番比较:苏格拉底被处死背后流行的政治动机以及英国在宗教改革之后实行宗教不宽容政策带来的普遍危险。苏格拉底受审和早期基督徒被迫害就这样而彼此关联。

　　弥尔顿把苏格拉底排除在审查制历史谱系之外，这也使得人们注意到演说和写作之间的区别。让我们回到这本小册子的标题，《论出版自由》虽被称为演说，但写下来的文字却可能享有演说者所得不到的保护。同样，人们可以用一种方式写作并得到理解，但是可能无法用这种方式演说或布道，这意味着宗教演讲也许是最容易受到压制的演讲方式。弥尔顿在标题中着重指出的，正是演说和写作之间的这种区别。对于书籍，人们可以反复研读、查漏补缺或者苦苦思索，演说却要求一种即时的理解，并要求人们从不完整的记忆里做出批判性的评价。这意味着，人们在演说中很难做到的事却有可能在写作中实现——比如，犯下明显的错误或遗漏、自相矛盾等，引导读者去找出这些错误、遗漏或者矛盾背后的原因。在解决这些明显问题的过程中，读者就会发现施特劳斯所谓的"字里行间写作"。

　　弥尔顿只能间接提及苏格拉底问题，从中我们可以得出一个结论，那就是，即使在一个宽容的社会，要想在公众面前成功地为苏格拉底辩护仍然不可能，而且对一个宗教演说家来说，要想保护自己免受异端的指控也不可能，我们要记住，苏格拉底也被控告为异端，被指责向城邦引进新的神祇。同样我们也可以推论，有一些颇具价值的演说和写作，比如公开的宗教演说，难以得到轻易的辩护。

　　弥尔顿谈到将学术范围囿于圣经之内，但这时却对苏格拉底这个名字表示出某种亲近，顺带又反讽性地赞颂焚书行为，这些意味着，他认为宗教审查最终会对任何健全的政治宗教团体带来最严重的危险。尽管弥尔顿明显在无节制地过度称赞焚书和无甄别的阅读这两种极端——这种过度的赞美，其目的恰恰是让这两种行为恶名昭著，而最终的解决办法则是一种节制的适度（moderation）。弥尔顿揭露那些有问题的前人和更极端的审查制的不当做法，如焚书和颁发许可令,并且把这些做法与宗教改革的大敌罗马联系起来,从而倡导适度的做法。他同时指出,即使是表面上最自由博学的社会也容易采取这种极端之举;即使在模范之城雅典,也不是所有言论都能得到容忍。

弥尔顿谨慎书写的中心议题是宗教审查问题,而我选择当今自由主义政制内的束缚之一,即关于"政治正确"的现代信条,两者之间存在着显著的相似性。

正如前文所示,当今读者准确地把这本小册子直接理解为出版自由所做的有力论证,还认为其论证具有至关重要的意义,但是围绕这一论点展开的修辞语境却同样重要地暗示出——也许对当今读者来说,这个暗示显得更为重要——什么才会真正危害言论和出版的自由。

我们再次回到这本小册子的标题页,弥尔顿在此引用欧里庇得斯《乞援女》(*The Suppliant Women*)中的忒修斯(Theseus)的一段话。在这段话中,忒修斯为民主辩护,反驳从阿耳戈斯城(Argives)来的传令官对民主所作的抨击,不久之后,为了要回牺牲的士兵尸体,忒修斯对阿耳戈斯发动了战争。这位传令官嘲笑民主和"乌合之众"(rabble)的统治,忒修斯对此回应道:

> 这才是真正的自由,也就是当生而自由的人民,
> 需要向公众提出建议时,可以自由进言,
> 那些能说而且愿意说的人,得到高度赞誉,
> 那些不能说也不愿意说的人,可以保持沉默。
> 在城邦中,还有什么能比这更公正?

《论出版自由》提到了三个层次的自由:思想自由、言论自由以及出版自由。思想领域的自由在实践过程中不会有明显效果,因为我们持续不断的意识流是完全私密的,直到我们选择用言论或出版

的形式将其公开。言论自由在实践过程中需要忒修斯所指出的能力和意愿，而且会带来一定危险——弥尔顿在字里行间为我们举出苏格拉底的例子。写作自由在实践过程中首先需要铲除一切外在阻碍，比如，出版时免于审查，但更为重要的是，就像弥尔顿采用麦考利所称的"特殊技艺"所展现的，写作自由还需要博大的学问和高度的审慎。写作自由甚至需要作者在表面上对某些问题保持沉默，比如弥尔顿对苏格拉底案件就保持秘而不宣的沉默态度。

《论出版自由》是某种指点人们如何进行显白写作的小册子。在一定意义上，弥尔顿利用1643年颁发的许可令这个契机展示出一些问题，在任何政制之中书写公共问题的任何作者都会碰到这些问题。因此，他最重要的听众并非他直接面对的议会，而是那些将要应对挑战的作者。《论出版自由》是英语散文的杰作，充满了重复、模糊不清的引用、省略以及自相矛盾——所有这些都能让马虎的读者感到无聊或困惑。当这样的读者在略过诸如"真理的战斗""误杀好人和误禁好书同样容易"等句子，或者读得筋疲力尽，挫败地合上这本小册子的时候，弥尔顿实际上在为那些要求严格的知识分子和抱有怀疑和警惕心的读者而写，对这样的读者来说，这本册子便是弥尔顿口中所谓的"战利品"——对胜利者的奖赏。

我仅仅提到了《论出版自由》中出现的一些比较重要而且显著的矛盾之处，其实不止这些。通过阅读弥尔顿这篇最著名而又最不为人完全理解的散文作品，我试图说明，一些作家如何鼓励并且要求人们采取一种非常规的阅读方法——不仅是理解意义或者细致阅读，而且要求读者补充一些论点——去读懂字里行间的言外之意，因为公众写作往往伴随着潜在风险，正如当代作家拉什迪的例子所示，书籍被烧毁只是最低的风险罢了。

弥尔顿采取了施特劳斯在《迫害与写作艺术》中勾勒的修辞策略。他首先营造出人们对各种宗教审查制的反感，当时的读者对此非常熟悉，而读者们觉得反感的部分原因，是弥尔顿把审查举措同罗马联系在一起；与此同时，他对宗教正统持完全赞同的态度，认为免于许可的印刷制度反而能促进英国的宗教改革事业。拙文指出了一些施特劳斯提到过的修辞策略，弥尔顿正是采用这些策略书写最危险的审查制问题：广为接受的流行信念所强加的审查，在弥尔顿这里就是宗教极端主义可能导致的极端行为。无论是对极权主义还是对自由主义政制内的作家，弥尔顿的修辞策略都将带来助益，因为有一种明显的束缚和另一种不太明显的束缚加诸言论自由之上，拉什迪可谓活生生的例证。

古典作品研究

《尼各马可伦理学》中自然的正义和正义的自然

克里坦斯基（John C. Koritansky）撰
刘　宇译

亚里士多德在《尼各马可伦理学》第五卷第七章谈到，自然的正义是可变的（1134b30）。或许，在亚里士多德所有的道德和政治著作中，没有哪一段像这里一样考验注疏者的解释力。亚里士多德自己就坦陈了其中的困难，他说，人相信万物的可变性，这使得有些人否认自然正义的存在。这些人主张，一切正义都不过是约定（convention）的事情。他们如同柏拉图对话中的人物卡拉克勒斯（Callicles）和忒拉叙马库斯（Thrasymachus），后者在《王制》中坚持认为，正义就是"强者的利益"，这就意味着，正义不过就是那些掌握权威的人所宣布的东西。

亚里士多德坚决认为，说这种话的人错了。然而他们并非全错。其问题在于，他们被一个误解所导致的过度简化所蒙蔽。那就是，他们看到或以为自己看到，自然的事物就是不变的或者是不可变的，"正如火在这里燃烧也在波斯燃烧"，只有那些源自约定的事物才会在各时各地都不一样。亚里士多德回应说，只有在诸神中间的自然和自然正义才是不可变的。用我们自己的习惯用语来说就是，除非我们想象存在着彼此负有义务的诸神，才会出现他们之间的正义是不可变的这种情况。你或许会设想，他们之间也会有约定，但是，他们之所是会永远保持同一。但我们人类中间却事事都在变化。广而言之，这就是说，我们的自然（nature）本身就在变化。

正是这一点令人迷惑不解；因为，我们除了把约定的东西理解为属于此时此地而把自然的东西理解为永恒不变，还能怎样来理解自然与约定——纯粹的约定——的区别呢？尤其是，如果自然正义只是一个暂时和局部的标准，它如何能作为标准来衡量我们的行动以及支配这些行动之规则的价值呢？① 难怪忒拉叙马库斯会有那样的想法；或者说那种想法会不断吸引我们时代乃至世世代代的人们，这就不足为奇了。

我主张，如果我们不仓促轻率地下结论，而是缓慢前行，也就是说，更为切近地遵循亚里士多德在《尼各马可伦理学》第五卷讨论正义的修辞结构（the rhetorical structure），即文本语境（the textual context），我们就会推进对这个议题的理解。阅读亚里士多德需要耐心；必须让他自己的语词来引导我们。但我们不会幼稚地沿着开端前行。我们会谨慎地选择返回开端，并且，我们在进程之中会看到这个论证的每一部分如何促使整体的教诲完成。我们期待那个教

---

① 这个困难使得有些注疏者认为，亚里士多德并未把自然正义的概念提升为一个标准。因此，雅克（Bernard Yack）说："亚里士多德并不……支持自然的、内在正确的正义标准的存在。实际上他认为，关于公民行动的内在正义的判断，需要构建和论证的是在政治共同体内部自然地发展出来的东西。"（"Natural Right and Aristotle's Understanding of Justice," *Political Theory* 18, no. 2 [1990]: 216）与此类似，可见 Tony Burnes, *Aristotle and Natural Law* (London: Continuum, 2011)。

诲包含着对我们认定的这个中心议题的回答。

倘若如此,我们观察到有个事实一开始就摆在面前。即,亚里士多德说自然正义和法律或约定正义之间的区分显而"易"见。这个区分里面有几个难点,但人们一般只注意这个区分本身。但还有一个论点人们往往会弄错。那就是他在第九章所说言说:

> 人们认为行不正义是他们能力以内的事,因而行正义是很容易的。但实际上不是这样。与邻妇通奸、殴打路人、向人行贿是容易的,是我们能力以内的,但是出于一种品质做这些事却不容易,也不是我们能力以内的事。其次,人们还认为,了解什么是正义之事、什么是不正义之事不需要智慧,因为法律所说的意思并不难懂(但法律之所云并非正义之事,除非是偶然的)。但是,如何去做正义的事,如何分配才是正义的——这实际上远比理解健康更困难。因为在医疗中要了解蜜、酒、菟葵、薰灸、开刀的作用很容易,但要理解这些东西和技术如何以及什么时候用到谁身上,就同要当一个医生一样困难。(1137a5 – 14)①

这实在令人惊讶。在完全的意义上行不正义对我们来说甚至是不可能的。但恰恰在这个事实上我们误解了自己。就在这个问题上,人们开始晕头转向,而且我们感到面临着丧失道德方向的危险。我们甚至连负疚的能力都没有了吗,如我们本应感受到或归咎于他人的那样?如果我们尚未"超善恶地"(beyond good and evil)思考,那么就需要

---

① 所有《尼各马可伦理学》的引文均出自 *Aristotle's Nicomachean Ethics*, trans. Robert C. Bartlett and Susan D. Collins (Chicago: University of Chicago Press, 2011)。[译按]中译文参见《尼各马可伦理学》,廖申白译,商务印书馆,2005 年,页 158 – 159。译文有改动。

选定一种立场，以此来重新评价我们整个道德责任的情况。或换言之，看上去亚里士多德的论证意图不只是或不主要是描述"正义"的意思是什么，或者去赞美正义，而且是对正义的批判——或是对正义动机的批判。或许真相就是，对正义最好的赞美就蕴含着对它的批判，为了避免它因过于强烈而遭受玷污？① 就这个问题而言，我们需要注意亚里士多德在第五卷讨论中的文本和修辞结构。

正义在诸德性中的独特性

一开始，亚里士多德向我们保证，正义是一种品质（characteristic），和前面几卷讨论的其他德性一样。它不是能力（capacity），也不是科学（science）。不过我们会想，就正义与其他德性的区别而言，这个保证尤为重要，因为我们往往会认为，在某个方面正义就是一种科学，或者它需要一种科学。如果我们把正义视为人们之间的一种关系——有正义德性的人希望生活于其中且不会去违犯的一种关系，就会有这种想法。这种意义上的正义就是人们能够知晓的某种东西，而且确实，这种知识就是拥有正义德性的一个必要成分。就算这样，强调知识的要素可能也有问题，因为对某种事物或任何事物的知识，既可以用在产生该事物也可以用在毁坏该事物之中。如苏格拉底在《王制》中的论证，作为一种知识的正义既是知道如何守卫和保护的知识，也是知道如何盗窃的知识。对于这个话题，亚里士多德一开始就表明，正义是一种品质而不是一种能力或科学，这就避免了这个争议。但这是以抽离而非充分回应的方式来避免的。

所以，正义是诸德性之一，因此是一种品质。但它的特殊之处

---

① 修昔底德对克里昂（Cleon）的描述就是一个绝佳的例子，说明这种强烈的感觉如何会导致卑劣之事。

是什么？对这个问题显然需要澄清和解决很多争论，尤其是争论者中甚至有人否认它有特殊之处。亚里士多德提议，我们就从或许更为清晰明确的东西即非正义（injustice）开始讨论。这似乎意味着，尽管有关正义的议题充满诡辩的（sophisticated）甚至强词夺理（sophistical）的争论，但几乎没有人不对他们觉得非正义的东西强烈反感，尤其是当自己被冒犯时。不管怎样，从非正义出发使亚里士多德观察到，正义会在两个宽泛的意义上得到言说。

一方面，我们认为一个人得到或想得到超出其应有份额的东西是错的，其应有的份额就是在与他人份额相比时他所应得的。这种正义是亚里士多德在前面几卷讨论的诸种德性之一。这是"局部"（partial）意义上的正义。

因此存在着另一种意义更为完整的正义。人们会谴责逾越法律的行为是错的，在这个意义上，正义就等同于合法或守法。既然正义支配着我们可能做出的所有事情，或规定或禁止，那么，作为守法的正义在某种意义上便是完整的德性。亚里士多德引用了忒奥格尼斯（Theognis）的一句诗，称之为诸德性的总合（1129b30）。①但这不是指单纯算术的方式。他的意思是，正义能够使我们在与他人交往时运用其他所有德性。

> 因为许多人能对其家庭成员运用德性，但在与他人相关的事务中却不如此。"（1129b33－35）

我们以勇敢为例。一位勇士如猛虎般英勇作战，勇气（coura-

---

① 亚里士多德在论述完整意义上的正义就等于守法时声称，任何没有被法律禁止的事务，就由它来支配。自由主义者或许会对此感到不满。亚里士多德在这个争论中所持的立场与他的这个思想有关，即法律权威的终极性和全面性意味着，城邦无所不包地将公民的善作为它的目标。

geous spirit）十足，这就是单纯的勇敢。但如果他这样做是出于爱护公民同胞，或者出于他的义务，那么，他的勇敢就同时也是正义的一个方面。我们可以说，其他德性在正义中成了更大的德性。亚里士多德预告说，他将在第五卷后半部分即第六章到第十一章讨论这种广义的正义（justice in the broad sense）。

到首章末尾出现了另一个议题——来自亚里士多德微妙的暗示。这就是，由于广义的正义能使人充分地行使所有德性，那么，若一个人以正义为志，他便须以统治（rule）为志。这是因为，唯有统治是包罗并完善所有其他人类活动，使其他活动从属于它的那种活动。①他赞许地引用古代贤人比阿斯（Bias）的话，"公职将显露一个人"，"因为行统治的人总是同其他人打交道，且必为城邦的一员"（1130a1-2）。这是什么意思？是不是说争夺统治权的竞争是符合正义的，也就是说这种竞争由对正义的关切所激发？是不是能得出结论此，至少在这个意义上，"正义是强者的利益"就是对的，如果"强者"指"统治者"？似乎其中暗含此意。亚里士多德把这层意思藏于表面之下，他几乎以同样的暗示进一步说，正义作为与他人交往时的广泛德性，本身就被认为是"对于他人的善"，这也部分地包含了此意。比阿斯说，所有人都像他一样渴望担任公职。②

局部的正义

以上是对第一章的讨论。它暗示的议题是作为后面文本的序言。

---

① 参亚里士多德，《政治学》第三卷第四章。对此书的所有参考均出自 Ernest Barker, *The Politics of Aristotle* (London: Oxford University Press, 1979)。

② Suaan Collins 讲明了正义作为人所追求的个人善与"他人的善"之间的张力。然而，本文的论证是，亚里士多德在此书中的修辞性目标不只是揭示这个张力，而是要引导读者去欣赏那种苏格拉底式的/超道德的正义。

亚里士多德接下来在第二章到第五章讨论了局部意义的正义（justice in the partial sense）。如果想理解后面部分的完整意义，注意不要忽略前面这几章。

局部的正义与我们在好运或歹运中享受或遭受的事物的份额有关。

> 很明显，……除了总体的非正义，还存在着另外一种部分的非正义。它与总体的非正义共用一个名称，因为它的定义与总体非正义属于同一个种。这两者的意义都表现在同他人的关系之中：但是局部的非正义涉及的是荣誉、钱财或安全——或者某种你能用一个名称涵盖这三者的东西——它起因于伴随着痛苦的快乐。(1130b4-5)①

因此，如果一个人是为了钱财而犯下通奸之行，那就是一种局部非正义的行为。如果这样理解正义，就必须看到另一个区分：分配共同财富中的正义和交易中矫正的正义之间的区分。现在所有的正义都以某种方式与平等（equality）相关。关于分配的正义，平等就是比例的问题。就是说，如果有多人对共同财富做出贡献，任意两份贡献之间的比例应该等于贡献者所获利益的比例。俗话说，"贡献多少，收获多少"。亚里士多德比较详尽地阐述了比例的原则；但他几乎只是顺带提及在执行分配正义时引发争吵的真正问题，即

> 人们以"配得上"（merit）所指称的，并不是同一种东西；相反，民主派说它是自由；寡头派说是财富；其他派别说是好的出身；贵族派说是德性。(1131a26-27)

---

① ［译按］中译文参见亚里士多德，《尼各马可伦理学》，廖申白译注，商务印书馆，2005，页132。译文略有改动。下文引用同此，不一一标明。

至于矫正式的（rectifactory）正义，它所指的平等，存在于相互交换的东西之间，也就是说，交易双方所交换的东西的价值之间。正义要求所得要等于给予。或许最有趣的是，亚里士多德明确地把自愿交易和非自愿交易放在一起讨论。非自愿交易是一方不希望达成的交换，会因为盗窃、欺骗或公开暴力而发生。这种正义必须经由一个权威即"法官"予以判别。亚里士多德此处的意思是，当法官恢复双方的平等时便执行了正义。也就是说，他剥夺了作恶者的不当所得或其中的价值，把它归还给受害者。此处要注意的是，这就是正义的所有要求，并不考虑我们所说的"惩罚"，为了惩罚而惩罚。我们举个例子来理解这一点，当代法律制度中对待诽谤的典型方式。如果提起诉讼，法官会判给起诉人补偿性和惩罚性的赔偿。但在亚里士多德这里，非自愿交易中的矫正的正义不要求惩罚性的赔偿。

这一点非常重要。亚里士多德当然知道，当人们遭受暴行时便会义愤填膺，要求得到偿还，其典型形式就是，要看到施暴者也像他们一样遭受到相应的暴行。这似乎就是正义本身。这就是为什么老毕达哥拉斯主义者把正义等同于"报复"（reciprocity, to antipeponthos），即以眼还眼以牙还牙。作恶者得到了报复（回报），这似乎完全正当。很多人会赞同毕达哥拉斯主义者，不管是在亚里士多德的时代还是当代，都是如此；但他们错了。愤怒地要求报复性伤害，实际上并不是对正义的要求。亚里士多德的教诲更为冷静。更像《王制》中苏格拉底对玻勒马霍斯所说的，正义就是帮助朋友而不伤害任何人；因此，就意图而言，正义之人不会有意去伤害。

将回报与正义区别开之后，亚里士多德接着说，它们在一种情形下是相同的，即在自愿交换中。在买方与卖方之间，矫正的正义就是回报性的（reciprocal）；不过必须要理解，回报是"成比例的"。他解释如下。两个不同的商品比如鞋子和房子之间要想存在公平交易,这些商品就必须相等。也就是说,它们需要根据某种共同的尺度衡量。亚里士多德说,这正是设立货币的原因。货币是为了衡量交换价值,使得两种不同商品之间的自愿交换成为可能。因此,如果一所房子值 X 元,X 相当于能买 1000 双鞋的钱,那么,在房子和鞋子之间的实际交换比例就是 1/1000。但是以货币来计量的鞋子或房子的价值并不是任意的。人们一定会问,为什么 1000 双鞋子的等价物可以买一所房子——为什么不是 2000 双?亚里士多德给出的答案是需要(need):

> 所有的东西都必须由某一种东西来衡量,我们前面说过。这种东西其实就是需要。正是需要把人们联系到了一起。因为,如果人们不需要什么东西,或者不是以同样的方式需要,那么他们之间就不会有交易,或者不会有这种交易。(1133a26-30)

货币是一种人们同意用来衡量他们相关需要的约定物,因此"流通物"(currency, *nomisma*)一词就来源于约定或法律(*nomos*)。

公平的交易比例由我们对对方所提供的东西的需要程度来决定。货币为这些需要提供了公共的、一致同意的尺度,让交易得以可能,但它并不决定需要。是什么决定着我们需要什么东西呢?现代经济学家可能会解释说,亚里士多德说的这些既不充分也不明确。因此人们可能会推断,亚里士多德是在论证,我们的需要就是我们自身本性(nature)的一种功能(function);那么,实际上是本性制定了人类需要的层级,因此那些最必需的东西也应该价值或价格最大。这就是"正义价格"的概念,现代经济学认为这是个谬论。因为,尽管水的确比任何数量的钻石更为必需,但是,一杯冰凉可口的水,一定比我新娘手指上的钻石价格更低。经济学要想达到明晰,除非切断自然需要与价格或交换价值之间的联系,而发现价格由交易中供给相对于需求的不足而决定。这是经济学常识;可以用最基本的曲线图来表示，画出一条供给曲线和一条需求曲线，二者就在买卖双方同意的一个公平交易点上相交。重要的不是"需要"而是需求（demand），更准确地说，是"有效需求"（effective demand）。这才是正当的，因为，难道人们没有权利用他们自己的眼光来追求个人幸福吗？难道他们没有权威来规定他们的"需要"吗？

然而，以这种方式来对比现代经济学和亚里士多德，不过是把亚里士多德的论证当成了稻草人。事实是，现代经济学对于人类共同体、政治共同体的理解不同于亚里士多德。我们可以指出，当现代的"商品"（goods）概念，如在"商品和服务"（goods and services）中，取代了亚里士多德那里作为支配共同体基本原则的"善"（the good）的概念，亚里士多德所说的"家政管理"（oikonomika），就变成了"经济学"（economics）或现代经济学。但这并不是说，亚里士多德构造了一个抽象观念"本性"（nature），他说可以从中得出相对价格。他完全清楚，我们的需要出现于具体的环境，当人们处于不同环境中以及不同生活方式下就会有不同的需要。一个渔村的需要不同于猎人和农夫的需要，所以鱼钩的相对价格会有所不同。亚里士多德论证的是，在各种东西的相对价格中，应该有高度的稳定性，特别是在共同体中。他的论证相当于一般现代经济学家所说的相对稳定货币的好处。也就是，它会让人们对于其货币在未来保持购买力具有更大的信心。亚里士多德进一步指出，同理，不仅货币，而且所有商品都应该保持相对稳定的交换价值。一个生产者应该能期望他的产品明天和今天获得一样的价格。

对于未来发生的交易，如果现在没有这种需要，货币可以保证我们一旦有需要就能发生交易，因为交易者只要提供货币就必定可以获得所需要的物品。当然，像其他物品一样，货币的价值也不是始终不变的。但它比其他特殊商品的价值更稳定

些。因此，所有物品都应该指定一个价值；这样才会始终有交易，有交易才会有共同体。（1133b10－15；着重为作者所加）

不仅货币应该稳定，货币购买的所有物品的相对价值都应该稳定。现代经济学不接受这种思想的根本原因是，我们倾向于相信技术进步的常态性。亚里士多德建议的这种稳定价格，当然会压制对新产品和新生产方式的投资。这很明显。然而，今天很多有思想的人也会质问，持续不断无节制的技术革新，会带来社会断层和严重分配不均，这是否可能会比稳定价格所导致的财产减少产生更大的痛苦？或许亚里士多德有权利含蓄地怀疑，进步的变化是否总是或一般就是一件好事。

更一般意义上的正义

第五章最后一段是本章前面整个部分的总结。最后一句话是说，讨论已经得出结论，可以结束了。尽管如此，亚里士多德还是又用了六章，来讨论广义正义的几个重要议题。广义正义是在一开始区分的两种意义中的一种——涉及我们与他人之间关系的作为诸德性总合的正义。

接下来，在第六章开始，亚里士多德的第一个论点就是，一个人可能做不正义的行为，但并不因此就是不正义的人。有些编者和注疏者揣测，第六章第一段这个开端的思想放错了地方，因为它更明确地属于第八章和第九章的主题，而不是第六章和第七章随后部分的主题。①但是，如果我们以开阔的视野来看待亚里士多德的风

---

① 比如 Martin Ostwald，*Aristotle*：*Nicomachean Ethics*（Upper Saddle River, NJ：Prentice Hall, 1999），129n40。但是 Bartlett 和 Collins 注意到，这种猜测没有依据，参见 MSS（*Nicomachean Ethics*, 103n29）。

格，就能理解这一段实际上位置恰当。他有时坚持那些并非基于论证程序而是基于修辞原则的规定，这样做似乎是为了把我们导向他希望我们理解的东西。在这里，他引出一个支配着余下全部的重要论点，我们需要对此牢记于心。那就是，他提醒我们注意，不要被这个事实所迷惑，即人们有意地（willingly）做不正义的事；这并不意味着，或至少不一定意味着他们就是不正义的。也就是说，这并不意味着他们意愿非正义本身。

这引出另一个规定。广义的正义即政治正义仅仅适用于那些相对自由和平等的人，他们本身能够是并事实上是一个法治的共同体即城邦的成员。他们之间存在一些关于适当性（propriety）的标准，这与那些并非自由和平等的人们之间的正义有些相似，但严格来讲，不自由和不平等的人们之间并没有正义。亲子关系是一个应该没有争议的例子。所以，非正义意味着，某人借助自己在城邦中的地位，为自己分配超过自己应得的份额。亚里士多德认为，这就是人们为什么信任法律而不信任人治的原因。如我们赞扬法律时会说，法律"对人们一视同仁"。我们可以这样来说明法律的根本性质，即法律赋予人们权利（entitlement）不是根据他的身份，而是根据他的品质以及城邦对其行为的评判，这才是正义。

这个论证看上去合理合法，十分美妙。然而其中有一个自相矛盾的难题，亚里士多德就在这段文本谈到了，当然他并未直言不讳，以免打乱论证。他问道，对于一个作为平等和公正之守护者的"真正的统治者"而言，给予他什么回报才是正义的？应该把什么归于正义的守护者才是正义的？人们可能认为，这个问题唯一可能的答案就是，"一切"！事实上，那个守护者自己可能会这么想。当然，亚里士多德并未明确认可这个结论；然而他的确指出，这种人可能会认为不把一切都给他就是"不够的"，也正由于此，他们"变成了僭主"。要说这种思想等于是在为僭主辩护，那是无稽之谈，它也更不是对僭主的心理说明（比如《王制》卷九）。但它的确令人如鲠在喉。我们发现，甚至一个僭主也会觉得他配得上自己想要并掌控的一切。

再重申一遍：人们会做不正义的事，但这并不必然使其成为或被界定为完全不正义的人。我们已经开始怀疑：他们究竟行不正义了吗？就是说，明知而故犯不正义之事的人，究竟是不是在行不正义呢？在我们去看亚里士多德的答案并探讨该答案的深意之前，先要确定另外一个事情。那就是，在政治正义中，有些部分仅仅是法定的（legal），就此而言，在法律颁布之前，那些可能会被法律所禁止的行为，本身是无关紧要的。我们不会去争论靠马路右侧行驶正义不正义，但是，一旦法律做了规定，那就是人人都要遵守的严肃之事。但是，与此不同，政治正义还有另外一个部分。这个部分是自然的（natural），而且时常引起严肃的争论。现在亚里士多德声称，在政治正义的事物中，不难分辨哪些属于自然，哪些只是法定的。事实上的确不难；很明显人们并不对任何法律都进行严肃的争论。然而真正的问题是：究竟是现实就存在着自然的正义，还是人们由于相信根本不存在的东西，所以才晕头晕脑地争论这种话题？亚里士多德知道有些人这么认为。他们的看法基于这样的事实，即所有被认为是自然正义的东西，都是可变的，在不同地方正义各有不同，而自然的东西应该处处相同。"正如火在此处燃烧也在波斯燃烧。"亚里士多德强调，持这种看法的人是错的，但并非全错。他承认，被认可为正义的东西，不论是法定的还是自然的，都会变化，而且是一样的变化。这如何可能？

对于理解这部分的困难和重要性而言，当代亚里士多德的研究者们应感激施特劳斯。众所周知，施特劳斯在《自然正当和历史》（*Natural Right and History*）中努力将自然正当（natural right）作为一个严肃的事情予以辩护，把它从历史主义和相对主义的影响中拯救出来。

我们从施特劳斯那里看到，关于亚里士多德的阐述向来有两种不同的解释路线，时期可追溯到中世纪：托马斯主义的和阿威罗伊主义的。在托马斯·阿奎那看来，必须以一种"有条件的"方式来理解亚里士多德所说的自然正当可变。就是说，实际上存在着永恒有效的自然正当原则（principles），它们作为公理派生出更加具体而可变的规则（rules），比如欠债还钱。相反，阿威罗伊则展现了犹太和伊斯兰亚里士多德主义者的观点，他认为，可变的东西就是关于是非的规则，那些实际上是约定；其中有些是普遍存在于所有共同体的必然性的约定，比如禁止谋杀。简言之，托马斯的解释认为，真正自然的东西是不可变的；①阿威罗伊则认为，任何正当（right）都是可变的，因为它不是绝对自然的。然而亚里士多德说的是，任何自然正当都是可变的。施特劳斯寻求的第三种解释采用了一种情境主义（circumstantialism）。他主张，亚里士多德认为在任何交换正义或分配正义之上，存在着一种关于公共的善（the common good）的正义。那么，

  在极端情况下，社会的自我保存所要求的东西与交换及分配正义的要求会有矛盾。在这种情况下，且只有在这种情况下才能说，公共安全是最高的法律。②

---

① 吉斯（Mary Keys）曾论证，托马斯·阿奎那意识到，他对亚里士多德思想的解释并不完全符合哲学家的文本。她引用托马斯的话说，他把亚里士多德的"水变成酒"，托马斯的意思是，他为亚里士多德注入了比原作更深的道德意味。吉斯显然赞成这样做。参见 Mary M. Keys, *Aquinas, Aristotle, and the Promise of the Common Good* (New York: Cambridge University Press, 2006)。

② 正常情况下有利的、健康的或好的东西，在非常环境下可能是坏的，这是一个自然中司空见惯的事实，不仅在人类和人类事物中是如此。亚里士多德举例说，右手在正常情况下更有力，但人人都可以变得双手同样有力，以此说明，有些事物是自然的但也是可变的，因为它是属人的。这个例子表明了人类事物包括人性的可变性（alterability）。这种变化并不局限于异常情况。参见 Leo Strauss, *Natural Right and History* (Chicago: University of Chicago Press, 1953), p. 160。

这样，就有了三个"有力的对抗者"。但特别是第三个示范召唤我们大胆表达自己的批评，只要我们的批评周密而谨慎。在我们讨论的这个段落，并未看到亚里士多德讨论极端的环境。他似乎只提到正常环境中的自然正义在不同共同体之间的变异（variations）。也就是，他似乎在说，关于正义事物的那些不同概念并非只是约定的反映，虽然它们的确多种多样。如果这样来解读，我们能理解这一段吗？

要弄清楚这个问题，我建议仔细考察一下这个命题：自然正义如一切人类事物一样会变化。这就是说，在人类之中，不仅仅关于正义的概念会变化，而且其他东西也是如此；一切属人的东西都会变化。亚里士多德举的例子不是关于自然正义而是关于人的自然（human nature）中会遭受改变的另一个方面。根据自然，右手更有力，但任何人都能变得双手有力。当树枝弯曲，树就这样生长。但是，双手有力的人是比通常用右手的人更不自然，还是更自然呢？亚里士多德的意思似乎是，的确有一种人的自然（a human nature），但这种特殊的自然性（naturalness）包含一定的伸缩性或活动余地，以至于可能存在着不同的人类模式。①我们深究亚里士多德的例子就会发现，在许多城邦或共同体中，如果必选其一的话，人的哪一只手更有力并不重要。但比如像斯巴达这样的城邦，整个城邦都围绕着打造城邦军队来组织，要把他们训练成步兵方阵的战斗形式，在这种城邦中，双手有力就是个巨大的优势。这样就很清楚了，自然为人类提供了天然的原料，要制服它需要经过训练，这本身就属于法律制定的领域。亚里士多德也指出了这一点，他说：

---

① 这种伸缩性造成了自然与约定之间的根本差异，因此使得"自然"一词有了特殊的意义。

> 基于约定和方便而确定的正义事物，就像是度量用的衡器：酒与谷物的衡器并不是处处都相同；而是买进酒和谷物时用的衡器大些，而出售时用的小些。(1135a1-4)

这就是说，不同的法律制定服务于不同生活方式中所需要的便利。

如果亚里士多德将问题停留于此，人们或许会得出结论说，他真正的意思就是，我们人类能够制服我们的自然（natures）。他的思想就像那句"存在主义的"口号，"人造就自身"。对于我们来说，自然只是一个母体（matrix），而人类生活从自由的活动中获得其形式、意义和尊严。但这绝对不是他的意思；因为否则就会推出根本不会存在对于人而言的最佳生活方式，人的自然（human nature）就不会是一个用来比较和评价各种人类生活和共同生活方式的标准。但亚里士多德坚持认为事情不是这样。在这段话的最后一句，他说道：

> 但是任何地方都只有一种政制是符合自然的，即最佳政制。(1135a5)。①

我们仔细分析一下。存在多种多样的生活方式以及政制形式。其中每一种都有规则，有些规则支撑着判断，这些判断对于其成员绝非无所谓，相反，这些判断反映了对何为自然正义的观念。我们所说的政治正义本身只能存在于一个政体之内，这种政体由基本上自由和平等的成员组成，他们通过法律自己统治自己。那么，正义就有了一种志同道合的性质，同样，法律就反映了城邦的共同志向。

---

① 这一句话或许就是诸如雅克（Bernard Yack）和伯恩斯（Tony Burns）解读时的绊脚石。

但是否可以说，每个城邦的志向都在于它自己的正义标准，而亚里士多德这句话的意思是，存在着一种对于任何城邦而言自然的最佳政制呢？即便如此，人们也必须想到，由于环境的影响，人们无法完全实现他们的志向，这种思想恰恰蕴含着一个与之相关的思想，即有些环境比其他环境更为幸运。那么，在可以想象的最为幸运的环境中，什么是最佳的呢？那必定是绝对最佳的——无论何时何地都是那个唯一的最佳政制。

那么，什么是最佳政制呢？在这段文本中，他对此未置一词；但在后面谈到不同形式的友谊如何反映和存在于不同形式的政制中时，亚里士多德很直接地说，在三种非变态的政制形式中，"最佳的那种是君主制"（1160a35）。但这是他对于最佳政制问题所给出的全部和最终答案吗？在这一点上，不只一位注疏者认为必须抵制这种看法。看上去的确必须如此，因为如果我们转向《政治学》来考察这个问题，就会面临表面上的模棱两可（ambiguity）。亚里士多德在《政治学》也说，君主制在某种意义上是最佳政制（《政治学》第三卷第六章，12 – 17），但他同时也称赞贤良共和制（the aristocratic republic）是理想的政制（《政治学》第七、八卷）。①

然而这种模棱两可并非事实，而只是表面。君主制和贤良政制每一个都可被称为最佳，但各自的意义不同。贤良政制之为最佳，在于它受那些代表者的统治，并为了他们而统治，因为这些人体现着城邦的目的：人类的美好生活、德性、幸福。整个《尼各马可伦

---

① 这导致一个评论者维迦（Jesus Vega）引用了《政治学》第三卷和第七卷之间的差异，然后得出结论说亚里士多德是在胡说八道："甚至亚里士多德都说最佳政体或许不止一种。"尽管亚里士多德曾明确表述，无论何处都存在一个最佳政体，但维迦试图以这种方式回避或取消其意义，因为这个表述让他觉得麻烦。参见 Jesus Vega, "Aristotle's Concept of Law: Beyond Positivism and Natural Law", *Journal of Ancient Philosophy* 4, no. 2 (2010): 27 – 28, n55。

理学》都在描述这类人。

君主制则是《政治学》卷三讨论分配正义的主题。根据我们前面对《尼各马可伦理学》中正义问题的评述，正义要求一个人在城邦中的地位要符合他对整体善的贡献。然而，城邦的本质十分复杂，所以需要很多种不同的贡献，不可能用精密的数学比例来衡量贡献。比如，士兵的贡献、农民的贡献和商人的贡献就不能统一衡量，这样的话，那个城邦，甚至任何城邦，就总会陷入关于正义的争论。城邦就成了一种感染的伤口。亚里士多德揭示出这个问题后（第十二章）就转向对君主制的讨论。得到的教训是，只有君主制能解决城邦政治正义的问题。但君主制是通过超出它来"解决"（resolve）这个问题。这是一种不寻常的"瓦解"（solution），但之所以能够如此，是靠比如说有一个在各个方面都出类拔萃的人，来做绝对的统治者。亚里士多德在这个语境中明确地说，这种统治超越于法律，从而也就超越了正义。它更像是父亲统治孩子的那种正当性，而非政治家统治的那种正当性。这样，"城邦"就呈现出一个大家庭的特征。总之，君主制之为最佳，在于城邦转型为某种更为简单的事物。实际上，君主制存在于一种很原始的环境中，在那里的确可能发生这种情况：一个人的优秀超出众人，以至于根本不存在统治上的争议（1288a20–30）。

因而，自然正义会变化，因为所有形式的正义都属于一种有缺陷的人类存在模式，不管具体形式是什么。如果有人说有缺陷就是我们的自然，那他就是像亚里士多德一样来理解人类自然性的独特之处。我们只有逐步深入亚里士多德批判正义本身时的心态，才能完全理解他对政治生活和正义的论述。而且必须明白，亚里士多德以其简洁、微妙、有时模棱两可的论调来遮掩这个批判，还必须明白为什么如此。他的表达充满暗示。在当前讨论的问题上，那些认为任何正义之事都是依据约定而存在的人，实际上说出了一些"事情的真相"。如果这种说法不正确,那么我们就不得不像诸神一样完美无缺了。

正义,甚至自然的正义,总是随时间和地点而变化。它依赖于每个城邦的具体特征。如果我们不想因此说亚里士多德就是相对主义的话,就必须解释清楚他那个相关主张:存在着无论何处均为最佳的一种政制。即便之前试图做的调和是对的,我们还是遗留了一个直截了当的问题尚待回答:什么是正义?的确,亚里士多德解释过"局部"正义的意思,它是在交易中的矫正和分配中的合比例,但是,这些说法的用处只在于说明而非解答那个基本的议题。关于矫正,任何人稍加思考就得承认,有时候赔偿债务并不是好的或正义的,比如一个人曾向别人借了一把武器,而此时对方已经疯了。同样,分配正义有赖于对每个贡献做适当的评估,特别是需要在不可比较的东西之间进行比较。像这些考虑就证明了,前面对局部正义的讨论并不是对一个特殊但次要的现象的完整解释,而是其本身就是部分的解释。要想达到完全清楚,需要我们理解完整意义上的正义是什么——但是,我们理解吗?

在我们所讨论的这章最后的一小段中,亚里士多德很微妙地给了一个指示,帮助我们理解他对这个问题的思考。这一段公认地难以解读,但是,如果我们强调它与上述思考的直接联系,就会看出,亚里士多德是在提示,他实质上同意柏拉图在《王制》第四卷中对正义的说明。即,正义就是城邦每个成员做他自己的工作(《王制》,432e–433a)。

> 每一条正义和法律规则[同依据它们的各种行为]的关系,正如普遍与特殊的关系。因为,尽管特殊行为是多,而正义和法律是一,因为它是普遍的。一个非正义的行为(an act of injustice)不同于非正义(the unjust),一个正义行为(an act of

justice）也不同于正义（the just）。因为不管非正义的事（what is unjust）是出于自然还是出于法令，一旦这样的事做出来，就变成一个非正义的行为。然而，除非非正义的事被做出来，否则它还不是一个非正义的行为，尽管它的确是非正义的。一个正义行为（an act of justice）（尽管一般被称为"一个正义行动" a just action [dikaiopragēma]，而一个"正义的行为" an act of justice [dikaiōma] 是对一个非正义行为的纠正）的情形也是如此。涉及这些问题，我们往后必须考察它采取什么形式，有多少种形式，每种形式涉及哪种事物。(1135a5-10)

尽管说正义和非正义都由其具体行为所例示，这在形式上是正确的，但亚里士多德更可能期待读者去想象，这如何与正义和非正义的行为相关。比如，一个非正义的行为就是违反法律；事实就是如此，不管此处的法律是根据自然的正义还是约定的正义。违法自然就不正义。然而，什么是一个正义的行为呢？要按照对比的话，正义的行为就是遵守法律的行为吗？这似乎不是个令人满意的观点。这个意义上的正义，仅仅是每一个完成其特殊任务或义务的人的特征——本身没有什么。这似乎很可能就是亚里士多德"推迟"讨论各种正义和非正义的原因。但事实上，在亚里士多德现存著作中都看不到他兑现这个承诺。我们可否因此说，亚里士多德只是漏掉了，好像是忘了？或是否更可能是，他有意通过无法兑现其承诺这个事实来设计他的教诲？

亚里士多德坚持认为，只有当我们理解了何为正义和非正义，我们才能有把握地说一个人行事正义或不正义，如果其行动是自愿的。澄清这一点是第六章开头就宣称的目标，但在我们讨论这个问题之前需要理解，正义的本质就是某种以人的方式可变化的东西，尽管其变化在一种特殊意义上来说是自然的。亚里士多德将在第八章开始讨论，然后在第九章得出原理，由此揭示出他的哲学正义观与我们所谓的道德观之间的真实差异。

显而易见，如果行动是不自愿的，那么我们所做的事既不正义也不是不正义，即使在某种意义上可以说，那个行动本身可能正义或不正义。有时会因为错误或灾难偶然地导致一个行动可能正义或不正义；亚里士多德试图解释这些事情是什么，以及为什么它们不是在完全意义上的正义或非正义。正是根据这种完全意义上的正义或非正义，如果我们做了一个非正义的行动，就是有罪的（guilty）。更引人注意的是如下说法：甚至一个自愿的非正义行动，也并不标志着那个人就是非正义的，或者是个坏人。他只举了一个例子来证明这一点：一个出于愤怒的行动。当然我们可以这样回应亚里士多德，说我们应该尽量控制怒火，就像应该尽量避免可能导致非正义结果的犯错和冒险。如果我们在乎正义的话，的确应该这样。但亚里士多德的论点在于，就像尽管我们严加防范仍然会发生偶然事故一样，怒火有时会战胜我们，在这种情况下，真正的责任在于那个激怒我们的人，他利用了一个人性的弱点。出于愤怒的一个非正义行动当然是自愿的，但不是经过考虑做出的选择（deliberately chosen），因此就不算一个完全意义上的非正义行动。亚里士多德甚至还提到，人们在发怒时，总是设想正义在自己这边。那或许是一个人自己所设想的正义，所以掺杂了他的自我利益，但绝非单纯出于自我利益。一切愤怒都指向正义，并含有对正义的关切。

一切愤怒都含有对正义的关切，这个心理学的事实需要得到深刻的反思。这并不是说，正义就是对愤怒的偿还。我们希望自己愤怒的设想真实不虚；但我们也知道那并不一定真实。打个比方，愤怒必须超出自己，看到更高的知识权威，以此来肯定或否定它所设想的东西。正因为如此，《王制》中的护卫者阶层才应该处在服从其理性统治者的角色和位置上。我们愤怒时，会认为自己受到的伤害足以证明自己遭受了非正义，但当我们让自己的愤怒服从理性时，就必须克服这种想法。我们要注意此处亚里士多德所展示的事实，即，只有经过考虑做出的自愿行动，才是完全意义上的非正义的——也就是说，值得我们为之愤怒。

但那种行动究竟存在吗？

亚里士多德在第九章伊始便承认，关于前面讨论过的遭受不正义和行不正义，还有些问题不大明白。然后他引用了欧里庇得斯的戏剧《阿尔克迈翁》（Alcmaeon）里的诗句，询问道，虽然诗句看起来比较奇怪，但是否事实的确如此呢：

> "我杀了我的母亲，简单来说就是这么一回事。"
> "你是自愿的，她也是自愿的，
> 还是，她不是自愿的，你也不是自愿的？"（1136a12 – 14）

这不是我们首次在《尼各马可伦理学》中读到《阿尔克迈翁》。亚里士多德在前面第三章就提到过它。他说阿尔克迈翁提供了一个荒谬的借口为其弑母罪开脱。很遗憾，我们并没有欧里庇得斯这部戏剧的文本。但奥斯瓦尔德（Martin Ostwald）提醒我们：

> 关于这一段，一位古代注家告诉我们，阿尔克迈翁弑母的动机是逃避他父亲的诅咒。①

阿尔克迈翁的父亲对他施以诅咒，是为了向他的妻子、阿尔克迈翁的母亲复仇，因为她引诱阿尔克迈翁的父亲参加必将惨败的《七雄攻忒拜》中的远征。亚里士多德提到这部剧似乎是因为眼前的

---

① Oswald, *Nicomachean Ethics*, 前揭, 53n2。

听众比较熟悉。可以想见，欧里庇得斯这部剧饶有兴趣地考察了犯罪和道德责任的整体现象。不管怎样，亚里士多德前面已经认定，阿尔克迈翁以情形所迫为由为弑母罪开脱是荒谬的。有些罪过不可饶恕，任何情形都不足以作为开脱的理由，而且，在这种特殊情况之下，阿尔克迈翁本来能够而且也应该承受这种情形。

联系到第三卷中的整个抨击，就能更好地理解这个问题。第三卷的抨击就是要为道德责任辩护，来反对亚里士多德视之为诡辩的那种意见。最重要的是，尽管他也承认，一个人会由于性格的某种缺陷导致的放纵而犯下过失，但仍然应该得到赞扬或谴责，因为他对于自己性格的养成有责任，至少有部分的责任。然而，现在的第五卷中阿尔克迈翁又回来了，这次是通过直接引用，承诺要搞清楚行非正义和遭受非正义。

那么，这个引用有什么"奇怪"的地方呢？那就是，回答者假设，不可能出于意愿而承受弑母的行为，除非作恶者也出于意愿。如果行动违反了意愿，那么遭受的后果也一定违反意愿。但为什么是这样呢？似乎这个逻辑会带来两个其他的可能性：（1）弑母是出于意愿而做出，施加给一个并无意愿的主体，或者（2）弑母是违反意愿而做出，施加给一个有意愿的主体。然而诗句表明，这些可能性都不存在，但问题是为什么。是什么限定了我们可能意愿做出或遭受的事情呢？

接下来亚里士多德将注意力放在我们可能意愿遭受的东西上。我们能够出于意愿遭受非正义吗？严格来讲，答案是不能。亚里士多德提醒我们注意上一章做出的细致区分，即一个"本身"非正义的行动和一个只是偶然地非正义的行动，这里他说，同样的区分可用于遭受非正义之上。那么，一个人可以出于意愿遭受非正义，但仅仅是以偶然的方式。他努力为这个论断辩护，反驳他似乎认为可能会被人当作明确反例的说法。如果一个人自愿伤害自己，就像一个道德意志薄弱的人那样，会怎么样呢？在这种情况下，这个人认为自己在犯错——他在做广义上的非正义之事——而他认为受到伤害的正是自己。这个行动不是出于疏忽大意；在某种意义上，它是出于意愿。这不就是那种出于意愿遭受非正义的情况吗？①

并不是。亚里士多德坚持了他的断言，即，在严格和完全的意义上没有人会出于意愿遭受不正义，接着说，行非正义的定义需要修改。这个定义必须包括，所做的行为违背了接受者的愿望。根据对行非正义的意义所做的这个修改，亚里士多德可以认为，尽管一个道德意志薄弱的人遭受了非正义，并且是自作自受，但严格来讲他并不是出于意愿而遭受非正义。

> 相反，他的行动违背了他的愿望。因为没有人会希望得到他觉得没什么价值的东西，而且，缺乏自制的人会觉得，他不应该去做他将要去做的事情。(1136b6-9)

在这个情况下，行动和遭受就是一枚硬币的两面。所以，如果行动违反了行动者的意愿，那么同样可以说，它也违反了遭受者的意愿。亚里士多德将在第七卷用很长篇幅讨论道德意志薄弱的问题。但是，他在当前语境下的阐述已足以表明，道德意志薄弱者针对自己的行动，并不构成这个一般规则的例外：没有人会出于意愿而遭受非正义。

在讨论上述论证时，我们假定，一个人可能遭受的非正义是一个有伤害性的非正义。那么，如何看待非正义的利益：我们不会出

---

① 请注意，亚里士多德在第三卷并未把这个论证应用到不节制的人身上。不节制的人是在伤害自己，但他不认为他在做错事，因此他似乎并不是有意在犯错。

于意愿地体验这种非正义吗？亚里士多德的回答包含着同样严格的如下区分，这也是他一直坚持的区分：偶然的非正义行动和本质的非正义行动的不同。是的，我们可能会出于意愿而接受一个行动的利益，但不是接受它的非正义。他进一步解释说，当做出一个非正义的分配时，罪责方是分配者；只有在次要的、不必受谴责的意义上，才能把罪责归于接受者。

那么，当分配者和接受者是同一个人又该如何呢？要理解这个答案对于这个问题的重要性，就要理解这不是一个特殊的案例。相反，亚里士多德观察到，只要有一个非正义的分配，那总是分配者得到了某种好处：或许是回扣，或许是报复的偿还。这正是非正义行动的真实动机。分配者乃至任何犯罪者所希望的，严格来讲，就是获利，而不是非正义。那么，利益本身不是非正义的吗？或许是，但使之有利可图的或被希望得到的，并不是非正义。那么，如果要犯下完全意义上的非正义，一个人就必须希望得到并在经过考虑后选择非正义本身，我们所得到的结论是，这根本就不会发生！再重申一遍，没有人会希望得到他认为没有道德善的东西。

现在我们才能理解，亚里士多德《尼各马可伦理学》第五卷论正义的第九章中的结论。这实际上就是整个第五卷的结论。关于正义的整个主题会有两种截然不同的态度，一种我们发现表达了更为普通的看法，或者我们说它是更为道德的观点，另一种是哲学的观点，这个观点在一方面更为宽大而另一方面却更为苛求。人们认为行正义很容易，因为他们认为，行正义只需要摒弃不正义的行动，比如犯法。这种观点设想，人人都知道正义的要求；困难的是把它做出来。然而，这正是亚里士多德要努力反驳的观点。如果以他一直要求的严格方式来讲，没有人会希望做他自知非正义的事。困难的事，真正困难的事，是知道它。以这种方式行正义，涉及与某人同伴之间的关系，就像医生与病人的关系。它就是一个标准，这个标准决定着某人向一个接受者所给予的东西，当他无论出于什么原因向接受者示好时。《王制》的读者会看到，亚里士多德让他的论证最终认可了一个正义定义，这个定义早已提出且从未被废除：正义就是帮助朋友，且不伤害任何人。

当然，到底谁是我们的朋友，究竟什么是帮助，这些问题使得这种意义的正义显得过分苛求。困难不在于知道什么是善，而在于知道，在善的事物之中，什么是善，以及对谁是善的。人们在这个问题上的困惑就是我们需要城邦的一个原因，但是城邦所要求的，即正义，指向了一种超越任何可能城邦的权威形式。

最后，《阿尔克迈翁》的情况如何呢？如果我们对亚里士多德思想的阐释正确，就可以把他所引用的那一段解释为一个合适的序言。阿尔克迈翁供认不讳：他杀了母亲。回答者以法官的方式回答了问题，他理解亚里士多德正义观的正确性。阿尔克迈翁不会认为弑母是非正义的行动还愿意去弑母，那样他就不可能去做了。他一定觉得这是个正义的行动，或许是作为惩罚。然而要使惩罚是正义的，难道不需要接受惩罚者认可罪行，从而认可惩罚的确是正义吗？对一个毫无悔意的罪人施加伤害，并不会充分满足对正义的渴求。因此，如果"他"愿意，那么，"她"也必须是愿意的。然而如果我们这样来想，她接受那个"惩罚"的意愿就意味着，阿尔克迈翁没有什么理由发怒，那么，惩罚的需要究竟在哪里呢？人们会猜想，这就是那部戏剧给出的教训，欧里庇得斯像亚里士多德一样看到，我们对正义的严重关切最终会让我们超越正义的道德假定。

公　道

上一章已经让我们看到，正义的标准超越政治的/法律的正义，也就是，超越大多数人所认为的正义。然而，能够理解，依据法律的行动和判断可能会有不合常情的结果，因为它会违背法律本身的真实或表面的目标，这种理解并未超越关于这个问题的常识。当发生这种情况，我们就需要去考虑公道（equity, epieikes），来纠正法律由于其普遍性而导致的"偏离目标"的错误。亚里士多德在第十章考虑了这种状况。我们必须意识到，公道并不是一个超越合法正义的标准，似乎比正义更好或更基础。这实际上就是本章所考虑的要点，这样，我们也能理解为什么紧接着上一章的学习之后马上要讨论这个主题。公道并不是一个比合法正义更高的标准（如果是的话，那么普通意义的正义就不是好的！）；相反，它是相同的标准。依据公道所做的判断会矫正依据法律而发生的错误，因为它符合立法者如果在场也会做出的判断。如此说来，公道是在法律系统的范围内发挥作用，而且，当我们需要应用它的时候，仍然必须在法律的规定和目标下活动。就此而言，亚里士多德的论证更为支持当代司法用语中的"原意主义"（originalism）而非其对手。公道要求我们尽可能地做一个原意主义者。

但为什么会需要公道呢？为什么人类的法律不能像自然规律支配物质粒子一样支配我们的生活呢？

> 有些事情只靠一般性的陈述不可能正确描述。所以，在必须用一般性陈述却不可能正确描述的情况中，法律就要考虑大多如此的情况，但并不忽略可能发生的错误。法律这样做并非全然不对：错误不在于法律或立法者，而在于那事情的本质。(1137b13 – 19)

这个事实不仅意味着，一项法律有时需要为了特殊情况而用公道来纠正，还意味着，对于这类事情不可能制定完美的法律，它们必须由"特殊的命令"来支配。在这些论述中有些令人费解的东西；但亚里士多德并未举例说明其意。本章只是呼吁我们去考虑这种情况如何可能发生：一项法律禁止一个行为，而在特殊情境中公道却要求做出这个行为，从而防止发生更大的错误。要充分理解这一点，我们需要理解，为什么在由法律正确支配的行动中，其质料中却有这种顽抗性。是完全由于环境变异的问题，还是解释中必然涉及人们的不相同且不均等的需要中存在着一种不可通约性（incommensurability）？

亚里士多德将在《尼各马可伦理学》随后一章中专题讨论明智（phronēsis）的问题。也许这个讨论会反过来有助于说明对公道的需要。但从这个有利位置我们已经可以说，明智不等于公道或关于公道的知识。明智有着更宽泛的领域。它既处理友谊的问题也处理策略的问题——它包含着比正义和公道更高或更低的事物。在其最高的层次上，明智向立法者发布命令，或者其本身就是立法者。而公道尽力忠实于立法者。它应该属于对正义的讨论，正义是总体的德性，只存在于"那些自然而然接受法律，即那些在统治和被统治之间存在着平等的人们之间"（1134b14–15）。

结　语

我已经论证，在亚里士多德的文本中，日常意义上的正义和哲人的正义之间存在着微妙的对比。前者在完全意义中是一种德性，这种德性使得一个人尊重并遵守法律。这种法律观念蕴涵着对法律之庄严权威的敬畏，它包含着最高的人类善。然而这种正义观，尽管"比晨星和晚星还要令人崇敬"，却失去了一些光泽，特别是在第九章。另一种正义观念开始出现，它需要超越几乎人人分享的那种视角。特别是在这一章，亚里士多德有意使用令人迷惑的语言，从而让我们的思考超出表浅的文字。原因就在于，这两种正义观之间的差异其实就是两种生活方式之间的差异，亚里士多德知道这种差异根本无法弥合。从非哲人的视角来看，哲人的正义看起来根本不是正义。它无论如何都显得不道德。由此延伸出一句俗语："正义就在于由智慧所调节的适度。"人们一般把这句话归之于亚里士多德，尽管在其现存文本中找不到这句话。不管是谁把这句话归给了亚里士多德，这完全与这位哲人的正义观相一致。哲人会去做好的事情，但由于其明智，他会在做好事时保持适度。他对于他的"朋友们"来说是好的，甚至对他们他也只是做对他们好的事情。有个原型让这一点更容易理解，那就是苏格拉底。

如果我前面的论证是成功的，它将概述出对正义的一种解释，这种解释会让许多有思想的当代人感到失望。就像一位目光敏锐、秉性直爽的读者所云：

> 它与我所谓的"低廉的正义观"（deflationary view of justice）有关……正义是我们核心的伦理和政治关切。但对亚里士多德来说，它是正义公民首要的品格德性。在我们看来，他仅仅在一些含义模糊的语句中用了几个例子来论述（第五卷第六章）正义的关键议题——正义是出于自然还是出于约定。相反，亚里士多德用了几章的篇幅竭力讨论了会被现代政治和道德哲人视为诡辩的议题——是否一个人能够对自己行非正义。①

这个反应是可以理解的；但是我们真的应该感到气馁（deflated）吗？当然，谈论"当代的正义观"就是谈论某种自身充满张力的东西。但人们可以像这段引文的作者一样说，很多当代人会发现我所确认的亚里士多德的两个正义观念都有缺陷。道德观念越是平常（common），越是显得"低廉"甚至平庸（banal）。有这样一种

---

① 这段引文出自 Colin Anderson，在他 2012 年宣读于希拉姆学园（Hiram College）的一篇未刊论文中。

观念：可能存在一种生活方式，它是真正适合人类的那种生活方式，但绝大多数人类会被排除在外。这种观念要么简直不可理喻，要么因道德上令人恐惧而被拒绝。其原因源于现代政治哲学和基督教所特有的"个人主义"（individualism）——而亚里士多德时期的希腊人及其本人都会认为这是一种比较低级的东西。

然而另一方面，与其说我们如此执着于"个人主义"的观念，不如说我们被它制约。其实很少有人意识到它的问题。众所周知，自从现代政治哲学开端以来，霍布斯就弃绝了任何人类至善的观念，随之弃绝了任何超出主权代表规定的正义观念。正义意味着遵守某人的协议，每个自然个人均有不可剥夺的权利来同意或拒绝这个协议。然而我们的经验表明，人们不可能按这种中立主义（neutralism）的方式来生活。被霍布斯认定为我们的自然自由和平等的东西，在后两个世纪中成为标准，界定着正义社会的标准。如今我们看到，这些标准并不合格，尽管我们不愿意看到这个结果。平等，除非是自由中的平等，否则就会被独裁专制踩在脚下；而自由，单纯的自由，只是一个否定性的概念，它并不能充分阐明我们该如何生活的问题。

我们当代的民主个人主义、自由和平等的教条，只是试图在哲学中立主义的层次上界定正义，或回到正义的理念。这个努力毫无希望。我与当今许多学者一样主张亚里士多德思想的魅力，因为它源于这个事实：他引导我们超越当代公共生活的口号，从而更为严肃而透彻地考察那个公共生活中永恒的基本问题，即什么是正义。这个考察须沉着、耐心而勇往直前，那样它才会指引我们去超越那必须支配公共生活的正义，迈向那值得我们去崇敬的另一种生活。

（译者单位：西北大学哲学学院。）

* 本译文是国家社科基金项目"作为实践方法论的实践智慧及其应用前景研究"（15BZX013）阶段性成果。

意象与情绪
——《农夫皮尔斯》中的"属灵"觉醒

隋　昕撰

中世纪行至晚期，欧洲神圣帝国式的统一构想在教会与诸民族关系的变化中逐渐分裂，最终演化成了多个独立的现代欧洲政治单元。在欧洲主要国家通向现代民族政治体制的进程里，英国进入现代民族政权的时间确实较早，作为一个"先驱"国家，其革命历程和政制范式被奉为典型，直到今日仍是学界重要的研究对象。某种程度上，英国的崛起是一扇窗，使我们得以预览整个现代欧洲民族的崛起。然而，现代世界对英国宪政的盲目崇拜，往往使人忽略这其中生发的现代性因素。

到 14 世纪时，在英国政治与宗教的连属化（Articulation）①进程

---

① 中译采用"连属化"一词，意指一个社会在充分认识到内部各群体阶层、成分的条件下充分融合，并具有共同的目标意识；从原始部落到政治社会，由于共同体的目标不同，其连属化的形式以及判断其是否形成连属化的条件也各不相同。详参沃格林，《政治观念史稿（卷三）：中世纪晚期》修订版，段保良译，上海：华东师范大学出版社，2019，页 150。

下,基督化运动已经发展到了新兴市镇和农民阶层中。换言之,下层社会受到了政治与宗教两方面的渗透。然而宪政(Constitutional government)①的实质与连属化的目的在于把整个社会里的人民团结起来,尽管当时参政的义务已经分配给了广泛的社会阶层,尽管当时有能力、有公共意识与道德的多数人是共同体兴盛的重要依靠,但时至今日,将英国的宪政与现代民主暗中对比就会发现,个人权利早就把臣民共同体吞噬得一干二净了。这其中的关键就是个体观念发生的变化。个体的神秘主义何以从少数人扩展到多数人之间,何以上升甚至压制集体?

沃格林独具慧眼,为了给这一问题提供线索,他从《农夫皮尔斯》(Piers the Plowman)中追溯这一历史过程的精神起点,他称这部作品具有英国的唯灵论色彩,专门在《政治观念史稿》一书中加以探讨。在这部荒诞迷狂的作品中,大多数读者都能看到一种对基督教教义的饱满展示和对金钱社会的辛辣讽刺,但沃格林何以认为此书在欧洲思想史的进程中值得一提?

可以猜测,《农夫皮尔斯》至少暗示或代表了某种新兴的社会思想之转变。追随沃格林的思路,在现实政治的意义上,我们从这部作品中可以看到基督教如何与英国的政治人民结合以及这种结合的后果,这将是《农夫皮尔斯》最隐晦、最难以察觉的意义。换言之,我们有必要按照沃格林的指导来认真理解这部长诗。这不单是为了检验沃格林所说,更是为了重新审视这部一直以来容易被人忽视的作品,审视其中最深层的思想价值。

---

① 在沃格林的语境下,宪政发挥作用的关键要素在于社会中间阶层的权利和民主意识,这显然具有封建要素;宪政下的自由权利与现代民主制的自由权利完全不同。

"梦"中觉醒

在诸多古典作品中，梦都可以作为一种"转述"意味的言辞形式。相较于必须顾虑现实逻辑的对话，梦的范围更加不羁，内容也可以更加荒诞。梦暗含着一种疯狂的想象底色，因而这种底色不仅能保护作者的现实处境，也能为他带来更大的好处：毕竟没有人有权利和办法去约束别人的梦境；既然梦为虚幻，那么以言辞形式记录下来的梦就并非控诉作者的强有力证据，但真正与他心意相通的读者却不会被因此赶走。作者本身、真正懂得作者意图的人、被作者的奇幻语言鼓动的大众读者，这三者都如愿参与到了作者的设计中。这正是兰格伦（William Langland）通过《农夫皮尔斯》所实现的事，①尽管他未必完全自知——他在作品中直接给叙述者冠以自己的名字威尔（Will），这一勇敢行为反而显出了他的狡猾。他的故事浸满了基督教精神，同时对英国社会的现实元素进行了疯狂不羁的变形，也即不加节制的想象。

此外，《农夫皮尔斯》还有一个难以忽视的特点，即诗人将美德、罪过等各类抽象事物进行拟人化处理，它们按照符合自身本质的方式，像人一样说话、行事。从书中可以明显看出，兰格伦塑造的属灵角色怀有特别具体的俗世性关切，比如，不克扣工资、不让工人加班这一类"细枝末节"的问题竟然在他们的考虑范围内——很难想象，宗教可以给人如此具象的指导。《农夫皮尔斯》看起来平和无害，只是小打小闹，但兰格伦以梦为借口给自己披上了保护衣，

---

① 沃格林并未处理《农夫皮尔斯》作者身份的这一文学史争论，不过考虑到这一问题并没影响文本理解、不关涉政治史大问题，那无妨按沃格林文中的思路，把作者按兰格伦来看。

他切切实实地煽动了英国底层人民的情绪,进而促使了个体神秘主义的滋长。

沃格林以这一问题为落脚点,指出了激进个人主义的宗教根源以及这种激情对主权国家造成的诱惑。①哪怕在今天,个体神秘主义与终末论沉思结合的产物也仍然具有很大的影响。面对这种局面,我们甚至有必要反思,这种可称为毒害的影响是否已经从西方基督教世界扩展到了中国?由此,即便是在今天,对于《农夫皮尔斯》的认真解读也显得尤为重要。

在三个略有不同的版本中,《农夫皮尔斯》的第一部分都是《威廉姆关于农夫皮尔斯的意象》(*The Vision of William Concerning Piers the Plowman*)(或译作《梦》)。②这一部分的价值在于它时代性鲜明的现实关切,尤其着重讽刺了神职人员淫荡奢靡的作风。《意象》的根本要点在于它立足普通人,强调每个人在基督教共同体中各司其职的重要性,这一点尤其在皮尔斯的身份中表现出来;同时这一首诗已经诞生了激进主义的革命萌芽,并在内容上与下一首《善、中善和至善之生平》(*Vita de Dowel, Dobet, and Dobest*)紧密衔接。梳理《意象》的行文并延伸至其与《生平》的关联,可以看

---

① 参沃格林,《政治观念史稿(卷三):中世纪晚期》修订版,前揭,页 196-197。

② 《农夫皮尔斯》手抄本多达五十余种,主要版本分为 A 本、B 本与 C 本,A 本的《意象》含序言和八小节,《善、中善和至善之生平》含序言和三小节;B 本的《意象》含七小节,《善、中善和至善之生平》被扩展为三篇序言和十小节,多为现代译本所采用;C 本篇幅则更加庞杂。三个版本在年限、意象详略上各有不同;在 B 本和 C 本中,主人公的梦篇幅上要更长,梦的内容、结构也层层叠叠更加复杂。关于《农夫皮尔斯》三种版本的具体情况参 Peter Sutton, *Piers Plowman: a modern verse translation / William Langland*; *translated by Peter Sutton*, Jefferson, North Carolina: McFarland & Company, Inc, 2014, pp. 4-20。

出诗人大体上的论调，窥见这部作品何以被沃格林置于这样特殊的位置上。

诗中威尔是故事的讲述者，行文结构上大体是他先后两次做梦又醒来，诗人通过他的梦境呈现了对社会现状的描画、对真理的探寻以及农夫皮尔斯的形象。威尔在梦境中出入，他作为一个"探访奇闻"（页1）①的修士而出场。这两场梦所占篇幅大体一致，威尔先后邂逅了引发闹剧的奖赏小姐、领导众人劳作的农夫皮尔斯。从书中来看，威尔心中充满着对穷人的关怀和对基督教真理的渴求，但同时他本人作为主人公，并没什么突出的苦难或困境，他在自己的梦里，反而只是冷静地旁观着这个水深火热的世界。总体上来看，威尔所探寻的问题是：为什么14世纪晚期的英国社会备受基督教化，却表现差劲？根据行文不难看出，作者暗示问题出在对教义首要原则的理解上。换言之，整个社会已经在宗教上迷失了方向，现有的教义解读方式已不可信赖。

第一个梦：奖赏小姐

在这首诗中，威尔躺在山间的小溪旁，一开始就掉进了一场混乱嘈杂的梦境里，他第一个梦呈现的主题是英国社会的现状：他梦到在小山上的高塔和阴森的山谷间有一大片平原，这里有浓缩了的世间各色人等，威尔看到了七种世俗性人物——勤勉耕地的老实人、奢靡虚荣的人、清心祈祷的人、经商的富人、取悦看客的说唱艺人、

---

① 见兰格伦，《农夫皮尔斯》，沈弘译，北京：中国对外翻译出版公司，1999，页1。文中所引中译皆来自此书，引文的随文注为中译页码以便读者查阅译文；英译参 William Langland, *Piers Plowman*, New York: W. W. Norton, 2006, Passus V, 537–555, Passus Ⅵ, 201–211。

投机取巧的小丑、好吃懒做的流浪汉和乞丐（页 1-2）。另外，还有完全丧失了虔敬信仰、利欲熏心的神职人物。在将世间各色人等悉数列举后，威尔进行了一长段对教会内部奢靡腐坏的谴责，细数他们压榨穷人、见钱眼开的种种罪过。紧随其后的是国王驾到，他的到来引发了世俗权力的纷争：各种人走上前来七嘴八舌，轮流议论起国王统治与法律的合理性，诗人甚至拿老鼠开会这样的荒诞场景来影射英国议院里的混乱场面。国王已经规定，"农夫为大家生产粮食，辛勤劳作从此成为农夫职责"（页 5）。

这是全文中国王发布的首要命令，同时，农夫这一身份既是威尔在平原上最先所见的，也印证了下文皮尔斯这位老农民的正当性和重要性。诗人显然认可踏实劳动的品质，换言之，他认可底层人最为普通的生活方式。与之相反的是，社会上层却秉持着金钱至上的伦理观。在威尔的梦中，一面是平凡、虔诚百姓的热闹生活，一面是肮脏黑暗的上流社会，当时的广泛教众作为这一作品的读者，他们心中会偏向哪一边，简直一目了然。

威尔梦中的媒介是神圣教会（Lady Holy Church）。① 就当他在田上观察游荡之时，神圣教会出现了。她提到了这些人的表现，还说山上的塔归真理（Truth）所有，山谷里的塔归虚伪（Wrong）所有。显然，从诗中所呈现的视野来看，这块田处于中间位置，如果真理之神降临，可以从田上轻松看到。对真理的追寻是全文中恒久的主题，但真理看似触手可及，实则非常遥远，需要自己主动去探寻。然而，从次一级的日常德性来看，兰格伦的戏谑之处在于诗中出现

---

① 中译未将"神圣教会夫人"完全译出，因为一开场威尔就已经称神圣教会为"夫人"，见兰格伦，《农夫皮尔斯》，前揭，页13。兰格伦将教会组织的拟人形象设为女性，这与下文奖赏小姐的身份相对应，同时易于凸显出她们之间的性格差异。在诗中，可以看到这两个女人针锋相对，读者甚至可以猜想她们或许会暗暗勾心斗角。

的各类美德与恶习的形象是彻彻底底的拟人,他们不仅能与普通人对话,还像人一样容易犯错,换言之,原本神性之物沦落为人性。

神圣教会娴熟运用圣经,开口就是教义,一副说教的腔调,但威尔并没马上就认出她是何许人。等这位夫人揭露了自己的身份后,威尔面对着赐予自己信仰的神圣存在,慌忙下跪并问了第一个问题:怎样才能救赎自己的灵魂?"救赎"(Salvation)总是出现在问答里,一直是全诗的关键词之一。这当然是一个切己的问题,人人都会关爱自己,并至少在心里暗暗希望自己能向上走。神圣教会冗长的回答只需一句话就能概括:"试遍所有珍宝,惟有真理最好。"(页14、16)这句箴言她重复了两遍。可是威尔却并不明白,自己这样一个普通人怎么能接触到真理。

接下来出现了另一个关键词"仁爱"(Charity)(页16)——神圣教会又进行了一长串的说教,简而言之就是仁爱与真理有关,必须要践行仁爱,她强调说真理的知识源于自然,它能教人发自内心地爱上帝。威尔对其中的原理不明白也不感兴趣,他只关心自己怎么接触真理的知识——威尔渴望关于真理的知识,但他并不渴望探究真理知识的来源。威尔直观真理的诉求停留在表面问题上,当然可以说他关心这种现成的问题与他平庸的智识水平相配,但更要注意的是,这种浅尝辄止的取向与经院哲学那种追本溯源的习惯完全相反,因而导向了个体神秘主义的生发。神圣教会的字里行间都暗示着威尔没有知识都怪他自己,怪不得别人。威尔确实因为自己并不具备关于真理的知识而自卑,这也是当时大多数底层平民的自卑,没有知识意味着难以接近真理,缺乏获得救赎的通路。神圣教会没能赶走威尔,他跪下又问,如何识别虚伪(False)(页20)。

很难定性威尔这个问题是否有必要,既然他不能接触真理,又有什么能力去辨别虚伪呢?更进一步,威尔真的有必要凭自己就去认识真理和虚伪吗?这一问题的本质在于,谁拥有决断善恶的能力。

关于地位低劣者是否应该有辨别善恶这一能力的问题，霍布斯（Hobbes）有所论述。在霍布斯看来，辨别善恶是支配者的权利，作为臣仆或子民不配拥有辨识善恶的能力，即便有，他们也无法运用这一智慧能力。霍布斯在说明这一点时恰恰引用了基督教里的经典故事——亚当夏娃偷吃禁果：亚当夏娃吃下果子才意识到上帝让彼此赤身裸体，顿觉羞耻，以此为恶；他们却不知自己作为被造物，妄议支配者的指令更是恶的。上帝果然因此震怒。①在《农夫皮尔斯》的语境下，威尔的发问代表了与此截然相反的诉求：普通人也需要拥有看透正误、善恶的全知之眼。某种程度上看，威尔代表了英国社会连属化的必然结果：他这种对道德裁断的好奇与试探显得理所当然，就是因为民众阶层在道德意识上的自觉。在自觉之上，整个社会各阶层的向心力才有可能形成。不过，在威尔与神圣教会徒有其表的等级关系下，他提出这个问题已经没什么不正当了。神圣教会继续磨洋工，她把善恶的冲突转移到了奖赏小姐（Lady Meed）身上（页20），并称奖赏是自己的劲敌。神圣教会即将向威尔揭示这位美娇娘与虚伪的关系。引入这一新人物后，接下来，故事重心将发生转移。

　　神圣教会在这一段的表现实在让人失望，虽然威尔的发问淳朴、寻常甚至有些发傻，但神圣教会的回答也没怎么有启发性，给的建议也都是空话，说起来容易做起来难。要么她没有威尔心里所想的那样圣洁伟大，要么她就有愚弄威尔的嫌疑。不管哪种可能，都让人不太舒服——这很难不让人联想到底层民众对教会组织的看法。虽然对话的内容还是关于宗教，但神圣教会就像一个普通人那样避重就轻、耍小聪明，从而把平民对神圣权威的灵魂叩问变成了俗人

---

① 霍布斯，《利维坦》，黎思复、黎廷弼译，北京：商务印书馆，2017，页161。

间的拌嘴。她没有如其名字那样权威、包容、耐心，反而像擅长争吵讥诮的市井妇人。她确实比威尔这样的普通人要高，但没达到属世凡人与属灵事物之间应有的那种差距。某种鸿沟在兰格伦的笔下正被不知不觉地消弭。

奖赏小姐身着华美的红袍出现在威尔眼前。她的确跟神圣教会在一些方面势均力敌：二人心有所属，神圣教会的情郎是诚实，而奖赏小姐也马上就要与虚伪结婚；并且她俩"一样能随意出入教廷"（页21）。但奖赏小姐是虚伪的私生子，他们的婚礼就意味着虚伪竟然与自己的私生女乱伦，因此，不管是出身还是婚姻，奖赏小姐都更为低劣。而且助婚者们尽是恶人：欺诈、狡猾、圣职买卖（页22－25）……讽刺的是，诗人把这些恶习和神职人员、公职人员甚至是民法放在了一伙，无疑是在暗示他们沆瀣一气，品行堕落。由此一来，宗教事务不能再依赖"官方"，而需要寻找新的依靠，而从诗人在文中提供的场景来看，读者不得不思考，这一依靠是不是会落在每个人自身？

但此时神学（Theology）突然跳出来反对这门婚事（页24），他声称上帝已把奖赏小姐许给真理。那么，奖赏究竟该归于真理还是虚伪？神学自己主动引入了世俗事务——他建议奖赏小姐带上自己的新郎去伦敦的法庭裁断这门婚事是否可行（页25），法律将辅佐真理的正当性。在去往伦敦的路上，这对新人和助婚的狐朋狗友就提前开始了婚礼的狂欢，整个场面十分迷狂（页26－27）：奖赏小姐骑在了郡长身上，虚伪乘坐陪审员，圣职买卖和民法骑在了法院传票员身上，随波逐流的乌合之众跟在他们身后……

将人作为牲畜来骑是极有羞辱性的行为，对当时上层官吏心怀怨气的人读到此处必定心里舒畅。诗人仿佛就在这场梦境的背后，对读者呓语，看，这些衣冠楚楚的高官都是可笑的，可悲的，是可以羞辱和颠覆的。他所作的比喻之疯狂甚至会让知识人感到难以启齿。在此，权威的形象乃至品性已完全败坏，降为低劣之辈的玩物。

真理"看得真切，但却默默不语"（页 27），他只是赶在这群恶人之前向国王通风报信。这一情节暗示了什么都逃不过真理的眼睛，而真理并没有把这些恶人就地正法，他本人的态度表明自己不屑于与各类低劣之物交涉，但更有可能的是，真理自身没有执法的现实功能，因而不得不和手握实权的最高属世权威站在一起。国王听闻这一混乱场面，下令把虚伪一伙人杀死，唯独留下奖赏带回来。即便奖赏与恶行沆瀣一气，她仍然有着不可抗拒的魅力，连国王都要仰仗三分。更讽刺的是，虚伪此时充分显示出了自己的恶人做派，他丢下妻子，和助婚者们一哄而散，只留下奖赏小姐被孤零零地抓走了（页 27-28）。

奖赏小姐并没有就此放弃挣扎，她利用自己的本性和优势贿赂了当权者。法官、牧师、国王的幕僚纷纷被奖赏小姐的金钱力量诱惑。然而，在奖赏每一段花言巧语后面，作为旁观者的威尔都根据圣经对她进行一番评论和指责。这种排布暗示了奖赏小姐有违基督教真理。然而，国王和神学分别作为属世和属灵的权威，都认为奖赏小姐的错误只不过是与虚伪结合。国王决定原谅她，并把她赐给名叫良心（Conscience）的骑士做妻子，但良心竟然拒绝了，还发表了一番长篇大论（页 34-35），斥责不仅奖赏小姐自身作恶，而且对她的惩罚几乎都因金钱而失效，因此，她总是败坏正义。

奖赏小姐回击道（页 36-38），回报或说金钱对社会上任何工作和付出都有必要，赏赐是社会的原则，而且任何人没钱都活不下去，这正是她的正当性。国王对于奖赏小姐义正词严的反击大加赞赏，良心骑士不得不再次应对（页 38-42）。良心指出金钱具有两面性，上帝赐予好人的才是真正意义上的奖赏，权贵供养坏人的奖赏则不正义。这一论断主张舍财修德、去恶从善，饱满地体现出了基督教的意味，同时表现出了钱财在物质世界里暧昧不明的性质——这种暧昧不明同样体现在奖赏小姐的言辞和经历中，莫不如说，暧昧不明就是奖赏这种物质财富的本质属性：在某些层面上，财富会造成恶，在某些层面上，财富又是个人和共同体的生活都必须依赖的东西。

诗人借良心和奖赏你来我往的辩论充分表现出了底层人民的立场。由于良心拒绝了奖赏小姐并率先开战，这场论辩才得以展开。奖赏小姐伶牙俐齿，且更受国王偏爱。她成功地捍卫了自己，捍卫了自己的恶，但显然，她被良心引经据典的批驳弄得下不了台，她不具备在智性与美德角度正面迎战良心的能力或说天赋。这不由得让人想到阿里斯托芬《云》（The clouds）里正理和歪理的经典对驳——品性较低者似乎总显得跋扈一些。幸好，在理智（Reason）的影响下，国王终于意识到奖赏小姐完全是在败坏正义，他发誓要在一众美好德性的辅佐下治理自己的国家，而虚伪和邪恶也得到了他们应有的报应（页51）。威尔目睹了这一切，这说明国王可以争取、可以劝说、可以代表民众对正义的向往，这也是连属化的重要环节：社会各阶层期待国王能作为生存之代表，组成一个封闭的王权国家。同时，理智的出现战胜了钱财在物质世界里暧昧不明的本性，对于理智来说，金钱并非暧昧不明，只要良心愿意运用理智。不过，在现实世界，属灵的秩序还是败坏了，作者在此描绘的良好愿景恰恰表明，实际情况与此相反。

第二个梦：忏悔与劳作

围绕在国王身边的闹剧终于落幕，威尔这时候醒了，他对于没能在梦里多看一会儿的惆怅还没消散，困意再次来袭，他又睡着了，进入第二个梦。在梦中，他始终是追随着繁复场景的、被动的观看者。威尔再次回到平原上的众人之间，理智在国王的陪伴下向全国的臣民布道，告诫在场的每个人要更好地生活（页54），接下来理智退场，随之而来的是忏悔的宣讲——与此同时七宗罪的拟人形象登场（55 – 70）：骄傲（Pride）、肉欲（Lechery）、妒忌（Envy）、忿怒（Anger）、贪婪（Avarice）、饕餮（Gluttony）、懒惰（Sloth）。这七个拟人形象以符合其本性的方式分别进行忏悔。

最先进行忏悔的是骄傲和肉欲二人，他们祈求上帝宽恕自己放荡、狂热的罪过，悔悟的态度十分坚决，诗人对此的笔墨不多。第三个出场忏悔的是妒忌，他"衣冠不整""颧骨瘦削，面色暗淡阴沉"（页56），这正是机关算尽、内心黑暗者才会有的面容。妒忌自我忏悔道，他见不得别人过得好，他习惯于幸灾乐祸、背后使坏，而且内心狠毒，一起争执就想致对方于死地。忏悔提醒他，"为罪孽而悔恨就能拯救灵魂"（页57）。

下面前来忏悔的是忿怒，他从前与牧师对立，就是因为他教会了乞丐花言巧语讨好富人，所以"游乞僧"才会兴起去瓜分牧师的收益。忿怒常常恶语挑拨他人，并且十分冲动。而忏悔警告他"务必清醒"（页59），命他痛改前非。贪婪继而走上前来，他那邋遢的容貌恰如其名，整个人看起来一副皮囊被掏空的样子。贪婪这个人最大的特点就是爱占小便宜，他称自己"欲壑难填"（页60），做生意总是缺斤短两、缺乏诚信。

忏悔对他格外重视，反复诘问贪婪到底行过哪些不义，结果发现他偷盗抢劫，还向贵族行贿。末了，忏悔要求贪婪必须还清每一笔债务，否则得不到宽恕。贪婪闻此，恨不得当场自杀，幸而忏悔运用自己的言辞把他劝了回来，鼓励他行善赎罪。这样看来，贪婪的罪行似乎最严重，而忏悔在七宗罪里对贪婪的要求最多，劝诫和责问也最多，可想而知，在七宗罪里贪婪与金钱关系最密切，而在大多数人看来，金钱正是俗世生活里最要紧的东西，关于金钱的罪过也就最值得关注。

七宗罪的忏悔之路一个比一个艰难——饕餮实在嘴馋，就连去忏悔的路上也能拐进酒馆，一喝就是一整天，醉后狂吐不止。饕餮本人极其不节制、极其不体面，他完全缺失身体性的自持，更别说精神上的修为。最终，在忏悔的呵斥下，饕餮明白了自己暴食痛饮、浪费食物的罪过，发誓斋戒。

　　七宗罪里最后忏悔的是懒惰，这样的安排合情合理，因为确实很难想象懒惰做事时会冲在前面。他对待任何事都十分消极，"蓬头垢面，睡眼蒙眬"（页67）。懒惰的个性带来的后果是他不诚心勤勉地礼拜敬神，也从不主动忏悔自己，而且忘恩负义，难以回报他人。甚至在这次忏悔的中途，他就已经睡着了。最后，懒惰终于完成了自己的忏悔，立志不再懒怠。

　　七宗罪都受到了忏悔的感化，世间的罪恶得到了净化，进而应该开始寻找真理。或许这一插曲可以被看作上下文间的过渡，因为在这个插曲之后，失控的饥饿（Hunger）接下来出场，涉及了饕餮罪、贪婪罪、懒惰罪。眼下，众人寻求真理无门，所有人都茫然无措。就在这时，农夫皮尔斯首次亮相了，他作为真理的圣徒，自然而然、充满仁爱地担负起了点拨众人的使命——

　　　　"凭圣彼得起誓！"农夫走上前说，
　　　　"我认识他如学者熟悉自己的书。
　　　　是良心和常识介绍我结识他，
　　　　并要我发誓将永远为他服务，
　　　　我有生之年为他耕地种田。
　　　　我已经跟随他整整四十个年头——
　　　　既为他种地，又为他饲养牲畜，
　　　　还料理屋内屋外的各种家务。
　　　　我开沟、挖地，按他的吩咐干活，

时而播种耘田,时而收割打晒,
无论裁衣缝布,还是补锅修剪,
或是纺织搓绳,全听真理使唤。
虽是自夸,但我确是鞠躬尽瘁;
真理报酬丰厚,且有额外赏金。
对于穷人他是慷慨的主人:
他支付的工钱从来就不过夜。
他说话亲切和蔼,像羊羔般温顺。
假如你们想知道他住在哪里,
我愿意马上就全部告诉你们。"(页73)

从这段话里不难看出皮尔斯与圣灵的亲密关系——他对真理平日的作为、性情乃至地址这些基本信息了如指掌。然而,皮尔斯不是高级教士,甚至也没什么文化,他只是个种地的老农,却"走上前",说自己了解真理,而且已经侍奉了真理很多年。正如诗人前文着重刻画了当时英国上流社会与底层民众的分裂,必须注意到,这里与圣灵的沟通不再属于传统的方式,即通过教会布道;诗人塑造的是绕开上流社会、迎合底层平民的圣灵,建立与这类圣灵的亲密关系无需像教士一样学养丰富,毕竟皮尔斯只要做一些常规的农活就能属灵,唯一的要求是对自己的本职工作尽心尽力——那么听到这首长诗的民众会怎么想呢?

当多数人意识到皮尔斯的活计并不比自己从事的活计高贵,可以想见,教会千年来搭建的精美诱人的教阶体系不再吸引底层民众,而皮尔斯的荣耀给无数常人带来直接属灵的自信。真理仿佛没有更高级的事情需要操心了,只是围绕着农民的诉求打转转;真理会给皮尔斯丰厚的报酬,从不拖欠工资——珍视精神财富胜过物质财富的只是少数人,对于勉强度日的底层民众来说,一想到神圣真理能给自己这么贴心的钱财补贴，他们毫无疑问会对真理更生出一份亲近。但既然他们看重财富胜过看重精神世界，试图属灵就无疑是在高估自己，即便属灵，民众最终也会回到最实际的物质关切上；当无数的"农夫皮尔斯"达到了前所未有的属灵高度，却不得不低下头面对自己毫无进展、依然匮乏的物质条件时，这种落差很容易引发社会动乱甚至战争。圣灵能够体谅我的辛苦劳作，圣灵能够给予我最高的指点，圣灵能付给我丰厚的报酬……圣灵不再高高在上、被教廷藏着掖着，而是充满了愿意和每一个寻常的个体直接沟通的亲和力，他的世俗关怀过于浓厚和具体，简直像一个乐善好施的大老板，而非一尘不染的属灵事物。

皮尔斯免费给这些朝圣者指路，他详细地描述了众人路上将要面对的种种考验，简而言之，他们需要经受各种德性的试炼才能见到真理，有美德的人才能走到最后。但众人宁愿皮尔斯带自己前去。皮尔斯允诺自己可以带众人去见真理，只要他们帮自己种半亩田。皮尔斯的职业身份普普通通，但他对朝圣的众人具有天然的领导权。首先，他井井有条地给众人分配了各自的工作：男人耕地，女人缝衣袍。其次，皮尔斯自己也会给众人提供吃食，他本人将为众人服务，不辞辛劳（页80）。他有一套自己的正义标准，这其中包括善待穷人、怜悯弱者、厚待诚实肯干的劳动者。与之相对，皮尔斯关于有人偷懒的愤怒具有正当性。他召唤来饥饿驱赶偷懒的那些无赖回去工作，饥饿应声而至，痛打偷懒的恶人，于是众人更加努力劳作，只求饥饿赶紧离开。但皮尔斯还担心饥饿一走人们又不好好工作，于是请教饥饿，自己应该怎么驾驭（overmaster）众人——他用的并非引导、帮扶，而是"驾驭"，这个词包含了皮尔斯拯救众生的使命意味：

"因为靠你力量我已惩罚无赖。

但你走之前,我有事请教,"他说,
"对乞丐和无赖怎样处置最好?
我知道你走后他们又要捣乱;
痛苦教训此辈现在如此驯服,
饥荒迫使他们顺从我的意志。
可主为人类赎罪,他们皆我同胞。
真理敦促我去爱他们每个人,
并在必要时给他们一切帮助。
请你告诉我该怎样做最好:
如何驾驭他们,使其辛勤劳动。"(页87)

皮尔斯对自己的职责很清楚,他深知自己作为农民,理应喂饱整个社会的人。为社会提供基础的物质财富是他的责任和义务;同时他也知道,人们服从他是因为渴望食物。皮尔斯认同并接受自己的身份。同时,皮尔斯在众人间的权威说明,未受教育的底层人也能像智识人那样成为成熟、崇高的基督徒——皮尔斯的出场展现了一种宗教上连属化的倾向:英国的连属化不仅仅在政治上实现,低等阶层同样在宗教事务中争取自身的某种权利。

本性缺点的暴露在《农夫皮尔斯》中似乎是一项突出的内容:上文有奖赏小姐几番施贿,这里又有饥饿显示自己贪婪暴食的本性。就在刚刚,饥饿不仅把懒人赶回去工作,还给皮尔斯提建议告诉他怎么处置不想工作的人,但现在他说,自己不饱餐一顿是不会走的(页90)。皮尔斯及众人只好疯狂劳作,直到饥饿酒足饭饱,沉沉睡去。然而此时正值收获季节,新鲜上市的充足食物使得众人再次懈怠:无论是"乞丐""无赖"还是"一无所有,凭力气吃饭的雇工"(页91)都开始嘴馋美味佳肴,无心劳作。

饥饿既是刚被他们解决掉的大麻烦,也是存在于每个人心中的经不住食欲诱惑的魔鬼。诗人这一编排显示，饥饿使人过劳，也使人暴食：饥饿带来的后果是循环的。这里需要注意，皮尔斯已经在谈如何对待不工作的人，也就是说他已经成为实质上的裁断官和执行者。而且这一形象从他出场起就已定了，不是逐渐摸索成长的——他一开始就在智识和虔诚的经验上优于他人，而且对待自己俗世中的工作也十分认真。且不探究农民这一职业是否能达到这种水平，光就此处呈现的特征来看，皮尔斯代表了一种新的中间知识人阶层，这一类型的人将在连属化进程中大展身手。皮尔斯本就是如此卓越，"农民"这一职业也没有给读者带来任何卑微的印象，相反却给他增加了朴素踏实的美德光辉和亲近感，他需要的只是最后那一下子点破一切的觉醒。

皮尔斯的觉醒来得顺理成章。真理捎信给皮尔斯，让他在家安心耕地，还给这群耕地的人赎罪券（页94），行善者可以凭此上天堂，但作恶者却要下地狱。真理对皮尔斯的训诫再次强调了他在社会的底层地位，正如沃格林所说，皮尔斯是提供属世财富那个社会等级的代表。他作为一个谦卑的劳动者在效法基督的生活。他们讨论了谁有权使用这张赎罪券，大体结论就是各司其职的人们都有资格享有——神圣的恩赐可以被众人分享，而且获得恩赐的方法很简单，就是做好自己的本职工作而已，无需高贵的出身地位或什么渊博的学识。乞丐和律师被排除在免罪者之外，因为不劳而获的行为不被允许。此处又接续了神职人员的出场——前来拜访皮尔斯的教士愿意帮他翻译、解读赎罪券上写了什么。

正如威尔所见，赎罪券上只有两行字：

> 行善者必将获得永恒的生命，而作恶者则将受烈火煎熬。
> （页98）

这正是《马太福音》第25章的内容。但是教士说，他在赎罪券上可没看到关于赎罪的东西,只看到奖赏好人、惩罚恶人的训诫。跳出文本回到时代背景来看,赎罪券本身就是基督教对自身早期严苛教规的退让,这种退让来自外部文明环境的压力:赎罪券纾解现世的惩罚,可以使大众得到更高程度的基督化。但现世的惩罚并不等同于所有罪业的豁免,这就是说把赎罪券作为天堂的入场券纯属无稽之谈,这种错误的置换与教会放任兜售赎罪券的行为难逃干系。到了14世纪,赎罪券泛滥的风气掺杂着大量金钱利益席卷了整个欧洲,这甚至成为路德(Martin Luther)改革的直接因素。①

皮尔斯听闻教士称自己的赎罪券无效,气得撕掉了赎罪券,发誓说他再也不要干农活,而是要投身于祈祷和修行:

> 我将停止播种,也不再辛勤劳作,
> 绝不为填饱肚子而忙忙碌碌;
> 往后祈祷和忏悔将是我的犁,
> 用哭泣代替睡眠,尽管缺乏白面。(页98-99)

皮尔斯莫名其妙的愤怒有两点值得注意,第一,诗人没说皮尔斯为什么大动肝火,他究竟对谁生气,是对教士想当然的解读和否定不满,还是认为自己兢兢业业的劳作理应得到特殊的恩典?很有可能教士的妄加猜测冒犯了神圣真理的亲和形象,根本上来说,冒犯了凭借朴素的劳动就接近了属灵世界的皮尔斯本人。然而真理赐予农夫皮尔斯的赎罪券本就暧昧不明,真理没有说清楚,这份赎罪券究竟是用于免去在世时的暂时性惩罚,还是死后可用来消罪。

第二,皮尔斯发誓的时候不断援引圣经,教士轻蔑地问他从哪里搞到的这套学问,这时皮尔斯的怒火更盛,似乎是在表达并非只

---

① 参沃格林,《政治观念史稿(卷四):文艺复兴与宗教改革》修订版,孔新峰译,上海:华东师范大学出版社,2019,页294。

有教士才有学习基督教学问的资格（页99）。诗人对皮尔斯发怒的处理有点令人摸不着头脑，对此尚无学者有完全令人信服的解释，但有人将其与摩西之怒做类比。这样一来，皮尔斯就从一个普普通通的小农民变成了基督教义的权威大师，甚至暗示着立法的可能。无论诗人是否有意让皮尔斯模仿摩西，皮尔斯的表现都证明诗人同意个体的基督徒可以过基督式的生活。归根结底，这种看似僭越的怒气代表着底层民众的觉醒。他撕掉赎罪券，这一举动带有革命式的激情与怒气，在这样的激情中，一位农民坚定地宣布，他要抛弃俗世生活的劳作，转而投身属灵生活。究其根本，皮尔斯这样的普通个体已经获得了与神直接沟通的权利，无需教会作为中介，这其中暗含着可怕的可能性：体系或说秩序的取消。与此同时，皮尔斯因教士的质疑所产生的愤怒反映出他本人的不自信，这根本上暗示了皮尔斯所代表的这股去除旧势力的力量本身的残缺；诗人从教会退回了内心世界，本能地厌恶旧有属灵秩序，但又不能超越这种局限性——皮尔斯这样的人，其见识和能力不足以建立新秩序。

威尔第二次醒来了，他在梦里还是没能见到真理。威尔趁着印象尚存赶紧思考梦的含义，得出的结论是，虽然教廷的宽恕是有效的，但为了审判日做准备，最保险的办法还是行善——这直接引到了下一首诗的内容。

从《善、中善和至善之生平》里，大致能看出"善"是指人在基督教义的指导下过积极的、俗世的生活；"中善"指的是退出俗世，过更加沉思的生活，忍耐、仁爱，帮助并教导他人，如果对应神职的话则为牧师；"至善"则进阶到权力地位，肩负惩恶扬善的使命，对应主教。沃格林将其凝练地概括为"涤罪、启示和融合"，[①]

[①] 参沃格林，《政治观念史稿（卷三）：中世纪晚期》修订版，前揭，页200。

从畏惧上帝、受苦受难再到灵魂与上帝的律法融为一体。恐惧可以作为最低级的手段，但不能取代道德训诫；然而在最高级的阶段，道德训诫也将被超越，转向纯然的理性。可以看到，第一首《意象》中的皮尔斯已经占全了这三项善的变形，他将往更超越的地位走去。全文的特色在《意象》这一部分体现齐全了，同时这一部分也流传最广、最通俗易懂。

新兴政治情绪及其宗教化表达

《农夫皮尔斯》在文学史上当然不如大家名流的作品，况且其浓厚的基督教气质显白地言明了它针对教徒的实际功用。这成功地迷惑了大多数文学家与史学家，我们所能看到的大多数研究都把《农夫皮尔斯》简单归为"基督教文学"，并加上一句"反映了底层民众与上层社会的对抗"这类评论，然后不再多加考察。但沃格林从卷帙浩繁的史料中选了《农夫皮尔斯》作为重要的文献材料进行梳理，如前文所述，正是因为发掘出了这部作品背后的深层思想意义。

《农夫皮尔斯》并不像其体裁与内容上呈现的那样简单。不论这部作品是否自知，它都代表了某一通向现代性的精神节点。它不只印证了基督教与英国政治人民的结合，更体现了圣灵已经直接进驻"农民"等千千万万寻常人的心里——这是颠覆和革命的种子。同时要注意，兰格伦是用英语写成《农夫皮尔斯》的，这种盛行民间的做法就注定此书能够面向更广泛的教众。

对于如何简要概括《农夫皮尔斯》与当时社会思想现实的关系，可以说，威尔一连串的"意象"故事反映了当时大多数人对政治社会的看法和态度，但这种看法和态度又实在粗糙、松散而平常，难以构成某种思想，仅仅作为社会情绪而存在——沃格林重视《农夫皮尔斯》，关键原因在于这部作品兼具宗教性和一种新的政治情绪，也可以说它是政治情绪的宗教性表达；这段普遍的社会情绪置于历史中，将成为泛滥的个体神秘主义等现代性精神品质的萌芽。沃格林敏锐地看到，《农夫皮尔斯》在文学史上的地位并不是特别重要，但其中农民这一意象对自己灵魂的关照几乎发展成了一场绵延数世纪之久的精神革命，因此必须对照当时的社会现实情况，来考察这部作品中蕴含的精神内核。简而言之，沃格林的视角使得《农夫皮尔斯》得到了全新的、整全的审视——至少，沃格林指出了重新考察这一文本，乃至重新考察这一段历史的必要性。

基于政治现实的考虑，应先审视政治连属化和经济发展给英国社会带来的变动：农民战争问题。当时农民大量进入城市，农业人口在向城市移动的过程中所产生的情绪在经济现代化的压力之下并未得到妥善处理，农民一方面不可能再安于传统的农业体制轨道，另一方面又不能适应货币、市场、劳工环境的不友好现状。在此现实状况下，人口甚于以往的流动使得对上层不满的政治情绪传播到多个社会部门，造反的主体已经从古典模式的骑士转变为农民。沃格林提及扎克雷起义和英国农民起义来佐证这种情绪之不稳定性。与此同时，社会上层广为流传着追求神秘属灵事物的风气，这一状况与农民战争混合，产生了唯灵论。问题在于，当人人都觉得自己属灵时，必然违抗体制。

在这一时期，拉丁基督教内部分裂，形成教区。一统式的基督教衰落，教区式基督教兴起，从一统到教区的基督教背后还是政治含义：神圣帝国式的权力构想日趋无力，地方王权和地方教会把财政权和任命主教权都握在手里。属世的王权与属灵的神权都在追寻统一，在王权与教廷的紧张之间，民族国家有了生长的机会。地区性精神运动兴起，各类修会团体的精神吸收了政治力量，比如武士修会参与了十字军东征、托钵修会进入了市镇布道团。教宗体制仍是教区化的制度性基础，但阿尔比教派这类新势力已经试图摆脱罗马教廷的专制，带有分离主义的倾向了。在基督教教区化运动中，民族主义因素的力量不可忽视，甚至可以说是教区化运动中最重要的特色。尽管王国组织和民族主义都做出了努力，但这次宗教运动还是没有重新立教的实力。这个目标在路德与加尔文的手中才得以实现，或者说，直到路德与加尔文时代才在某种程度上酿成大祸。①

罗马教廷没能守住属灵的维度，加入了税收、建国等等俗常事务。罗马教廷的观念性架构失序产生了两种后果，一是修会，二是积极性神秘主义的高涨。沃格林直言神秘主义的根本性危害——对现有秩序的疏离，以及与之相伴的对制度的反抗。广大基督徒从等待被救赎的消极者变成了主宰自身、自我拯救的积极者，沃格林也直言不讳，新教在本质上更是个人主义，即信教不需要他人约束。基督教带来了普遍的平庸，神秘主义在基督教中汲取了新教的个人主义精神资源，从而与政治挂钩，让底层人产生了自我膨胀的错觉和对共同体的漠然，这最终会破坏文明的秩序。民众毕竟是任何政体中的大多数，产生自民众的情绪必然因其规模和强度造成社会的震荡甚至变动——当人人都自认为有资格直接和最高存在沟通而又实际上缺乏理性、节制或智慧，政治的秩序将走向何处？

可以说，这一历史时期的情况不但为英国宗教改革的特殊性奠定了基础，进而导致了其启蒙运动的特殊性，同时还提供了一种反思的可能性——当今对启蒙运动的普遍性误解正是源于对英国特殊性的夸大，而英国特殊的启蒙精神不能等同于真启蒙：欧洲各国的启蒙运动大多在王权君主的支持下展开，或可以说专制处于和启蒙联手的位置上；英国则是唯一的例外，专制王权与宗教联手形成国教，所以英国激进启蒙的根源变成了反国教、反体制、个人自由、

---

① 详见沃格林，《政治观念史稿（卷四）：文艺复兴与宗教改革》修订版，前揭。

良心首位等观念挑战了权威，所有这一切都加剧了个体自负的倾向，这就与现代自由主义思想密切相关。

在沃格林的叙述中可以看出，把农民皮尔斯这样一个普通的底层人与耶稣基督联系起来并非什么好事。这样的举动不仅越过了社会的现实秩序，还带来精神上的放肆和败坏。在亚里士多德等先哲的看法中，统治不仅必需而且有益。几十年前，施米特（Carl Schmitt）也同样说过，"统治"这一事物本身即便被自由主义消弭了政治形态，也将以经济、军事等其他面相出现。①某种程度上说，错误意见的永恒破坏力远比现实遭到的短暂伤害更难根除。沃格林以令人敬佩的勇气向我们传达：秩序始终是必须守住的最终底线，即便当今时代的各类呼声实在令人迷乱。翻开《农夫皮尔斯》，其内在的呼声与今日何其相似。

---

① 见施米特，《政治的概念》，刘宗坤、朱雁冰等译，上海：上海人民出版社，2018，页93－98。

思想史发微

从"贵族特权"到"自由人的权利"
——《权利请愿书》对《大宪章》第39条的援引、翻译与改写

何　源　撰

引　言

1628年3月17日,查理一世召开第三届议会,正是在这个会议上,议会下院通过了由柯克爵士(Sir Edward Coke)参与起草的《权利请愿书》。《权利请愿书》不仅是英国近代史上重要的议会法案和宪法法案,而且被视为"英国人自由与权利的奠基之作",①象征着英国"宪政革命的开端"(the beginning of a constitutional revolution)。②《权利请愿书》重申了《大宪章》的精神,延续了《大宪

---

① 钱乘旦主编,《英国通史:第三卷 铸造国家——16—17世纪英国》,南京:江苏人民出版社,2016,页95。
② 这一观点来自19世纪英国辉格派历史学家加德纳(Samuel Rawson Gardiner),参见 L. J. Reeve, "The Legal Status of the Petition of Right", 载于 *The Historical Journal*, No. 2 (1986),页257。

章》的意义。《权利请愿书》援引《大宪章》第39条,进而援引1352年的议会制法:"不得违反《大宪章》之精神与国法。"通过援引这些既有的文献,《权利请愿书》提出其核心诉求:

> 自今以后,非经议会法案共表同意,不宜强迫任何人征收或缴付任何贡金、贷款、强迫献金、租税或类此负担;亦不宜因此等负担,或因拒绝此等负担,而对任何人命令其答辩,或作答辩之宣誓,或传唤出庭,或加以禁闭,或另加其他折磨或困扰;亦不宜使任何自由人因上述种种致遭监禁或扣压。①

西方学界有关《权利请愿书》的研究,着重于从英国宪政传统和英国法制史的整体框架中理解其政治意义和法律地位,探讨斯图亚特王朝时期的议会政治,② 认为《权利请愿书》标志着议会与国王之间的博弈,在"没有硝烟的战争"中议会的胜利。里夫(L. J. Reeve)基于盖伊(J. A. Guy)和扬(Michael B. Young)关于《权利请愿书》的历史背景和和产生原因的研究,重新解读了《权利请愿书》的法律地位,认为这部文件的出台,并非试图用法律来限制国王,而是"使当时普通人的政治观念和意识形态扎根于现实的法

---

① 蒋相泽编,《世界通史资料选辑》近代部分,上册,北京:商务印书馆,1983,页5。
② 如 Derek Hirst, *Representative of the People*, Cambridge University Press, 1976; Conrad Russell, "Parliamentary History in Perspective, 1604 – 1629", 载于 *History*, Vol. 61, 1976, pp. 1 – 27; R. M. Smuts, "Parliament, the Petition of Right and Politics", 载于 *The Journal of Modern History*, Vol. 50, No. 4 (1978), pp. 712 – 719; J. A. Guy, "The Origins of the Petition of Right Reconsidered", 载于 *The Historical Journal*, Vol. 25, No. 2 (1982), pp. 289 – 312; Michael Young, "The Origins of the Petition of Right Reconsidered Further", 载于 *The Historical Journal*, Vol. 27, No. 2 (1984), pp. 449 – 452。

律文件中"。①《权利请愿书》不只是被视为一部法案,而且还是一个历史事件,它作为反抗国王滥用职权、压迫议会的象征,在它颁布的那一刻便完成了它的历史使命——传承《大宪章》的宪政精神,并将其流传后世,发扬光大。②即使查理一世废除了这部法律,③也无法消解它的重大意义。

因此,《大宪章》也是西方学界有关《权利请愿书》的研究中绕不开的内容,二者产生的历史背景虽然不同,时隔四百年之久,但是导致《大宪章》产生的因素依然影响了《权利请愿书》的产生,诸如英国的君主制、王权与地方政府、国王与贵族之争(在《权利请愿书》产生时是国王与议会之争)、政教关系等历史传统,英法之间的政治军事冲突、财政税收等现实危机,在二者的产生中依然发挥着作用。

历史学家麦克奇尼(William Sharp McKechnie, 1863—1930)在其《大宪章的历史导读》(*Magna Carta: A Commentary on the Great Charter of King John with an Historical Introduction*, 1905)中,深入剖析了导致《大宪章》产生的历史、政治、宗教、国际关系等诸因素,并且批判了将大宪章之产生归因于"约翰王一己之暴政与谬误"的"肤浅的历史观",他认为:

> 历史事件自有强大的内在逻辑推动其实现,而与某一个人的任性无常与勃勃雄心无涉。对于奠定英国自由之根基的这次

---

① L. J. Reeve,《权利请愿书的法律地位》("The Legal Status of the Petition of Right"),载于 *The Historical Journal*, No. 2, 1986, 页258。

② 钱乘旦主编,《英国通史:第三卷 铸造国家——16—17世纪英国》,前揭,页94-95。

③ 1628年查理一世批准了这部法案以换取税款,议会随即将这份文件公之于众,发行全国,但是查理一世第二年便反悔,否认自己接受了《权利请愿书》。

运动而言，约翰王治下所发生的事件仅是一个诱因，而非其主因。①

麦克奇尼对于大宪章内容与形式的解读并非就事论事，而是将其置于英国法政传统的历史长河中，探究其历史原型和"混合的渊源"（同上，页135），在论及后世对于《大宪章》的丰富解释及其在后世发挥的巨大作用时，特别提到"在17世纪为反对斯图亚特王朝而领导宪法自由之战的议会领袖们手中，大宪章已经被证明是一件强有力的武器"。②柯克认为：

> 它之所以被称为《大宪章》，完全是因为它简短的条文中所包含事物之伟大的重要性和重要的伟大性。《大宪章》是王国一切基本法的源泉，可以说，它以短小的篇幅容纳了重大的事物。（同上，页169）

历史学家霍尔特（James Clarke Holt）认为，《大宪章》在后世被"神话化"，"部分在于文献的潜力，对于它的解释赋予了1215年的人们所没有的意图的涵义"，柯克对《大宪章》进行了创造性的解释，他的解释的"许多特征体现在了议会法令中"。③从1215年《大宪章》"坚持某种合法裁判先于执行"，到1628年《权利请愿书》提出"未经说明理由不得逮捕"，"是一个大的飞跃"。"《权利请愿书》绝不是一系列努力的最后一步。"（同上，页11）《权利请愿书》对于《大宪章》的援引使《大宪章》在三百年的沉寂后重回

---

① 麦克奇尼，《大宪章的历史导读》，李红梅编译，北京：中国政法大学出版社，2016，页48。
② 麦克奇尼，《大宪章的历史导读》，前揭，页169。
③ 霍尔特，《大宪章》（第二版），毕竞悦、李红梅、苗文龙译，北京：北京大学出版社，2010，页8。

英国宪政舞台。从宪政传统的立场出发，史学家强调《大宪章》的重大意义"在于后来对政治领袖、法官、律师以及全英格兰民众来说它变成了什么"（同上，页226）。然而，从纯粹史学的立场出发，史学家则着眼于《大宪章》与《权利请愿书》的条款与历史事实的对应以及两者条款内容上的差异，批评柯克爵士对《大宪章》的理解源自"曲解，时代性错误地强加含义，或者是具有政治动机的误解"（同上，页4），并认为他对《大宪章》的解读是一种"浪漫主义的""辉格式的历史解释"（Whig interpretation of history），①而他提出的一系列包含于普通法中的古代制度的习俗、法律制度和前例，都不过是"记忆错误"（immemorial）的产物（同上，页148）。

然而，《权利请愿书》与《大宪章》究竟是什么样的关系？《权利请愿书》是对大宪章精神的继承还是对于《大宪章》的有意"误读""曲解"和"改写"？这涉及如何征用历史资源、如何发扬传统以及历史规则法案的现实有效性等问题。本文试图回到两份文献的文本本身，通过《权利请愿书》所具体援引的《大宪章》第39条条款本身的语文学分析，解析柯克对《大宪章》的援引、翻译过程中的改写，特别是几个关键概念的翻译与转写中的变异，并结合《权利请愿书》的文本结构，考察柯克在何种程度上以及出于什么原因征用、阐释《大宪章》，如何在历史文献中注入时代的精神与他个人的政治理想、法学观念和情感倾向。

一　Disseisiatur：Land 还是 Freedom？

正如霍尔特所说："史学家曾长期而艰苦地争论《大宪章》的

---

① Ralph Turner,《大宪章》(*Magna Carta*), London and New York: Pearson Education Limited, 2003, 页148。

性质。"① 19世纪史学家斯塔布（W. Stubbs）将《大宪章》视为"英国史上最伟大的一个奠基性（formative）文件"，他认为，那些王的反对者——贵族做出的主要贡献，就是"对国王暴政加以限制并把自身力量置于自由保护之下"，"贵族们维护和确保全体人民的权利，他们反对他们自己，也反对他们的领主"，他们的要求"没有任何为他们自己争取特权的倾向"（同上）。

斯塔布并不孤独，他的观点被19世纪以来的学者普遍接受。这些观点的渊源可以追溯到17世纪《权利请愿书》的起草人柯克爵士，霍兹沃斯（William Holdsworth）如此评价柯克的影响：

> 莎士比亚对于英国文学、培根对于英国哲学、钦定本圣经的译者对英国宗教有什么样的贡献，柯克对于英国公法和私法就有什么样的贡献。在政治哲学推理趋于支持一个高于法律的享有主权的个人或团体的年代，柯克保留了法律至上的中世纪观念。②

柯克也被视为"英国思想从中世纪到现代转变过程中的重要人物"（同上）。作为君权神授论的激烈反对者，柯克认为《大宪章》在中世纪政治生活中的重要作用就在于它"对基本法和臣民自由的确认"，③据他统计：中世纪曾经有32次确认《大宪章》，④强调《大宪章》保护了英国人的自由，将国王置于法律之下。

20世纪初，斯塔布等人的观点遭到了激烈攻击，小杜泰利（Petti-Dutaillis）质疑将13世纪的贵族们视为"英国自由的奠基

---

① 霍尔特：《大宪章》，前揭，页245。
② 裴亚琴，《17—19世纪英国辉格主义与宪政传统》，前揭，页51。
③ 霍尔特，《大宪章》，前揭，页4。
④ 麦克奇尼，《大宪章的历史导读》，前揭，页28。

者"的做法,认为《大宪章》不过体现了导致贵族们"造反的眼前现实利益",标志着"教会和贵族对日益增长的王权的反应"以及"对于封建法的恢复",而甄克斯(Edward Jenks)则干脆认为"《大宪章》不过是英国宪政发展过程中的绊脚石",它只不过是"那个珍视贵族们在自己的领土上就是王的日子"①的历史阶段的产物。换言之,与柯克及斯塔布针锋相对的学者认为,《大宪章》不过是贵族特权的维护,而特权本身就是当时社会自然秩序的组成部分。

毫无疑问,集中体现柯克思想的《权利请愿书》,大量援引历史文献以加强其历史延续性、合法性与权威性,如援引 1297 年确认的《无同意课税法》,重申了 1297 年爱德华一世临朝时制定的条例:明定凡贡税或补助金,如未经本王国大主教、主教、伯爵、男爵、骑士、市民及平民中其他自由人之惠然同意,则国王或其嗣君不得征课。又援引国王爱德华三世临朝之第二十五年(1352 年)的议会制法:不得违反大宪章之精神与国法,对任何人臆断处死或伤残其肢体;根据该大宪章及本王国其他法律条例等,任何人除依本王国习惯或议会法案所确定之法律,不应判处死刑;又无论何种犯罪,均不得免受通行程序之审讯,亦不得豁免本王国法律及条款所加之刑法……。②援引文件中最重要的是《大宪章》第 39 条:

> 又据名为《英格兰各项自由之大宪章》之条例规定:凡自由人除经其同侪之合法裁判,或依国法外,皆不得加以拘捕、监禁,或剥夺其管业权、各项自由及自由习惯,或置诸法外,或加以放逐,亦不得以任何方式加以毁伤。

原文如下:

---

① 霍尔特,《大宪章》,前揭,页 245。
② 蒋相泽编,《世界通史资料选辑》,前揭,页 4 – 5。

And where also by the Statute called *The Great Charter of the Liberties of England*, it is declared and enacted, That no Freeman may be taken or imprisoned, or be disseised of his Freehold or Liberties, or his Free Customs, or be outlawed or exiled, or in any manner destroyed, but by the lawful Judgment of his Peers, or by the Law of the Land. ①

这段文字是起草人柯克爵士对于《大宪章》第39条的翻译,但是,如果对照《大宪章》原文,可以发现英译文对于原拉丁文的一些关键概念进行了有趣的改写:

Nullus liber homo (Freeman) capiatur vel imprisonetur aut disseisiatur (be disseised of his Freehold or Liberties, or his Free Customs) aut utlagetur aut exuletur aut aliquod modo destruatur, nec super eum ibimus nec super eum mittemus nisi per legale iudicium parium suorum (by the lawful Judgment of his Peers) vel per legem terre. ②

就文本内容而言,几个语句: liber homo/Freeman, disseisiatur/be disseised of his Freehold or Liberties, or his Free Customs, per legale iudicium parium suorum/by the lawful Judgment of his Peers, 拉丁文和英文的差异看似细微,却传达了截然不同的涵义和特定语境下的历史信息。

《权利请愿书》将 disseisiatur 译作 be disseised of his Freehold or

---

① The Petition of Right, 1628, http://www.nationalarchives.gov.uk/pathways/citizenship/rise_parliament/transcripts/petition_right.htm, 2017-4-29。

② 拉丁文引自陈国华中拉对照本《大宪章》,北京:商务印书馆,2016,页109。

Liberties, or his Free Customs，即"剥夺其管业权、各项自由及自由习惯"。①相较于仅有一个词的拉丁文，《权利请愿书》的英译略显冗长，与其称之为翻译，不如说是对该词的解释，赋予了这个词以非常丰富的含义。细察 disseisiatur，它是 disseisio 的虚拟式被动态第三人称单数。根据《威廉·威特肯字典》（*William Whitaker's Words*）对该词的英文释义，disseisiatur 是一个非常罕见的中世纪拉丁语，其含义仅仅是剥夺占有权而已。②根据更具权威的《中世纪及近代早期拉丁文字典》（*Glossarium Mediae et Infimae Latinitatis*），disseisiatur 释义为 Possessione exuere，③也主要是强调对占有权的剥夺。就《大宪章》整体文本的语境来看，从第 2 条到第 11 条、第 18 条、第 25 条到 27 条、第 37 条、第 39 条、第 43 条等，都在强调和规定贵族、妇女、孩童的土地、财产和继承权，因此在《大宪章》中，disseisiatur 这个词仅强调对于财产、土地的剥夺。综上考虑，该词更多地与私有产权联系在一起。

如果进一步从 disseisio 的词源考究，就会得到惊人的发现。《中世纪及近代早期拉丁文字典》解释其词源是 saisire，并对该词给出了三条释义：首先，这是一个可能源于法语（vox mera puta Gallica）的拉丁语；其次，saisire 释义为 Mittere aliquem in possessionem, investire（to send something into possession），强调的仍然是所有权；第三条，也是该字典提供的最为关键的释义，ad manum Regis ponere，直译为"置于王的手中"。如果联系中世纪的封建制度，就会发现，这

---

① 《权利请愿书》中译参考蒋相泽编，《世界通史资料选辑》，前揭，页 4-6。

② http://archives.nd.edu/cgi-bin/wordz.pl?keyword=disseisiatur, 2017-4-29.

③ http://ducange.enc.sorbonne.fr/Desseisiare, 2017-4-29. 该字典为拉丁语词汇提供法语和拉丁语两种释义，并提供词汇的词源。

个词可能与贵族向国王的委身密切相关:"委身之人须将双手置于另一人手中——他将成为这个人的封臣。"①由此推断,disseisiatur 可能不仅仅指对土地、财产占有权的剥夺,这个词实际上指的也是对贵族的委身的剥夺。随着封建制度的发展,贵族身份、封臣身份和恩地授予是三位一体的。于是,剥夺恩地(beneficium 或 feudum)就等于剥夺封臣身份,也就意味着对贵族身份的剥夺(同上,页70-77)。从这个角度看,disseisiatur 其实是一个与贵族密切相关的概念,不仅仅指对财产土地的剥夺,更有可能指对贵族身份的剥夺。

进一步对比《权利请愿书》和《大宪章》,《权利请愿书》不仅仅强调对管业权—所有权的剥夺,还加入了对 Liberties〔自由〕和 Free Customs〔自由习惯〕的剥夺,这就完全超出了该词原有的贵族意味。在原文中,通过 vel 和 aut(vel 和 aut 的含义都是 or)两个词的连接,形成了六个单独动词的连续排列:capiatur、imprisonetur、disseisiatur、utlagetur、exuletur、destruatur。由于原文并没有为该词 disseisiatur 做出进一步的解释和界定,便需要从特定的历史语境中去理解,同时,对于处于不同时代的人而言,这便会造成词义和文本的模糊与含混,这种语句的不严密也会在文本的解释中造成障碍,但同时也为文本内涵的扩展提供了空间。

回到柯克的释义,尤其是对 Liberties 和 Free Customs 的强调,我们注意到柯克弱化了 disseisiatur 中土地的概念,而转向了一种抽象的概念——自由和自由习惯。当然这体现了柯克对自由——尤其是个人自由的重视,这针对的可能是斯图亚特王朝的垄断权,②但是,其中其实包含了与社会流动和土地观念的变化密切相关的社会史信息。

---

① 冈绍夫,《何为封建主义》,张绪山、卢兆瑜译,北京:商务印书馆,2016,页39。

② 霍尔特,《大宪章》,前揭,页11。

从 13 世纪到 17 世纪，在等级分明、阶层固化的英国社会中，虽然存在明显的社会流动，但是，贵族与非贵族、绅士与非绅士之间仍然存在巨大鸿沟，贵族大家庭在整体上仍然有相当程度的稳定性。国家权力的增长、国王权威的下降以及乡绅在财富和影响力方面的相对上升，都没有对基本的社会分层体系产生多大的破坏性影响，①新兴的中产阶级都需经由成为乡绅，再逐渐成为贵族。但是，新的经济生产形势使大批非绅士跻身于绅士阶层，通过占有财富获得新的社会地位，并最终通过购买地产巩固自己的新贵地位，旧式贵族则往往因经营土地不利失去其贵族身份。②到 17 世纪，虽然土地仍然是决定一个人身份的重要因素，但是土地的大规模流通和转让使其不再与血缘联系在一起，而成了可以随意转让的财产，市民甚至也可以拥有封土，并跻身更高的社会等级。③

相反，在封建时代的贵族社会中，土地源自国王的封授。因此，在理论上，转让和买卖都是被禁止的，尽管这个禁令随着贵族与国王的斗争而被弱化了。由于土地的高度流动性，土地变成了一种财产，因此对土地的剥夺便自然与私有产权产生了更为紧密的联系，这种价值观念，在《权利请愿书》中，被表达为 Liberties 和 Free Customs［自由以及自由习惯］。

事实上，到 17 世纪，在脱离了 13 世纪封建制度下的贵族语境后（尤其是那种扎根于土地的静态的贵族价值以及个人、贵族身份与土地、血缘紧密结合的时代），四个世纪历史、语言、文化上的变

---

① 姜德福，《近代早期英国社会的等级性质》，《安徽史学》，2004 年第 3 期，页 70。

② 许洁明，《十七世纪的英国社会》，中国社会科学出版社，2003，页 39。

③ 冈绍夫，《何为封建主义》，前揭，页 210。

迁便自然地造成对历史事物的理解错位，而17世纪的柯克爵士，便根据"他的当代法"重新解释了或者说"曲解"了《大宪章》，①也赋予 disseisiatur 一词以现代意义。他淡化了土地权利与贵族身份的联系，而将对土地的重视仅仅视为对个人私有产权的保护，这种变化体现了17世纪中产阶级的价值观念，这种价值观念与接下来要讨论的 liber homo ［自由人］密切相关。

二 Liber homo 与 Parium suorum

Liber homo ［自由人］是《大宪章》中最核心的概念，对于《权利请愿书》而言也是如此。然而，《大宪章》中的自由人究竟是谁？

《大宪章》并未对 liber homo ［自由人］的所指做明确界定。从13世纪广泛存在的封建关系考虑以及上文对 disseisiatur ［被剥夺］的分析来看，这些 liber homo ［自由人］应该特指那些拥有土地并具有人身自主权者，《大宪章》中应专指贵族。《大宪章》开篇题词说，这份文件的对象是"大主教、主教、修道院住持、伯爵、男爵、法官、林官、郡长、总管、家臣以及所有乡长和忠实臣民"（《大宪章》，陈国华译，前揭，页23）。在这极长的人物列举中，贵族、官员占了绝大多数，暗示了自由人与贵族官员的关系。在《大宪章》第一条中，自由人的表述为 omnibus liberis hominibus ［所有的自由人］，陈国华在中拉对照本《大宪章》中将其译为"我国所有自由人"，并提供了一条注释：当时英国全国人口中自由人仅占10%左右。②中山大学蔺志强考辨了《大宪章》使用 liber ［自由的］ 和 lib-

---

① 霍尔特，《大宪章》，前揭，页5。
② 《大宪章》，陈国华译，前揭，页27注释。

ertas［自由］的场合，并结合中世纪的历史语境对这些概念进行了细致分析，指出：

> 综合来看，自由人虽在个别条款中可以有较宽泛的指称对象，但主要应当是指在封君封臣制度下的各级贵族。①

对于 libertas［自由，liber 的名词形式］的翻译，同时代对译该词的法文词汇 franchise 后来也保留在英文当中。但无论法文还是英文，在中文世界它的译名都从来不是"自由"（freedom），而是"特权"（同上，页 183）。此外，12 世纪为封建制度提供法理依据的重要法典，伦巴第的 Liber Feodum，中译通常为《封土之律》，但是该词其实直译为自由封土，显然 liber 在这里也是与土地联系在一起的。事实上，在 13 世纪，liber homo 虽然

> 很偶然地带有了一个更为松散和宽泛的含义，但任何模糊空间的存在都被"自由"（free）这个限定性词语的使用阻却了。②

麦克奇尼认为，自由民指的其实是"自由地产保有人"（freeholder），在 13 世纪，是那些拥有土地特权的封建贵族，而不是柯克的译文 Freeman 所涵盖的现代意义上的、强调个人自由的自由人。③如霍尔特所言：

> 《大宪章》中的特权主要是根据贵族的利益而设计，可以最

---

① 蔺志强，《"自由"还是"特权"：〈大宪章〉"Libertas"考辨》，《历史研究》，2016 年第 3 期，页 180。
② 麦克奇尼，《大宪章的历史导读》，前揭，页 115。
③ 霍尔特，《大宪章》，前揭，页 11。

大程度地适用于"自由人"——构成了13世纪英格兰人口一小部分的阶层。(同上,页4)

实际上,如果从 libertas(英文对应 liberty)的特权含义出发,那么 disseisiatur 被理解为"对 liberty 的剥夺"也是合理的,因为在这里,liberty 指的更应该是贵族的土地特权,而不是一种抽象的理念——freedom。柯克将 liber homo 这个词译为 Freeman,弱化了 libertas 这个词在土地、特权方面的含义,强化了一种普遍的自由人的含义。

这是柯克有意为之,还是他的无心之举?柯克没有明言。然而,如果我们考察《权利请愿书》援引古代法令的顺序,或许能管窥一二。毋庸置疑,《权利请愿书》的精神根基于《大宪章》,如对大宪章的直接援引,1352年对此精神的再确认:"议会又制法明定,不得违反大宪章之精神。"①其次,就《权利请愿书》援引的一系列法令而言,《大宪章》的时间也是最早的。因此,无论从《大宪章》的重要性而言,还是从《大宪章》出台的时间而言,对《大宪章》的援引当之无愧应置于《权利请愿书》全文之首。但是,事实上,置于《权利请愿书》之首的并不是《大宪章》,而是1297年颁布的《无同意课税法》。这并不是随意为之,其顺序的安排体现了精心的设计与布局。

对比《无同意课税法》与《大宪章》中的自由人,《无同意课税法》中除了《大宪章》中的那些贵族、官员以外,还增加了Burgesses[市民]②这一未在《大宪章》中出现的角色。这个自由人的新定义又借由 per legale iudicium parium suorum(by the lawful Judg-

---

① 蒋相泽编,《世界通史资料选辑》,前揭,页5。
② The Petition of Right, 1628, http://www.nationalarchives.gov.uk/pathways/citizenship/rise_parliament/transcripts/petition_right.htm, 2017-4-29.

ment of his Peers，"凡自由人除经其同侪之合法裁判，或依国法")①获得了强化。

霍尔特认为，并没有"准确的相适应标准"来确认贵族的同侪："《大宪章》并没有太多准确的界定。"②这个说法并不准确，因为《大宪章》用它的语言告诉了我们谁是贵族的同侪。《大宪章》原文称 per legale iudicium parium suorum，其中 parium suorum［其同侪］极其关键。parium suorum 本义是"与其自身（his own）对等"，即指"与自由人其自身的对等人士"，而"自身"意味同等等级，即同等等级内成员的互相裁决，因此，贵族的同侪只能是贵族——其自身的同等等级，只有贵族能裁决贵族。③此外，《大宪章》没有使用表示 his 的 eius，却使用强调 his own 的 suorum，强化的正是"同等等级"的概念，这也与 parium（Peers，同侪）相呼应。

然而在《权利请愿书》中，suorum 被简单地翻译为 his，其实是淡化了 parium suorum［与其自身对等］所表达的等级含义，parium suorum 也被单纯地理解为 Freeman's Peers。由于不再强调自由人其自身的同侪（Freeman's Peers of his own），其结果便是：Freeman's Peers，或者说，自由人的同侪，只能是自由人。由于自由人的概念已被重新定义，既然贵族是自由人，而市民也是自由人，于是贵族与市民便成了 Peers（同侪）。结果，柯克将"大宪章提升为一个全民而不只是部分特权阶层的保护神"。④

但是，柯克对 liber homo 的界定也不是无根之木，1331 至 1369 年，爱德华三世先后通过 6 部制定法，对《大宪章》的相关部分进

---

① 蒋相泽编，《世界通史资料选辑》，前揭，页 5。
② 霍尔特，《大宪章》，前揭，页 6－7。
③ 在实践中，高等级人常常可以干涉低等级人的案子，参考《大宪章》，陈国华译，前揭，页 45 注释。
④ 麦克奇尼，《大宪章的历史导读》，前揭，页 28。

行澄清和明确化,其中 1354 年的第三法,便将《大宪章》中的 liber homo 调整为"任何人,无论其等级与地位"(同上,页 28)。因此,在柯克之前,确实存在一个词汇内涵固定和扩大的过程。

《权利请愿书》中"市民"的出现与前文所述社会流动密切相关。在新兴中产阶级崛起并向上流动的背景下,17 世纪虽然仍是一个等级分明的社会,但是自由民的范围比 13 世纪大大扩展,同时,新兴中产阶级通过财富和购买土地上升为新贵,成为绅士,甚至获得贵族特权。在这批中产阶级"新贵"的影响下,他们重视抽象的 Freedom[自由],而不是 Freehold[自由土地保有],而这种 Freedom 的本质,正是柯克所认为的 individual liberty[自由个人]。① 作为中产阶级最注重的政治权利之一,这种自由强调保护生产和生活安全的权利,尤其强调经济自由,并且很早就已出现在英国乡间的某些村民团体中:"维护自身利益和经济自由是人类社会的自然法则。"② 在此基础上形成了中产阶级的"市民认同",这种认同"既是一种态度,也是一种行为模式,兼具个人性、地区或集团性、整体性三种特质,它关注整体的福祉或较大的利益",③ 因此,这种认同下的"社会关系是相对平等主义的关系"。④

作为出身于中产阶级的知识分子和政治家,柯克爵士以对自由的敏感赋予了 liber homo 新的含义,使 liber homo 由一种中世纪的贵族自由人转变为源自中产阶级价值观的理念上的 Freeman,并且经由

---

① 麦克奇尼,《大宪章的历史导读》,前揭,页 28。
② 巴林顿·摩尔,《专制与民主的社会起源》,王茁、顾洁译,上海:上海译文出版社,2012,页 5。
③ 舒小昀,《分化与整合:1688—1789 年间的英国社会结构》,南京:南京大学出版社,2003,页 171–172。
④ 斯梅尔,《中产阶级文化的起源》,陈勇译,上海:上海人民出版社,2006,页 32。

《权利请愿书》的独特布局，使《大宪章》中模糊的、隐含贵族群体的概念被舍弃。在这精妙的改写中，liberty 转变为 freedom，具体的土地、特权自由转变为抽象的、理念上的自由。这种对 liber homo 的再定义，为重新解释《大宪章》、巩固新兴中产阶级的政治权利并最终限制查理一世的权力提供了合法性。

结　语

综上所述，从语文学的角度而言，《大宪章》维护的只是贵族的特权以及由此出发对于日益增长的王权的限定，这与《大宪章》封建贵族时代的背景相契合，甚至可以说，《大宪章》本身就是贵族与国王政治斗争的产物，这表明《大宪章》与《权利请愿书》宣扬的宪政精神有一定的距离。相比于13世纪的贵族们为了维护自身特权迫使约翰签署《大宪章》，17世纪的议员们似乎显得更高尚些。但无论是《大宪章》还是《权利请愿书》，将国王限制在成文法之下是两场政治斗争的共性，也是其历史遗产。

实际上，自《大宪章》签订之日至都铎时代前夜，《大宪章》被反复确认，甚至在议会开会时公开宣读，但它在政治上发挥的作用依然有限。直到都铎王朝时期，清教徒最先援引《大宪章》作为基本法律依据以应对国王对自己的迫害，他们是《大宪章》复兴的先驱。①

真正使《大宪章》回到政治舞台和思想视野的则是柯克，深受人文主义以及好古风尚（antiquarianism）影响的柯克，②与坚持引进罗马法的培根势不两立。柯克强调英国普通法的古老传统和至高权

---

① Ralph Turner，《大宪章》（*Magna Carta*），前揭，页143。
② Ralph Turner，《大宪章》（*Magna Carta*），前揭，页145。

威,认为"英国自古以来就存在宪法,古代宪法的表现形式就是普通法",①甚至认为《大宪章》就是"对原本就存在的古代法的确认"(同上,页64)。由此可见,柯克诉诸古代的宪法"神话"以赋予《大宪章》普通法的意义,又诉诸《大宪章》为《权利请愿书》提供合法的依据和历史支撑。

虽然具有强烈历史意识的柯克,极其强调历史、传统并诉诸历史、传统,但是,他并不是历史学家,而是一位关心现实实用性的法学家,他无心追求历史的真相,他从历史中为自己寻求现实依据,因为,正是"历史的时效性赋予它们以绝对不可侵犯的地位和权威"(同上,页75)。与其说《权利请愿书》援引了《大宪章》的某些条款,不如说是援引了大宪章的精神,在古老的文献中注入新的时代因素,创造性地征用传统资源——即对《大宪章》第39条做了全面的改写,重新界定了《大宪章》中的"自由人"和"自由"的概念,将自由(libertas)从13世纪狭义的"贵族特权"扩展为17世纪"全体自由人的权利",扩大了作为权利主体的自由人的内涵和外延。

---

① 裴亚琴,《17—19世纪英国辉格主义与宪政传统》,前揭,页55。

重思"浪漫的律令"
——针对后现代主义之"文学的绝对"而作

黄 江撰

引 言

在关键性的断片 115 号中,弗里德里希·施莱格尔(Friedrich Schlegel)发出了他著名的"浪漫的律令":

> 现代诗的全部历史,便是对简短的哲学文本所作的无休止的评注:一切艺术都应成为科学,一切科学都应成为艺术;诗和哲学应该合而为一。①

这一断片写于 18 世纪末的革命热潮之中,其政治形式表现为法国大革命,哲学形式则是康德的哥白尼革命,而施莱格尔试图推动并统一人类这两个迥异的探索领域的努力也同样是革命性的。自从

---

① 拉巴尔特、南希,《文学的绝对》,张小鲁、李伯杰、李双志译,南京:译林出版社,2012,页58。

施莱格尔呼吁统一诗歌和哲学并重新思考艺术与科学的关系以来，已经两百多年，思想家们仍在努力试图理解这一呼吁的后果。施莱格尔参与并主导的这场名为早期德国浪漫派（Frühromantik，它从1794年至1801年在柏林和耶拿之间达到顶峰）的运动十分难以被准确归类，部分原因是它在最初就遭到了误解，①而更糟糕的情况则是因其被研究者所普遍忽视，尤其是在中文世界中，学者们大抵以口惠而实不至的态度给予其一带而过的"强调"。

在中文世界中，对早期德国浪漫派的哲学维度的忽视主要是由于四个原因。首先是语言障碍：该运动的主要人物的许多主要作品，例如诺瓦利斯、荷尔德林、弗里德里希·施莱格尔和施莱尔马赫直到晚近才被零星翻译成中文和英文。另一方面，直到20世纪60年代，他们作品可堪学术使用的德语评注版才相继问世，这就更加阻碍了该领域先前的学术研究，导致德语系的研究者基于语言优势纷纷集中于浪漫派的德国语文学研究。

其次，当前哲学界的主流，英美分析哲学对传统德国唯心主义有着一种普遍而言相对贬低的态度，早期德国浪漫派更通常只被视为其更不重要的附属物。在罗素和摩尔之后，分析哲学家试图将非分析性的思想贬斥为"欧陆哲学"，使"英美分析哲学"摆脱诸如康德的物自体（ding an–sich）和黑格尔的精神（Geist）等概念，与之密切相关的德国浪漫派就更是顺带被驱逐出严肃哲学的场域。

在前面两个原因的基础上，这一领域由于各种误解和偏见，一直以来都是文艺学者们的专属。他们往往曲解甚至忽略掉其中晦暗不明的哲学要素，而致力于在文学层面单独探讨德国浪漫派如何之

---

① 早先海涅与斯塔尔夫人针锋相对的浪漫派文论都无一不是将其作为某种特定的文学运动来看待，这直接导致了其后一系列的研究（例如勃兰兑斯）大抵单方面地强调德国浪漫主义之为一种文艺学思潮。

为一场文艺学运动，其中又尤以保罗·德曼为代表的后现代式文艺学解读为甚。

最后是潜在的政治原因：从二战以来，德国浪漫主义被自由主义者和马克思主义者同样污名为法西斯主义意识形态，尤其是因为许多纳粹党徒的确将其信奉为党政意识形态，更加剧了人们的偏见，晚近萨弗兰斯基颇具影响力的《荣耀与丑闻》依旧在重复这一态度。这些原因综合导致的一个令人尴尬的结果就是，实际上整个中文世界目前而言的德国浪漫派研究，几乎都缺乏深入性。

然而，从康德到黑格尔的思想时期通常被比作雅典的黄金时代，其在思想史上的经典地位使其并不会因为这一系列偏见而遭受长久地忽视。随着晚近以来德国唯心主义哲学研究的再度复兴，这个令人振奋的时期当中最复杂暧昧的人群，早期德国浪漫派，也同样引起了人们的极大兴趣，人们开始从各种不同的角度去深入审视这一"从康德到黑格尔之间"的经典哲学命题中的德国浪漫派们。新近的研究揭示了施莱格尔所宣告的"浪漫的律令"，即哲学与诗歌的关系、艺术与科学的关系，以及哲学自身的本质。

人们愈发明确地意识到，德国浪漫派的许多目标和问题在如今依然至关重要。像同时期的许多哲学家那样，青年浪漫派受到康德的巨大影响，试图进一步探寻一种既重视批判又避免极端怀疑主义的认识论，他们反对基础主义却不屈从于相对主义。他们在哲学中的目的也与之相关：早期浪漫派所探寻的自然主义并非一种还原论唯物主义，遑论那种遭受普遍误解的尚古主义，而是一条在身心二元论与机械唯物论两极之间的中道。他们政治哲学的首要问题依然是如今的核心议题：调和社群需求与个体自由何以可能。他们在美学上的目标依然是如今的当务之急：如何避免专制的古典主义与无序的主观主义两种极端。早期浪漫派并非一般文艺学者们以为的那种反古典主义式的主观主义或反理性主义式的感性主义（这正是将浪漫派试图超越的费希特主义和狂飙突进误置于他们身上的结果）。至今在很大程度上，我们都依然是浪漫派遗产的继承者。

这些已经足以构成深入研究早期德国浪漫派哲学的充分理由，但当务之急却是，看到浪漫派研究在当代的复兴最主要来自人们对早期浪漫派与后现代主义之间的密切联系与日俱增的意识。对于很多人来说，早期浪漫派是未具名的（avant la lettre）后现代主义者。如同后现代主义者，他们怀疑基础主义的可能性、评判的普适标准，以及形而上学意义上的完备体系和自明主体。在福柯宣告主体与作者消亡，再次叩问什么是启蒙的之前诸世纪里，浪漫派就早已是性自由的信徒、性别定型论的批判者，以及个人自由的坚定捍卫者和实践者。

同时，浪漫派也是诠释学发展中的先锋派（施莱尔马赫无疑是近代诠释学的创始人）和历史主义文学批评的创立者。人们开始逐渐意识到反基础主义、历史主义和诠释学的源头并不在20世纪的结构主义、存在主义和分析哲学那里，而是在18世纪末早期浪漫派那一代人所谓的反启蒙当中。在后现代思潮的影响下，如今在学术界占据统治地位的对于早期浪漫派的文学理解路径将其看作是一场本质上的文艺美学运动，试图借此以一种文体学的方式提出一种反绝对主义的"文学的绝对"。①

实际上，浪漫派文学是一场更为广泛的智识文化运动的一部分，并且它只有根据浪漫派哲学，尤其是它的政治哲学，才能得到理解。如果说浪漫派像席勒一样赋予美学首要性的地位，使其看似凌驾于哲学作为通往真理的向导，那也全然只是出于政治哲学的原因。当然必须要指出审美现代性的达成是一件不争的事实，但这一事实同

---

① 这一思路淋漓尽致地展现在《文学的绝对》的前言与绪言之中，参见《文学的绝对》，前揭，页1–15。

样基于人们选择性地漠视了康德第三批判以降经由浪漫派至于波德莱尔之后的政治哲学维度;有趣的是,这种选择性的漠视本身就是一种审美现代性的表现,也即美学或文学自我确定性的宣告(文学的绝对)。故而,这一自我指涉式的在后现代主义中愈演愈烈的审美现代性宣告从一开始就是"瘸腿的雅各"。

因而这篇文章主要针对的是关于早期浪漫派的后现代解释,尤其是保罗·德曼和拉巴尔特与南希的作品(但我不会过多地纠缠于他们的后现代式细节论述),我相信他们对于早期浪漫派的解释是片面且时代错误的。它们在本质上将那一时期理解为一种对于后现代主义的展望,并将当代的问题强加在它身上。实际上,理解早期浪漫派的一个关键性问题就是它与启蒙运动复杂且暧昧的关系,虽然这看起来只是个纯粹的历史学问题,但它在确定早期浪漫派的特性上却至关重要。后现代主义解释背后所潜在的问题恰恰在于,它有时候不经意地重现了将早期浪漫派作为针对启蒙理性的反动这一历久弥新的旧式解读。[1]

然而实际上,早期浪漫派在某些方面延续甚至推进了启蒙运动的遗产。他们始终相信自律和系统性的必要与价值,他们依然相信教化(Bildung)的可取性,进步的可能性,人类的完满性,乃至上帝之国在世俗中的创立。他们并没有天真到去相信我们可以实际上臻至这些理想,他们只是坚信我们能够通过不懈的努力去趋近它们。浪漫派最为人称道的反讽和断片便肇始于通过不懈地争取一种结合

---

[1] 参见诸如 *Representation and Its Discontents*: *The Critical Legacy of German Romanticism*, Seyhan, University of California Press, 1992; *Blindness and Insight*: *Essays in the Rhetoric of Contemporary Criticism*, Paul de Man, University of Minnesota Press, 1983, *The Rhetoric of Romanticism*, Columbia University Press, 1984; *Delayed Endings*: *Nonclosure in Novalis and Hölderlin*, Alice Kuzniar, University of Georgia Press, 1987。

了不可企及的自我批判意识的体系,从而试图跨越这一悖论。后现代主义学者们往往只将其当作浪漫派的文学风格,从中得出大量概括性的结论,但他们往往低估了浪漫派为之永恒奋斗的渴望。①

厘定早期浪漫派的政治哲学语境

在引论的基础上,我接下来要首先厘定早期浪漫派历来受到误解的政治语境,借此我初步提出三个递进的视点,然后再从浪漫派的启蒙问题开始回溯他们在现代性中的定位。

首先,早期浪漫派的核心理想主要是伦理性和政治性的,而非文学性或文艺批评式的。浪漫派对美学的热忱在根本上是由他们的伦理和政治理想所引导的,在这个意义上,浪漫派的伦理学和政治学优先于文学和文艺批评,这些政治哲学的理想是他们的文学和文艺批评工作的最终目的。我们必须放弃一个关于浪漫主义的最普遍的神话学叙事,即它在本质上是非政治的,是一次逃离社会与政治现实而躲入文学想象世界的尝试。在我看来,与其说早期浪漫派为了文学和文艺批评而逃避道德和政治问题,毋宁说他们将自己的文学和文艺批评从属于他们的伦理和政治理想。

其次,早期浪漫派根本的伦理理想是教化、自我实现、所有人的发展以及个体力量合而为一。他们基本的政治理想是社群主义,在国家中追求善好的生活。这些理想的共同点是它们对统一性的渴望:试图联合所有个体的力量,并使之与他者和自然相协调。浪漫

---

① 浪漫派的规划缺少一个终点并不意味着他们缺乏一个目的。整体和系统性依然是一个范导性的理想,一个即便不能达到也应力图趋近的理想。早期浪漫派如何将系统性采纳为一个范导性理想可以参见弗兰克精彩的 *Unendliche Annäherung*, Frankfurt, 1997。

派的奋斗目标因此在本质上是整体论的：通过论证在古代曾被赋予的自我、他者及自然的统一，而再次在更高的层面于此世创造出它。

最后，早期浪漫派的统一理想是在面对现代公民社会的分裂倾向时重申整体性的一次尝试。虽然这些理想在某些关键方面反对现代性，但在其核心方面却试图维护现代性的一些基本价值：自由、理性和进步。因此将早期浪漫派描述为对启蒙的完全认同或者拒绝都是不正确的，毋宁说早期浪漫派的反应是复杂且暧昧的18世纪末的德国改良主义。

历来人们往往将18世纪末德国浪漫主义看作对启蒙运动的激烈反叛，葬送了后者的思想和政治遗产。①一般认为，浪漫主义是针对启蒙运动的反动，是它自觉的反对派和对立面，因此浪漫主义在19世纪早期的优势意味着启蒙运动的终结。②这一粗暴的理解不独为某一特定流派所有，在19世纪上半叶，德国的自由主义者和左翼黑格尔主义者谴责了浪漫主义，视其为一场针对启蒙运动的反动。而吊诡的是，从19世纪末开始，并接着在20世纪初达到了高潮的是，德国民族主义者和保守派接纳了浪漫主义，因为他们也相信它反对了启蒙运动；在他们看来，既然启蒙是一种从法国输入的外来意识形态并且敌视德国精神，这样的反对便是一种美德而非罪恶。

二战后同样的顽固态度又重现了，如今则是通过反法西斯主义

---

① 这种认知确立于19世纪主流的文学史解释，参见例如 *Geschichte der poetischen Nationalliteratur der Deutschen*, Gervinus, Leipzig, 1844, 卷5, S589-599; *Geschichte der deutschen Literatur im Achtzehnjahrhundert*, 第8版, Hettner, Berlin, 1979, 卷2, S641-642; *Aus der Geschichte des neunzehnten Jahrhunderts seit den Wiener Vorträgen*, Gervinus, Leipzig, 1855, 卷1, S346-349。

② 虽然哈贝马斯的名篇《现代性：一个未完成的方案》和福柯著名的《什么是启蒙》都在试图重新厘定和评估启蒙的现代性遗产，但大的思考范式依然没有得到整体的逆转，启蒙本身依然被视作一个与接续其后的浪漫主义相断裂的18世纪历史事件。

而振兴。既然浪漫主义被看作法西斯意识形态这一反启蒙的化身,自由主义者和马克思主义者便联合起来攻击它。①而晚近以来,后现代主义又基于自身反理性主义的特定立场,再次引早期浪漫派为同道。如此城头变幻大王旗,唯一锚定的就是将浪漫派理解为反启蒙。

在这一悖论的局面中,我们有必要拨开迷雾,进一步看到启蒙运动始终的两个根本规划:发展独立思考的自决权力,即独立于外部权威而发展个人的理性力量与人格个性;强调教育和启蒙的价值,致力于克服偏见、迷信和无知。在浪漫派兴起的年代,启蒙已经开始出现严重的自我危机,彻底批判开始危及教化理想。当启蒙理性对它起先所怀揣的教化全人类的普遍信念投诸怀疑时,当理性自身的确定性根据也在康德的批判哲学中摇摇欲坠时,又怎么可能教会公众关于道德、政治和美学的原则呢?与那种狭隘的浪漫主义理解相反,青年浪漫派非但没有抵制这一彻底批判的原则,还热情地认同了它。诺瓦利斯、荷尔德林、施莱格尔和施莱尔马赫都高度评价了批判的力量,他们认为这对于一切哲学、艺术和科学都是不可或缺的。②对宗教、道德和社会习俗的彻底批判是《雅典娜神殿》的一个指导性主题。"一个人无法至察。"弗·施莱格尔写道,总结了团体的普遍反讽态度(《雅典娜神殿断片集》281 号)。值得注意的是,浪漫派对于反讽的喜爱是他们献身于彻底批判的另一种表现,因为

---

① 自由主义者的反应,参见例如《浪漫主义的根源》,伯林著,吕梁译,南京:译林出版社,2019;Lovejoy, "The Meaning of Romanticism for the Historian of Ideas", *Journal of the History of Ideas* 2, 1941, pp. 270 – 278。关于马克思主义者的反应,最经典的莫过于卢卡奇, "Die Romantik als Wendung in der deutschen Literatur", in *Romantikforschung seit* 1945, ed. Klaus Peter (Meisenheim: Anton Hain, 1980), pp. 40 – 52。

② 参见例如《奥夫特尔丁根》,见《大革命与诗化小说》,诺瓦利斯著,林克等译,北京:华夏出版社,2008。《雅典娜神殿断片集》1 号,47 号,48 号,56 号,89 号,96 号,见《文学的绝对》,前揭。

反讽要求通过无情的自我批判从而超越一切个人的信念和偏见。

然而,早期浪漫派尽管信赖批判的价值,却也意识到了它的危险。青年施莱格尔认为是哲学家们开始询问理性将他们带向何处的时候了。如果理性能够批判天地间的一切,难道它不应该也自我批判吗?①在 18 世纪末,彻底批判所带来的一系列最麻烦的后果日益明显。首先,看起来似乎批判若是一以贯之,将会终于怀疑主义的深渊。所有道德、宗教、政治和常识信念都被审视过了,与其说理性批判揭示了它们潜在的基础,倒不如说它表明了它们只不过是"偏见"。哲学家诸如哈曼和舒尔茨发展出了一种新休谟式的怀疑主义,质疑了康德在《纯粹理性批判》中对于休谟怀疑主义的回答。当雅可比认为康德哲学的根本原则最终会导致虚无主义时,虚无主义的幽灵也随之出现在了欧洲的上空,这种学说认为一个人除了转瞬即逝的印象外无法知道任何事物的存在。②

由此,对早期浪漫派而言,现代性的所有形式背后终究有一个根本的抑郁(这种抑郁在《奥夫特尔丁根》中被诺瓦利斯极为敏锐地表述为"乡愁")。他们给这种抑郁起了几个名字:异化(En-

---

① 注意到这一点尤为关键,后来施莱格尔与黑格尔选择了反讽和辩证两种方式来回应理性的自我批判问题,二者的区别初看起来当然是所谓的理性扬弃上升有无最终的合题。后现代主义者们往往抓住这点大做文章,认为缺乏一个"合题"的反讽代表了一种反体系的反基础主义倾向,但他们从根本上忽视了浪漫派本身对于体系和基础的"范导性"理解,也即可以说后现代主义者们往往是在一种为他们自己所惯常批判的"建构性"理性主义角度来理解反讽问题的。

② 对此问题关键性的文献可以参见哈曼,《纪念苏格拉底》,刘新利、经敏华译,华夏出版社,2009;而同时期怀疑主义哲人对康德的反驳最经典的研究莫过于"康德的早期批判者",载亨利希,《康德与黑格尔之间》,彭文本译,台北:商周出版,2006,页 83–191;对于这种虚无主义所带来的现代性问题的进一步系统研究可以参见伯曼,《一切坚固的东西都烟消云散了》,徐大健、张辑译,北京:商务印书馆,2013。

tfremdung)、疏离（Entäusserung）、分裂（Entzweiung）、分离（Trennung），以及反思（Reflexion）。①这些我们耳熟能详的术语指涉了同一种困境，在其中自我本应与之同一的事物如今看来却与它本身相对立。在本应有统一、和谐与整体之处，有的却是分裂、不和与分离。既然启蒙是人脱离其自我导致的不成熟状态（康德语），那么这种异化的根源也就并非外在于人类的异质性力量，而是内在于人类自身，因为后启蒙人类是自律且自我负责的。

面对现代性的这些病症，浪漫派提出了他们关于整体论和统一体的理想，而每种异化或分裂的形式都有一种相应的整体论理想。内在于自我的分裂将会在"优美灵魂"的理想中被克服：一个人因为爱所带来的真善美而根据道德准则行动，他在一个美学整体中联合了他的思维与情感、理性与感性。自我与他者之间的分裂将会在社群、自由交互或有机国家的理想中被克服，在其中"每个人的自由发展是一切人的自由发展的条件"（马克思语）。最后，自我与自然之间的分裂只有在诗意生活和有机自然的理想当中才能被克服，作为有机整体的一部分，自我将会意识到它与自然之间都是密不可分的。

尽管在根本方面，早期浪漫派的教化理想当中的确包含了对现代性的反动，但由之推断出它的旨归仅此而已便大错特错了。在其他的基本方面，浪漫派的理想也是一次维护现代性的尝试。自海涅

---

① 就此而言，早期黑格尔所在的耶拿浪漫派无疑是他后来唯心论哲学的源头，但自从《精神现象学》以后，他如此急于撇清自己与浪漫派的关系，如此反复强调自己在更高的程度上辩证扬弃了浪漫派的反讽，以至于学者们往往以黑格尔对浪漫派的"超克"（也即作为弑父宣言的《精神现象学》）来作为划定浪漫派运动由盛转衰的分界线。同样有趣的是，在《精神现象学》发表的次年，施莱格尔就投入了天主教的怀抱，正中黑格尔下怀般地走向了绝对精神的"反动"。相关事件年表可参见《文学的绝对》，前揭，页26。

以降，浪漫派对于公民社会的态度时常被基于各种政治立场描绘为一种对现代社会的全盘接受或通盘拒绝，仿佛浪漫派要么是现代性一切形式的拥护者，要么就是其坚决的反对者。但这两种极端看法都过于简单了，没有把握住浪漫派更为深层的张力。实际上，青年浪漫派在某些方面欢迎公民社会，但也在其他的方面为之担忧。他们试图找到现代与古典、激进和保守之间的某条中道。他们的政治态度是18世纪末19世纪代初德国典型的稳健派中间路线，它试图根据个体自由的理想，同时也在一定程度上与国家社会的历史发展相一致，有效地进行改革。

于是在三个根本方面，浪漫派站到了现代性的一边，他们将自己视为进步的真正拥护者。第一，浪漫派对于启蒙运动的批判恰恰是因为他们将启蒙理性的判断力放在了最为重要的位置上，尤其是个体批判一切信仰的权力。第二，尽管他们担心公民社会的后果，但是浪漫派也看重它的自由，尤其是个体独立思考并发展他所有的能力以臻于完满的权力。第三，根据浪漫派的历史哲学，过去的统一与和谐——不论是在古希腊还是在中世纪——随着公民社会和启蒙运动的到来已经永远地逝去了。既然不能回头，问题就是如何在未来的一个更高水平上实现早先的和谐与统一。那些曾经被赋予古希腊人的，必须通过理性和努力在一个更高的水平上再造出来。①

故而，与对浪漫派的非政治解释相反，他们有着政治关怀上的必然性，并且实际上极为重视政治。可以说浪漫派的政治关切甚至超过先前法国启蒙哲人，是第一批重申了政治之绝对重要性的现代思想家，使政治学再次成为"第一科学"，如同亚里士多德曾经所说的那样（《尼各马可伦理学》，1094a-b）。本着亚里士多德的精神，

---

① 这一经典构想的源头来自席勒，见《美育书简》，徐恒醇译，北京：社会科学文献出版社，页47-58。

小施莱格尔写道：

> 在我看来，诗当中有这样一些理想的表现，其目的和倾向既不是审美的，也不是哲学的，而是道德的。道德的善的传达……①

政治学之于浪漫派的重要性基于他们的一个核心学说：个体是一种只能在国家当中才能自我实现的社会存在。如果自我实现便是至善，并且只有在国家当中才能够达成，那么政治学，即关于国家社会的学说，就变得至关重要了，政治学借此成了如何臻于至善的第一科学。浪漫派认同亚里士多德在《政治学》中关于国家的定义："由平等个体所组成的旨在可能的最好生活的社群。"（《政治学》，卷7，章8，1328a）因此他们拒斥了霍布斯和洛克的现代自由主义观点，根据这种观点，国家的目的只是去保护个体依靠他们自己的私人理性去追求自身幸福的权利。而借此将浪漫派的社群伦理解释为一种极权主义的雏形，这在自由主义评论家当中司空见惯。

在他们看来，似乎将公利置于私利之前，浪漫派就赋予了国家废除个人权利的理由。但这种批评是时代错误的，没有看到浪漫派的社群理想在本质上是共和主义的。②公利是由人民自己定为首要的，而人民则是国家当中的最高权力。那么，只有自我施加的律法才能够施加于他们。诚然，浪漫派有时会强调为了公益而自我牺牲的重要性。但这不源于极权主义，而是来自孟德斯鸠的共和主义传统，它强调了美德在共和国当中的重要性，即为了公益而牺牲私利

---

① 参见《论希腊诗研究》，载施莱格尔，《浪漫派风格》，李伯杰译，北京：华夏出版社，2005，页17。

② 最直接的证据可以参见青年施莱格尔1796年针对康德"论永久和平"所作的《试论共和主义概念》，载《良好的政治秩序》，吴彦译，上海：华东师范大学出版社，2016，页48–70。

的意愿。

到目前为止,我们看到了浪漫派的社会和政治理想背后本质上的整体论维度。但这并不意味着浪漫派如人们所惯常认为的那样忽视个体的权利诉求,他们同样认为在社群内部维护个体权利也至关重要。这不仅从他们的个人主义伦理学中显而易见,也体现在他们对法国大革命的一些基本理想的坚持,比如人权和自由。由于试图通过有机国家学说来整合个人权利与国家利益,早期浪漫派的政治理想更多地体现为一种混合政体,一个君主制、贵族制和民主制的综合。①他们的有机国家意味着一个高度分化的结构,伴随着多个权力的来源,以便权力总是在多个团体中被共享,而不是被一个精英所独占。这种社团主义或多元主义背后的一个要点是限制中央集权,并借此防范极权主义的危险。浪漫派不仅在旧的专制主义中看到了这种危险,也在新的革命政权中看到了,如托克维尔所预见的那样,大革命(la Révolution)在极权方面毫不亚于旧制度(ancien régime)。

重估早期浪漫派的审美现代性

一旦初步理解了浪漫派背后的政治哲学维度,通常被人们所认定的早期德国浪漫主义的最突出特征,即它赋予艺术极大重要性这一点就必须得到重新的审视。浪漫派在德国文化复兴当中赋予了艺术一个根本性的角色,画家、诗人、作曲家和小说家处于文化改革

---

① 参见《雅典娜神殿》81号、214号、369号,前揭;以及《基督教和欧罗巴》,见诺瓦利斯,《夜颂中的革命和宗教》,林克等译,北京:华夏出版社,2007,页198-218。具体研究参乌尔林斯,《诗人诺瓦利斯的政治著作》,载刘小枫、陈少明主编,《赫尔墨斯的计谋》,莫光华译,北京:华夏出版社,2005,页152-182。

的前沿,并被选派为人类的教育者这一角色。由此我们对早期浪漫派的政治哲学描述似乎在面对一个核心且无可争辩的事实时遭遇了挫折,即早期浪漫派在本质上是一场美学运动,它赋予了艺术以最高的价值。在古典的真、美、善三元之中,浪漫派将美视为首要原则。众所周知谢林、施莱格尔、诺瓦利斯与荷尔德林把诗作为形而上学意义上的真、伦理学意义上的善及政治合法性之基础。若是如此,那么浪漫派的政治哲学当然应该从属于它的美学,而这无疑就是现在人们普遍接受的以"美好"代替"善好"的关于审美现代性的原初理解。

实际上,美学的首要性和自主性的确成了早期浪漫派是非政治的这一"文学的绝对"解释背后的核心前提。因为浪漫派赋予了艺术如此大的重要性,看起来似乎他们由之逃避了社会与政治世界的现实,或者似乎他们至多用社会与政治来作为创作艺术作品的一种手段或"场合",亦即施米特所谓的"机缘论"。因为浪漫派断言了美学的自律,认为它独立于一切道德和政治目的,这样看来似乎他们应当绝不允许美学的创造力向道德和政治妥协。

然而,结合浪漫派的政治语境来看,与其说这是一种政治冷漠或逃避主义,倒不如将浪漫派的审美主义理解为一种通过有机整体的观念将善与美等同起来的整体论。早期浪漫派没有将美从道德和政治世界中除去,只是因为他们将其作为衡量道德和政治价值的试金石。如果一个人统一了他的理性和感性,那么他将会借此获得一个"优美灵魂"。同样,根据那种古典同构学说,如果国家将它的所有公民都统一到一个和谐的社群中,那么它将会成为一个"审美的诗意国度"。浪漫派的审美主义不只是一种狭义上的艺术作品理论——关于戏剧、诗歌和图画等,也是一种广义上的艺术作品理论——关乎个体、社会和国家的生活。

然而我们也同样应该注意到浪漫派的确宣告了艺术的独立性,

认为那种道德说教式的作品拙劣至极（很大程度上后来他们对歌德《迈斯特的漫游时代》的不满也源于此）。这一张力和暧昧更深层次的根源在于前文所述的彻底批判和教化之间的两难局面依然未曾彻底解决，而浪漫派试图脱离这一两难困局的途径就在于他们对艺术的信念。他们相信，只有艺术才能够在更高程度上恢复原初的信仰并实现个体与自然和社会的统一，只有艺术才能够填补彻底批判的致命力量所留下的裂隙（在此意义上可以说浪漫派延续并深化了康德通过《判断力批判》来弥合知行分裂的路径）。启蒙理性本质上是一种分析式的解构力量，而艺术则是一种积极的生产性力量，通过想象来创造整个新的世界。曾在一种"自在"的层面被给予早期人类（尤其是希腊人）的和谐统一业已被彻底批判所腐坏，如今浪漫派的任务则是通过艺术的力量在"自为"层面来再造它。借此艺术能够通过创造一种新的神话来恢复道德和宗教信仰。①它能够通过将其"浪漫化"来再生出与自然的统一，也即通过恢复它旧有的神秘、魔幻与美好，通过表达和激发爱意来重建社群。对于浪漫派而言，爱是一切社会纽带的基础，是联结一切自由平等之人的自然情感。

　　早期德国浪漫派对于艺术之形而上学性有着高度的信念。几乎所有的早期浪漫派——瓦肯罗德、谢林、施莱尔马赫、诺瓦利斯、青年黑格尔、荷尔德林，以及施莱格尔兄弟等——都将审美经验作为认识大全或绝对的尺度与媒介。他们相信，通过审美经验，我们能够在有限中感知到无限，在可感事物中认知到超感事物，在相对

---

① 关于浪漫派的新神话方案，一手文献可参见匿名的《德国唯心主义最早的系统纲领》，见《文学的绝对》，前揭，页 16-18；二手研究中最为知名的当然是弗兰克的《浪漫派的将来之神》，李双志译，上海：华东师范大学出版社，2011。

的表象中感知到绝对的本质。既然只有艺术才拥有测定绝对的能力，它便优先于认识论而一跃成为新的形而上学或第一科学，而考虑到这一艺术理解背后的政治哲学维度，浪漫派将政治学作为第一科学的态度就可以得到充分的理解，也是在此意义上，哲学如今成了艺术（政治）的侍女。

在这样的思想前提下，想要去理解早期浪漫派美学，尤其是它代表艺术家所做的关于形而上学的重大宣称，我们只需将浪漫派的有机国家理论运用于艺术家。对于认为艺术家的创作也是自然本身的自我揭示，这一理论提供了如下理由：既然在一个有机体中，整体与其各个部分不可分割，便会得出艺术家的作品，如同自然的一部分，将会反映自然的一切；换言之，像诺瓦利斯喜欢说的那样，它将会成为"小宇宙"。而在自然当中有一种连续性和等级会在人类活动中到达顶峰，艺术家的创作将会是自然本身所固有的一切力量的顶点。[①]如果精神是物质所固有的一切力量的内化，而物质只是蕴含于事物中的一切力量的外显形式，那么艺术家的创作将会体现、表达并且发展所有作用于事物的自然力量。这几点意味着艺术家的创作无异于自然力量自在自为地自我实现与自我表现；换言之，艺术家所创作的便是自然通过他所创造的一切。[②]

进一步来看，早期浪漫派的审美主义和启蒙运动的理性主义间二元对立式的传统理解，忽视了早期浪漫派内部更深层的理性主义

[①] 这种有机解释涉及了自然中的金字塔观念，即"存在巨链"这一等级制世界观。对于浪漫派与这一观念之间的具体关联，最权威的研究无疑是"浪漫主义和充实性原则"，参洛夫乔伊《存在巨链》，张传友、高秉江译，北京：商务印书馆，2015，页389–424。

[②] 参谢林，《先验唯心论体系》，梁志学、石泉译，北京：商务印书馆，1976，页259、276。这本书著名的结论是，从机体开始，经过理性和任性，到艺术里的自由与必然的最高统一。

思潮，更具体地说，是它深刻得益于柏拉图主义传统中特定的理性态度。早期浪漫派背后的柏拉图主义灵感不是什么大秘密，一些学者甚至已经阐述了早期浪漫派是文艺复兴以来柏拉图主义的最大复兴。①然而这一点的关键性却未得到充分领会，因为一旦这些柏拉图主义的源头被考虑在内，早期浪漫派的审美主义和启蒙运动的理性主义之间的对立就不攻自破了。早期浪漫派的柏拉图遗产在很大程度上表明了它的审美主义就是一种理性主义的形式，它和启蒙运动的差别最多只是两种理性主义之间的形式差别，如果我们看不到这点，那是因为我们已经是启蒙理性的"受益人"。

根据柏拉图主义，早期浪漫派并不只将理性作为一种论证的能力，他们有时还会在知性（Verstand）的推论能力和理性（Vernunft）的直观能力之间做出明确的区分。他们大致遵循着康德在《判断力批判》77–78节当中人和神的知性对比，这在柏拉图主义传统中也有其先例。根据这一区分，知性是分析的，它将整体分为它的各个部分，并且它从部分推到整体，或者从特殊推到普遍；而理性则是综合的，它将整体把握为一个统一体，并且它从整体推到部分，或从普遍推到特殊。与其将这些能力严格地互相对立，毋宁说浪漫派假定了它们实际上是互补的：理性的任务是提供假设或建议来指导知性的详细研究；反之，知性的任务是证实和详述理性直观，即便它不能完全概念化或阐明它们。将知性和理性作为一种能力的不同功能而非不同的能力，是更为准确的说法；它们最终是同一种功能，有着同样的来源和对象，即执着于大全或是无限，区别只是它们以不同的方式来趋近它们的对象。

---

① 最新近的研究参见 *Romanticism and the Re-Invention of Modern Religion: The Reconciliation of German Idealism and Platonic Realism*, Alexander Hampton, Cambridge University Press, 2019。

在这里要看到的关键点是，浪漫派的审美主义必须鉴于他们的柏拉图主义来理解。对于他们而言，审美体验并非现代人所理解的超理性或反理性的；毋宁说它是极理性的，包含于理性的理智直观当中。①他们相信，通过审美体验的理智直观，理性能够在有限之中感知到无限，在它的现象中感知绝对。这样一种知觉之所以是知性或理性的，不在于它的形式，而在于它的对象：潜在于一切具体感官下面的理念或本源。以往的理性主义启蒙哲学将柏拉图式的理性概念摒弃为一种古老的神秘主义，在这一点上它们都过于肤浅了（哈曼与雅可比无疑看到了这一深层次的因素），遗漏了它潜在的要点。对于浪漫派，理性的对象是整体论的：理性所直观的是有机整体的统一性和不可分割性，此整体不可化约为各个部分，也没有哪个部分可以从中分离出来。因而，浪漫派的理性概念指涉了一种新的有机整体论的阐释类型，它会根据其在整体中的位置来理解各个部分。这样一种阐释不可化约为机械论的阐释形式，据其每一事件的起因都是某些先前的事件，以此类推至于无限。重要的是看到，在浪漫派的世界里，整体论和机械论的阐释没有互相对立，只是机械论的阐释从属于整体论的阐释，因为如今有一个之于动力因的无穷幂次的理性，它以某种方式把握了整体的理念。对这个整体论解释的强调只是再次回复到柏拉图主义的传统：根据《蒂迈欧》(32d-33a, 34c-35a, 68e-69a)，整体论和目的论的阐释要高于机械论的阐释。

正是在这个语境当中，我们得以进一步理解浪漫派对于美学首要性的强调。艺术优先于哲学不是因为它象征了超验且神秘的事物，毋宁说，这样的首要性是因为整体论阐释要优先于机械论阐释。审

---

① *The Romantic Imperative*, Frederick Beiser, Harvard University Press, 2004, p. 61.

美直观把握住了整体大全，关于它的知识优先于一切它的部分；而理性哲学被其推论方式局限于整体之各个部分的知识。在我们考虑到浪漫派的审美主义和有机概念实际上是一体两面时，它的审美主义和整体论的国家学说之间的密切联系就立刻变得显而易见了：将宇宙考虑为一个有机整体意味着浪漫派视国家与社会为一件艺术作品。

在早期浪漫派对基础主义的怀疑中，我们一再看到它深刻受益于柏拉图主义传统。从一个现代甚至后现代的视角看来，的确有些难以理解早期浪漫派的极理性主义如何与它对体系和第一原理的怀疑论携手并进。在此我们必须清醒地反省到，作为后启蒙者的我们在思考当今的理性主义时，首先想到的便是笛卡尔、莱布尼茨和斯宾诺莎的宏大体系和不容置疑的第一原理。但是古代和中世纪的世界里人们却不这样看，尤其是因为柏拉图的遗产，古人经常将一种极理性主义的神秘主义与一种对最终体系和终极基础的怀疑主义相联系，摘下施莱格尔等人对于第一原理和完备体系的怀疑主义面具，我们看到的是阿里斯托芬《云》里苏格拉底戴着反讽微笑的面具。

至此，施莱格尔等浪漫主义者们的美学与他们的反基础主义认识论之间的联系，在《雅典娜神殿断片集》中发展出的反讽概念里变得尤为明显，这一概念是施莱格尔对其反基础主义认识论之悖谬的回应。而德曼和拉巴尔特等后现代主义者们脱离早期浪漫派整个政治哲学语境从反讽和断片中得出的一系列关于文学自律的论断，都如同某些新批评主义者（例如布鲁克斯［Cleanth Brooks］）所认为的那样，即反讽在文学作品中是"结构性原则"，对于德曼则是文学作品中的"断裂性原则"。鉴于新批评将反讽、暧昧和悖论视为将诗歌作品的多样性融合在一起的方式，德曼则将反讽设想为符号与意义间的不符、作品各部分之间缺乏连贯性、文学在表达其自身虚构性方面的自我毁灭能力，以及无法从变得难以忍受的局面中摆脱出来。反讽实际上与他的解构概念相符,根据其《盲目与洞见》(*Blindness and Insight*),这是他一劳永逸的解释技法。①

　　回到浪漫派哲人们的时代语境中去,在他们看来,倘若在朝向完美的道路上,我们永远致力于克服我们一切认识上的局限,我们便依然保有面向真理的进程,持续趋近我们的理想。反讽在于认识到即使我们无法最终完全获得真理,我们依然必须永远为之奋斗,因为只有那样我们才能不断趋近大全。哲学史中反讽最伟大的摹本苏格拉底如今成了施莱格尔的面具,对于世界本身的反讽,聪明的苏格拉底知道自己一无所知,他只是作为一只永恒的牛虻,将他的朋友们刺入更深的探寻之中。而后现代主义者们一开始所宣称的"文学的绝对",我们也依旧只能回报之以苏格拉底对诗人们自我宣称拥有绝对知识的态度。

　　* 国家社会科学基金重大项目"西方当代艺术理论文献翻译与研究"(项目编号:13ZD&124)子课题"西方当代艺术理论中的哲学问题"阶段性成果

---

　　① "The Rhetoric of Temporality", in *Blindness and Insight*, 2d ed., University of Minnesota Press, 1983, 216. 中译本见"时间性修辞学",载《解构之图》,李自修译,北京:中国社会科学出版社,1998,页35。

施米特"大地的法"思想的普遍历史意图
——再思现代中国对"新大地法"的意义

叶 然撰

大邦者,下流也。天下之牝也。天下之郊也,牝恒以静胜牡。为其静也,故宜为下。(《道德经》章61,帛书甲本)

汉严遵指归曰:大国者,霸王之梯而亡灭之阶也。

引言 大地的决断与中国的决断

19世纪后半期,新生的德意志帝国(1871—1918)以强大的中央政府推动现代化。对于帝国晚期学界领袖韦伯(1864—1924),在很大程度上,现代化就是一股强大的理性化浪潮,尤其在经济领域发展迅猛。①但很快,难以约束的经济理性权力,成为韦伯一生的主要困扰(韦伯,《民族国家》,页107-108)。事实上,对于有着

---

① 韦伯,《民族国家与经济政策》,修订译本,甘阳编选,北京:三联书店,2018,页32-35。后简称《民族国家》,随文注页码。

淳厚文化感觉的人（不论德意志人还是中国人），不必等到理性化在经济领域变得成问题，理性化本身与古典文化之间的张力，已然显明为一个切己的问题。这个问题在法学上尤其明显，① 因为法学（不论中西）起源甚古，且与一个文明体的中间阶层日常生活一直联系最紧。

改革开放以来，我国法学教育受到多学科的强烈影响——社会学、经济学、人类学。法学何以自立的问题，绝非只是学科尊严问题，而是关系到法学到底关注什么问题。包括法学在内的以上诸学科，在20世纪无不受过韦伯理性化学说的哺育。因此，更重要的毋宁说是，反思韦伯式学术视野本身是否具有史实支撑，或者严格来讲，是否具有足够的史实支撑——毕竟韦伯也极力鼓吹贴近历史现实的"民族政治意识"（即所谓政治成熟）（韦伯，《民族国家》，页108-109）。一旦我们进行这种反思，便会把目光投向韦伯之后最重要的德国法学家施米特（1888—1985）。施米特可不是韦伯那样的"搞法学的思想家"，而是"搞思想的法学家"，这一点耐人寻味。

在《大地的法》（1950）中，施米特从法律实证主义（法律的理性化）支配的20世纪回溯至近代法学史上"最伟大的决断论思想家"（der größte aller dezisionistischen Denker）霍布斯（1588—1679）。② 与法律的理性化思路相反，做决断的只能是人，故决断论的公式恰恰是"人→法→人"，而非"法→人→法"（《大》，页124）。按照当代法学常识，这妥妥地是中国古代"人治"思维，在

---

① 梁治平，《寻求自然秩序中的和谐：中国传统法律文化研究》，上海：上海人民出版社，1991，页343-344。

② 施米特，《大地的法》，刘毅、张陈果译，上海：上海人民出版社，2017，页156。后文引用此书时，将缩略作《大》，并随文标注页码。另外，本文凡引用施米特文字，亦均取自既有中译本，有时据德文本有所校改。引文中插入的方括号内容均出自引者。

某种程度上也能拉上西方古代。但事实上,给古代世界和近代西方任何一方扣上"人治"的帽子,都只是 18 世纪以来的偏见。关键问题在于"人→法→人"中的人是什么人——古代君主抑或近代君主。据施米特考查,接续霍布斯决断论的后辈思想家也绝非小人物,而是现代中国相当敬重的黑格尔(1770—1831)和马克思(1818—1883)(《大》,页 70、275–276)。

本着尊重史实的精神,我们有必要深究,施米特何以要发掘出一条我们一直忽视的近代决断论谱系。尽管汉语学界 21 世纪初就开始引进施米特,尤其是迻译他的标志性著作《政治的概念》(1932 / 1963)和他处理中国问题的著作《游击队理论:政治的概念附识》(1963),① 但 2017 年《大地的法》(1950)中译本出版仍然是一件大事。因为施米特自道,《大地的法》是他 1960 年代转向中国问题的枢纽,也是 1963 年(这年中苏争论公开化)他回过头来大幅增订《政治的概念》的直接动因(《政》,页 14–15)。② 显然,如果脱离《大地的法》,很难透彻理解《政治的概念》和《游击队理论》。那么,《大地的法》到底有何妙处?

早在《政治的概念》中,施米特就旗帜鲜明地反对法律的理性化。这当然不是因为他认为法律应该非理性化,而是因为既有的法律理性化思路预设主权者的非人格化,这种高度理论化的预设会让

---

① 二书均收于施米特,《政治的概念》,刘小枫编,刘宗坤等译,上海:上海人民出版社,2004 / 2015;增订译本,2018。后文引用《政治的概念》《游击队理论》时,将分别缩略作《政》《游》,并随文标注 2018 年版中译本页码。

② 说这话时,施米特还提到与《大地的法》相关的长篇论文《转向歧视性的战争概念》(1938)。中译文(方旭译,张培均校)见娄林主编,《施米特论战争与政治》(经典与解释第 52 辑),北京:华夏出版社,2019,页 2–70。但《大地的法》比《转向歧视性的战争概念》在同一主题上更成熟也更博大。

一个国家在实践中丧失划分敌友的政治能力。即使在当今这样飞速发展的时代,我们仍然不敢想象自己国家最高权力完全非人格化运转。另一方面,人格化地划分敌友的政治能力难道不可以是另一种理性,即柏拉图所谓节制?"当趋向最好的东西的意见凭靠理性引领和掌权时,这种权力的名称就叫节制。"(柏拉图《斐德若》237e,刘小枫译文)

可是,如果不深挖国际法活生生的历史,施米特难免又会被扣上"救亡压倒启蒙"的帽子。更重要的是,狂热启蒙派会把一切反启蒙者斥为抽象的"绝对敌人",从而无法发现"实际敌人",而这就为某些危险历史时刻——这种时刻在现代中国并不少见——分裂国家提供了温床。因此,1963 年施米特指出,"没有足够清晰、准确地划分和区分不同类型的敌人",才是《政治的概念》的关键缺憾(《政》,页 20)。

出于这种考虑,《大地的法》直击西方现代纪元(近五个世纪)的国际法(他所谓的"大地法")两大变局:欧洲诸大国占取全球,以及美国代替欧洲成为独一霸主。中国近代以来的困厄和崛起恰恰与这两大变局纠缠在一起。呈现近五个世纪的国际法史,立即令施米特拥有了全人类文明的视野。在这种视野下,《大地的法》论述实际敌人[1]学说,致力于重现近代全球大国均势——大国在其中互为实际敌人,而非绝对敌人。

但施米特在多个场合坦言,近代全球大国均势在 20 世纪已然破产。因为:(1) 这种全球大国均势具有鲜明的欧洲色彩,而欧洲在 20 世纪初无法自制,引爆两次世界大战(1914—1945),让人记起欧洲均势建立之前的三十年战争(1618—1648);(2) 两次世界大战后,美国力主将敌方欧式大国斥为绝对敌人。那么,问题是出在

---

[1] 此书中多称作"正当敌人"(justus hostis)。

近代全球大国均势理论本身，还是出在美国没能重建此种均势？

正当这个问题还没有答案时，朝鲜战争（1950—1953）爆发，施米特惊觉中国共产党正在领导中国恢复大国元气①——这个观察令上述问题变得更为复杂。十年后，《游击队理论》对20世纪提出两点新见（《游》，页152、155–156）：（1）实际敌人学说预设欧式国家（民族国家）间的战争，但一国内战和殖民地战争均不是这种战争，且均不由国家领导，而由革命政党领导；（2）对于重建全球秩序（不论是否重建近代均势），游击战比美式"世界宪兵"战争更重要，因为后者只有绝对敌人（尽管实际操作时未必如此），而游击战既有绝对敌人又有实际敌人，以中共为例，绝对敌人是工农兵的阶级敌人，实际敌人是人民统一战线的敌人，随历史情势而变化（《游》，页196–197）。

综合来看《政治的概念》《大地的法》《游击队理论》，《大地的法》提出国际法上的实际敌人学说，堪称贯穿三部著作的一条红线。在这个意义上，《大地的法》构成理解施米特学述的枢机。施米特的主要引进者刘小枫先生2018年作长文《欧洲文明的"自由空间"与现代中国：读施米特〈大地的法〉劄记》，② 集中关注国际法上的实际敌人学说，并广泛讨论现代中国的实际敌人问题。

不仅如此，刘先生还批判地审视了施米特基于实际敌人学说而

---

① 什克尔，《与施米特谈游击队理论》，卢白羽译，收于施米特，《政治的概念》，增订译本，刘小枫编，刘宗坤等译，上海：上海人民出版社，2018，页239。

② 原载中国人民大学国际关系学院主办，《中国政治学》（总第二辑），北京：中国社会科学出版社，2018，页21–64。后经修订以《代序：欧洲文明的"自由空间"与现代中国》为题放在美国地缘政治学家荷马李（Homer Lea, 1876—1912）《无知之勇：日美必战论》中译本（李世祥译，上海：华东师范大学出版社，2019）卷首。后简称《欧洲文明》，随文注修订版页码。

建构的普遍历史（l'histoire universelle）叙述（刘小枫，《欧洲文明》，页24、29-31、56）：①

（1）对于中国这样拥有深厚古代传统的民族（乃至对于真懂并真爱西方古代传统的民族），很难忽视近代欧洲式全球大国均势（旧大地法）具有"黑吃黑"性质，这比动辄痛斥他国为"绝对敌人"的美国能好多少？更切己的是，我国在19世纪吃欧洲的亏还少吗？

（2）"二战"后的中国——或者说是1930年以来的中共——而非美国才真正激发施米特思考何为新大地法，而在此仍有一个关键问题隐而未显：施米特是否把新中国视为一个新的欧式大国，或者说，一个经过20世纪改进的西式大国？如果答案是肯定的，那么，施米特仍然未能超出近代决断论（欧洲文明之根）视野来思考新大地法。显然，这与上述第一个问题联系在一起。

由于题材所限（《大地的法》劄记），刘先生对上述两点的论述点到为止。本文则致力于深究上述两点，简言之，深究施米特大地法思想的普遍历史意图。

一 法：从划分性情到占取土地

《大地的法》这个书名只是略称，全名作《欧洲公法的国际法中大地的法》（*Der Nomos der Erde im Völkerrecht des Jus Publicum Europaeum*）。这个全名颇为考究，从它入手有利于我们踏实地把握大地法思想的普遍历史意图。我们首先考察书名中的主干词"法"（Nomos）。

---

① 从法学中生发出普遍历史，已见于与霍布斯齐名的法国法学宗师博丹（1530—1596）。参博丹，《易于认识历史的方法》，朱琦译，上海：华东师范大学出版社，2020。关于普遍历史的研究文献，参刘小枫选编，《从普遍历史到历史主义》，谭立铸等译，北京：华夏出版社，2017。

Nomos 是古希腊语 νόμος［法］的德文音译。施米特没有使用德语固有的"法"（Gesetz），因为后者具有路德（1483—1546）式的"神圣意味和超自然力量"（《大》，页 36）。① 那么，施米特有没有如实使用古希腊语 νόμος［法］呢？施米特说，νόμος［法］源于动词 νεμεῖν，后者有"划分"（Teilen）和"放牧"（Weiden）两个基本义项（《大》，页 37）。②

其实，把 νεμεῖν 解作"划分"是不确的，应作"分配"，在荷马笔下常用于指分配酒肉。③ 例如，在《伊利亚特》中，奥德修斯带队替阿伽门农向阿喀琉斯求和，阿喀琉斯给客人们分配（νεῖμεν）烤肉（9.217）。奥德修斯说，"在阿特柔斯之子阿伽门农的营帐和现在你这里不缺少相等的肉食"，"我们的心思不在于可喜的宴会"，而在于劝说你阿喀琉斯重返阿开亚人（Ἀχαιοί）大营（9.225 – 235）。④ 可见，"分配"一词在此与阿伽门农和阿喀琉斯之争有关，或者说，与二人荣誉分配不公有关。阿伽门农自认为权倾天下，阿喀琉斯自认为武功无敌，在"你［阿喀琉斯］的礼物、美颜的布里塞伊斯（Βρισηΐς）"问题上，二人发生近乎不可调和的争执（1.184）。

在这个意义上，"分配"的关键在于"划分"不同类型的人，比如让阿伽门农和阿喀琉斯这两种人各得其所。一个有力的例证来

---

① 这反映出施米特隐藏着的沃格林（1901—1985）式取向：对实际敌人的忽视可以追溯至欧洲宗教改革。沃格林，《新政治科学》，段保良译，北京：商务印书馆，2018，页 140 – 167。

② 中译本将 Weiden 译作"牧场"，当系笔误。

③ Henry G. Liddell et al, *A Greek – English Lexicon*, 9th edition, Oxford：Clarendon Press, 1996, p. 1167。

④ 如非注明，凡引荷马《伊利亚特》《奥德赛》，均采罗念生、王焕生中译本，有时据希腊文本有改动。

自《奥德赛》：费埃克斯人的公主瑙西卡娅（Ναυσικάα）对奥德修斯说，

> 奥林波斯的宙斯亲自把幸福分配（Νέμει）给
> 凡间的每个人，好人和坏人，按他的心愿。
> 不管他赐给了你什么，你都得甘心承受。（6.187-190）

奥德修斯这类人该得什么命分，是宙斯的意愿规定的。奥德修斯比阿伽门农和阿喀琉斯更甘心承受自己的命分。故而，施米特把"分配"说成"划分"，并非无所本，只是要注意"划分"原本指向人的类型。

然后，我们再来看νεμεῖν的第二个义项"放牧"。在此，我们要把这个义项与νόμος［法］的同源异音词（仅音调不同）νεμεῖν［牧场］放在一起考察，显然νεμεῖν［牧场］源于νεμεῖν的"放牧"义项。在《奥德赛》中，奥德修斯误入圆目巨人（Κύκλωπες）的领地，圆目巨人"已去牧场（νομὸν）上牧放（ἐνόμευε）① 肥羊"，奥德修斯一行就"坐在洞里，等待那主人放牧（νέμων）归来"（9.217，9.233）。欲知荷马到底如何使用"放牧"一词，可看《伊利亚特》中对"牧场"一词的使用：在著名的排兵布阵的卷二，阿开亚诸将编排己方军士，"有如牧人把牧场（νομῷ）上混杂的羊群，那些四处分散的山羊轻易分开"（2.245）。与中国古人一样，古希腊人同样用放牧比喻养护民众，而这就需要划分混杂的人群之不同类型。此所谓类型在古希腊叫作"性情"（ἦθος），后来亚里士多德使用的"伦理学"一词本义即"性情学"。总之，νεμεῖν的"放牧"义项和"分配"义项，实际上是一体的，均指向对诸性情的划分。

---

① 此词直接源于νεμεῖν［牧场］，亦与νεμεῖν［放牧］同源。为与"放牧"区别，罗、王二先生译作"牧放"。

基于以上铺垫，我们转而考察 νόμος［法］本身。荷马没有使用过这个词，但与荷马齐名的赫西俄德使用过，而且他的用法还非常有名：①

> 当她们［缪斯］口吐可爱的歌声，
> 且歌且舞，赞美不死者们的法（νόμους）和
> 忠信性情（ἤϑεα κεδνὰ），那歌声多么讨人喜爱！（《神谱》66-67）②

不死者即诸神，以宙斯为首。他们是法的渊源，有权威以法的名义划分人间混杂的性情。在诸性情中，为尊的是忠信性情。这里把忠信性情归于诸神，颇为反讽，因为整部《神谱》就是诸神没羞没臊的混沌史。但这种混沌史被认为会走向秩序，秩序将由新一代神王宙斯奠定。这反映出，尽管现实中有重重困难，西方人文始祖坚信"法"指向划分诸性情。③

后来，希腊哲学兴起，柏拉图把"法"定义为"对存在者（τοῦ ὄντος）的发现"，稍显抽象，但紧随这个定义之后，柏拉图把"存在者"直接具体化为不同性情（《米诺斯》315a-b）。因此，柏拉图同样坚持 νόμος［法］指向划分诸性情。这种意义上的"法"，实与我国古代"礼法"相通。可见，以文化决定论为底色的"法"辨④是要不得的。

---

① Henry G. Liddell et al, *A Greek-English Lexicon*, p. 1180.
② 吴雅凌译文，引用时据希腊文本有所改动。
③ 顺便说，"法"后来还引申出"曲调"之义，当与此处缪斯的歌唱相关。施米特提到"曲调"之义作为"音乐秩序"（《大》，页37）。
④ 梁治平，《寻求自然秩序中的和谐》，前揭，页286-305。当然，梁先生晚近观点有变。参梁治平，《为政：古代中国的致治理念》，北京：生活·读书·新知三联书店，2020，页9。

让我们非常诧异的是，尽管施米特知道νόμος［法］指向一种划分，但他坚称这种划分的对象是土地而非诸性情（《大》，页37）。而且在他著名的"法"的概念中，"法"就是"占取土地"（Landnahme），① 他还说"占取土地"才是νόμος［法］在古希腊的原初意义，"这一点始终清楚无误"（《大》，页35）。我们认为，"这一点"并非"始终清楚无误"。因为从施米特自己征引的经典文本（亚里士多德《政治学》1290a－1292b）也能知晓，尽管在希腊的具体语境里，νόμος［法］确实可以指向划分土地，也可以意指占取土地（因为划分以占取为前提），但我们没有理由罔顾此词自古公认的基本义项：此义项首先指向划分诸性情，才可谓始终清楚无误。因此，是施米特自己而非古人把νόμος［法］首先界定成"占取土地"，并推演出"划分土地"。

尤其重要的是，在施米特的用法中，"划分土地"主要并非指切割国内土地，而是指分开国内和国外土地，故这个意义上，占取就是划分，二义融贯为一（《大》，页11、48）。但在古人（如前引亚里士多德）那里，划分一国内部的土地与划分一国民众的诸性情相匹配，例如，对于富而不好礼者，就绝不该分给他们更多更好的土地。而施米特所说的划分国内和国外土地，则关乎现代民族国家对他国土地的占取诉求。无疑，施米特在用某种现代法律观念调用古希腊的νόμος［法］，尽管这种观念并非韦伯的法律理性化观念。

与此同时，我们又仍然不能说，施米特完全抛下了划分诸性情的问题。因为《政治的概念》强调，政治问题先于国家问题，换言之，政治问题是国家之间的问题——国将不国，何来内政？顺理成章，在施米特看来，政治的标准是划分敌友（《政》，页32－33）。

---

① 中译本为了简洁，把Landnahme仅译作"占取"。此词前半截就是"土地"。

按他 1963 年的重新思考，此所谓"敌人"就是国家的实际敌人，也就是《大地的法》着力阐发的主题。所以，在施米特这里，古代划分诸性情的问题，转变为划分国家朋友和国家敌人的问题。这样的划分有赖于现代民族国家强有力地占取本国土地。此即为何施米特执意既使用νόμος［法］一词，又把它定义为占取土地。

二　大地甩开古代天宇和冥界

处理完书名中的"法"，我们接着看离"法"最近的定语"大地"。在希腊文化中（很大程度上也在中国文化中），与大地相对的至少有天宇、大海、冥界、特定国土。宙斯、波塞冬、哈得斯三兄弟分别执掌天宇、大海、冥界，大地则为这三者所包裹和定位，四者共同构筑出一幅完整的宇宙图景。其中，宙斯的天宇最为重要，因为他是三兄弟中的首脑。我们再次读读刚才引用的赫西俄德诗句：

> 当她们［缪斯］口吐可爱的歌声，
> 且歌且舞，赞美不死者们的法（νόμους）和
> 忠信性情（ἤθεα κεδνὰ），那歌声多么讨人喜爱！（《神谱》66–67）

不死者首先指天上诸神，然后指大海和冥界诸神。大地上的法和忠信性情，说到底源于天上诸神的法和忠信性情。① 至于与特定国土相对时，大地指各民族共同的家园。例如，在荷马笔下，大地上有诸多王者，每个名实相副的王者都受宙斯养育，并占有一方国土，就算只有伊塔卡（Ἰθάκη）那么小（《伊利亚特》1.176；《奥德

---

① 在基督教时代，海神和冥王不再那么重要而正面，但上帝仍居于宙斯式地位。荷马式天地关系没有被根本改动。

赛》5.7 – 12)。

在古代西方进入帝国时代（亚历山大帝国和罗马帝国）后，远为宏大的政治空间出现在西方人眼前。用"大地"修饰"法"变得并非不可理解，而且由此产生一个指称大地的专门术语"人居地带"（οἰκουμένη）。鉴于当时的天地关系，把"人居地带"译作"天下"也许更为传神。① 如果古代也有大地法，则可谓之天下法。若说古希腊的"法"指向划分一个民族内部的诸性情，帝国时代的大地法便立足于此而稍加推演，指向划分诸民族（帝国内的，或帝国间的，或帝国与原住民）的性情。自然而然的结果就是，在大地之上，主导民族唯有德之民族（一个或多个）居之，正如在一族之内，民众养护者唯有德之人（一个或多个）居之（对观《道德经》章61）。纵然人们能用确凿的史料指出，古代帝国征伐不乏残暴，② 但这与古代大地法的建构标准到底是两回事。

讲到这里，值得关注施米特本人对古代大地法的批判性描述。他认为，古代没有严格意义上的大地法，原因有三（《大》，页15 – 20）：

（1）古代大地排除大海，且与玄之又玄的天宇和冥界纠缠不清。

（2）各民族均有想象出来的自我中心的大地法，这样一来，各种大地法互不承认。

（3）最重要的是，古代任何民族与其他民族之间，永远处于不宣而战的自然状态。

施米特不仅列举了东西方各大帝国，还尤其提及古希腊城邦斯

---

① 刘小枫编，《西方古代的天下观》，杨志城等译，北京：华夏出版社，2018。

② 汤因比，《希腊精神：一部文明史》，乔戈译，北京：商务印书馆，2015，页109 – 116、133 – 148。

巴达对"希洛人"(εἵλωτες)每年宣战。换言之，古代大地上任何民族都把异族视为自然敌人，或用施米特喜爱的术语，视为绝对敌人。故而，古代大地上诸民族之间只有自然状态，从而没有可能产生严格意义上的大地法。

若说施米特用霍布斯自然状态论曲解了古代，他一定不会服气。因为既然他重点提及斯巴达人对"希洛人"每年宣战，则他所依托的终极史料必是柏拉图的《法义》(Νόμοι，直译为《诸法》)开篇，因为那儿专门探讨了斯巴达民族何以好战。霍布斯自然状态论中著名的"一切人反对一切人的战争"① 也出自《法义》开篇，而且柏拉图笔下的克勒尼阿斯（Κλεινίας）比霍布斯还要极端，顺势说甚至每个人与自己也处于战争中（626d）。无论如何，施米特对柏拉图的暗引其实是"反引"，因为柏拉图（或他笔下的雅典异邦人）恰恰否认"一切人反对一切人的战争"，从而否认"一切民族反对一切民族的战争"（627d–628e）。因此，正如施米特没有使用"法"的古代原义，施米特也明确反对"大地法"的古代原义。

那么，到底何为施米特意义上的大地法？施米特在现代语境中使用"大地"。现代"大地"兼指地球和全球陆地。这两重语义的融合非常贴合施米特的意图。施米特认为，唯有现代大地法是严格意义上的大地法，② 因为 15 世纪地理大发现以来，大地这个概念得以科学地甩开古代天宇和冥界，并与大海亲密结合形成"地球"这个概念，而且在占取全球的数百年历程中，欧洲大国发展出以全球陆地划分为基础的"全球划界思维"（《大》，页 55–57）。

---

① 霍布斯，《利维坦》，黎思复、黎廷弼译，杨昌裕校，北京：商务印书馆，1985 / 2017，页 95、128。

② 请注意施米特全书频繁用"古老的"（alt）或"古典的"（klassisch）或"传统的"（traditionell）修饰大地法（或国际法），其实时间都限定在现代早期（德语所谓"新时代"）。

三 欧洲大国自然状态的现代约束机制

要理解全球划界思维,我们得接着剖析施米特书名中修饰"大地的法"的"欧洲公法的国际法"。此处"国际法"原文 Völkerrecht 本来是对古罗马 jus gentium [诸民族的法] 的德文直译。jus gentium 的含义与古代大地法相若,它还有个古雅的汉语译名——万民法。尽管 Völkerrecht 确实在现代语境中指国际法,但德语中尚有 internationales Recht [诸民族之间的法/international law] 和 zwischenstaatliches Recht [诸国家之间的法/law between states] 两词,明显更贴合现代国际法之义——在民族国家时代,Nation [民族] 与 Staat [国家] 时常混用。施米特使用亦古亦今的 Völkerrecht,并非有意与古代万民法之间保持暧昧,而是恰恰要突显万民法的古今之变(《大》,页 15)。

Völkerrecht 的现代含义"国际法",为修饰语"欧洲公法"所揭示。公法与私法相对,从古罗马开始,这个二元对立就用于划分国内法,如宪法是公法,民法是私法。至于万民法或国际法,因为天下为公,故通常算作公法,尽管随着现代全球贸易的发达,亦产生出国际私法。以上乃是法学常识。但在施米特看来,古代各民族之间处于自然状态,从而不可能共同受制于一种公法。直到施米特所处的时代,仍有论者认为全部国际法都是私法。[1]

但施米特认为,恰恰进入现代后,欧洲诸民族之间才产生出一种公法。他这番匠心很好地体现于"欧洲公法的国际法"这个表述

---

[1] 施米特,《论当今法律体制的两个大的"二元对立"》(1939),收于施米特,《论断与概念》,朱雁冰译,上海:上海人民出版社,2015,页 348。《政治的概念》增补附论(页 117)也提到此文。

中。欧洲公法的国际法取决于两点：（1）欧洲土地主要由几个欧洲大国支配，欧洲大国指拥有占取土地的强烈欲望和强大能力的民族国家；（2）欧洲大国互为实际敌人，而非绝对敌人，由此形成欧洲大国均势。

这是施米特对欧洲国际法史的理想勾勒。我们能觉察出，施米特集中关切欧洲各民族之间自然状态引出的问题。我们认为，尽管此种自然状态是否存在于古代尚有争议，但显然存在于现代。光听到"欧洲列强"这个词，就能感到浓重的自然状态意味。施米特的理想勾勒突显出，欧洲诸民族彻底各自为政，不如由几个大国共同支配欧洲，而且这种共同支配不可能避免使用战争，只不过务必限制战争为非歧视性战争，即实际敌人之间的战争。

与自然状态论的宗师霍布斯相比，施米特的思考更有欧洲文明关怀。因为：（1）霍布斯的自然状态只存在于个人之间，而且在文明状态（即国家）中能得到克服，但施米特没有那么乐观，而是认为国家之间依然处于自然状态；（2）施米特认为，国家之间的自然状态当然应该受到约束，却无法由建立国家之间的文明状态来约束，或者说，无法由建立一个世界国家来约束。① 相反，建立世界国家的冲动（即建立康德式"永久和平"的冲动），要么会臆想出"绝对敌人"，即所有反对这种冲动的人作为一个邪恶整体，要么实际上只能建立软弱的国际联盟（1920—1946）或松散的联合国（1945年至今）。因此，要约束国家之间的自然状态，唯有保持国家之间相互承认为实际敌人。

---

① 施特劳斯（1899—1973）早年《评〈政治的概念〉》（1932）一文时已经揭示这两个要点。见施特劳斯，《霍布斯的宗教批判：论理解启蒙》，杨丽等译，黄瑞成校，北京：华夏出版社，2012，页32-33。《大地的法》第67页注释提到施特劳斯文章。

四 基于欧式大国陆上均势而瓜分全球陆地和海洋

现在，我们可以整体审视《欧洲公法的国际法中大地的法》这个书名。首先面临的疑问是，欧洲公法的国际法明明只是欧洲这么一小块土地上的国际法，它之中何以能有大地法？神圣罗马帝国（962—1806）在近代转衰后，欧洲四分五裂，战乱不断，在亚洲大国面前，曾长期自顾不暇，竟有心思畅想自己的大地法？如前所述，15世纪以来的地理大发现，让欧洲人萌发了这种欲望（《大》，页47、55）。发现就是占取，在欧洲人眼中天经地义，尽管实际上无耻之尤（《大》，页104-108）。但应该注意，地理大发现早期主要祸害文明较落后的地区，而包括中国在内的亚洲大国在19世纪以前一直为欧洲所忌惮。不过，19世纪以前，欧洲人已经尝到海洋的甜头，进而从"地球"来理解"大地"一词。

尽管全球各地都有陆地和海洋，但陆地元素和海洋元素形成对照，对欧洲人的大地法具有独特意义。① 在最严格的意义上，占取陆地特指占取欧洲内部土地，而这意味着只能通过非歧视性战争来占取；相应地，占取海洋泛指占取对欧洲来说的海外（不论是陆地还是海洋），而这意味着能通过歧视性战争来占取（《大》，页7-9、62-70）。这里的要害在于，在施米特看来，现代占取海洋（=海外），一如闯入古代未加约束的自然状态。例如，"英法联军攻入北京后可以放火烧圆明园，法国人攻入维也纳则不能干这类事情"（刘小枫，《欧洲文明》，页22），因为占取中国无非是占取海洋而已。此刻，我们明白了，何为施米特的大地法蕴含的"全球划界思维"，

---

① 关于这个主题，施米特著有通俗作品《陆地与海洋》（1942），林国基、周敏译，上海：华东师范大学出版社，2006。

那就是：基于欧洲大国陆上均势而瓜分全球陆地和海洋，尽管这种瓜分有时体现为隐性瓜分，如在1840至1949年间的中国。

作为中国人，或严格来讲，作为并非狂热启蒙派的中国人，我们对全球划界思维有一种与生俱来的厌恶。毕竟，欧洲人有何"正当理由"（justa causa）① 给全球划界呢？但我们必须注意到，施米特对全球划界思维也非全盘接受。施米特谴责欧洲人占取海外时无法无天，并痛切地说道，这"对所有传统的精神和道德原则造成普遍、彻底的撼动"（《大》，页65）。

这等于在质问：在欧洲内部发动歧视性战争不正当，在欧洲之外发动歧视性战争便正当？施米特一贯反对歧视性战争，他不会赞同把非欧洲文明民族视为绝对敌人。可是，施米特依然默认，非欧洲文明民族还没有变成"国家"，毕竟他们没有占取土地的强烈欲望和强大能力，从而没可能充当实质上的国际法主体——哪怕自刚果会议（1884—1885）以来他们名义上获准加入"国际大家庭"（《大》，页213-215）。在此，施米特狠下心来怀念了一下近代全球划界：

> 先前［即近代］的秩序，无论好坏，至少是一种具体的秩序，也就是说，主要是一种空间秩序，是由诸欧洲王室、国家和民族所组成的真正共同体，但这些都已走向消亡，无可替代的消亡。（《大》，页214）

这暴露出施米特的思考陷入一个困境：既然非欧洲文明民族不是国际法主体，如何能切实保证欧洲人对这些民族的战争是非歧视性战争？这好比说，震慑杀人者的法律如何能震慑杀狗者呢？

---

① 施米特曾用此词指所谓的古代歧视性战争诉诸的"正当理由"（《大》，页83、94-99）。

也许有人会说，这个问题对于施米特谈不上切己，毕竟他是欧洲人。可是，当欧洲人面对中国这个海外民族时，全球划界思维便遭遇中国深厚古典传统的抵触。事实上，在欧洲自己的古代遗产中，并非找不到这种抵触的理据——前引柏拉图《法义》便是一例。因此，上述思想困境有可能内在于施米特对整个西方历史的思考。施米特此番思考具备全球视野，且明确规定了全球进步方向，故而称得上一种普遍历史思考。他规定的进步方向，或者说他的普遍历史意图，就是基于欧洲大国陆上均势而占取全球陆地和海洋。① 20世纪，欧洲衰落，美国崛起，但施米特心中欧洲大国作为理想政治模式的原型没有改变，故而我们只需把上述普遍历史意图中的"欧洲大国"改为"欧式大国"。1960年代审视中国问题，让暮年施米特对东方思想发生兴趣和困惑，却仍未及改变他的普遍历史意图（详后）。

五 评议之一：古代诸民族之间的自然状态？

正如19世纪罗马史的著名史家蒙森（Theodor Mommsen，[引按] 1817—1903）在其教科书中提及罗马人时所指出的：现代与古代的情况迥然不同，古代诸民族生活在一种"自然的"敌对状态下，所有的陌生人都是敌人，所有的战争都是毁灭性战争，只要不明文签署友好协定，所有不结盟的外国都是当然的敌国。因为在当时，一个现代的、人性的和文明化的国际法尚不存在。他的这些言论是当时对19世纪自我感觉和文明幻想

---

① 颇可对观19世纪欧洲均势论史学宗师兰克（1795—1886），尽管兰克宣称不采进步论。参刘小枫，《兰克的〈世界史〉为什么没有中国》，载于《中国文化》，2016年第43期，页177–196。

的一个表征。如今，20世纪的两次世界大战已经为此论断做出了旁证。(《大》，页16)

施米特这段话表明，他的普遍历史诚然是针对所谓古代诸民族之间的自然状态，但他同时有深切的现实关怀：他把20世纪两次世界大战视为古代自然状态的"复辟"。①《大地的法》后半部的基本问题意识就是，如何对待美国1865年崛起后发起的歧视性战争（引文所谓毁灭性战争），尤其是美国在两次世界大战后把敌方欧式大国视为绝对敌人，从而摧毁了施米特所谓"一个现代的、人性的和文明化的国际法"。

我们中国人对日本侵略者有刻骨仇恨，故而极容易认同美国将敌国视为绝对敌人。但毛泽东在《论持久战》(1938)中清醒地区分了对日本侵略者的仇恨和对日本人民（日本民族）的统战工作。②如果我们认真读懂了《论持久战》，我们就会像施米特一样拒绝把敌方举国视为绝对敌人，尽管我们不必像施米特一样对"一个现代的、人性的和文明化的国际法"抱有好感。这方面在刘小枫先生的长文中已有深入探讨，此不赘述。

现在，我们要追究的是，施米特有理由把两次世界大战当作所谓古代自然状态的"旁证"吗？或者说，施米特有理由把美国比作古罗马吗？我们若就罗马论罗马，难免会被认为柿子拣软的捏。要探究古代诸民族之间是否存在自然状态，还需从古代西方首位精神

---

① 但施米特对中世纪仍怀有一定敬意，他强调中世纪的无政府主义不同于20世纪的虚无主义（《大》，页21-22，参页67注）。参徐戬，《施米特与"拦阻者"学说》，载于《海南大学学报》(人文社会科学版)，2020年第1期，页20-26。与该主题紧密相关的施米特其他论著有《罗马天主教与政治形式》(1923)，收于施米特，《政治的神学》，刘小枫编，刘宗坤等译，上海：上海人民出版社，2004/2014，页75-118。

② 毛泽东，《毛泽东选集》第二卷，北京：人民出版社，1991，页440。

立法者荷马入手——毕竟罗马奠定自己大国品格时颇为仰仗荷马。①

荷马式英雄不愧为海盗之子？

《大地的法》有两个要害篇章论及荷马。第一处如下：

> 起初，在海上大帝国建立之前，"公海自由"这句话很好理解，无非指海洋即自由战利品的自由区域。［……］海盗（Pirat）这个词源自希腊语πειρᾶν，意即考验、尝试和冒险。没有哪个荷马的英雄会愧为这样勇猛而敢于试练自己命运的海盗之子。因为在坦荡的海洋上，没有围篱，没有界线，没有圈定的区域，没有神圣的场域，也就不存在法权和财产权。（《大》，页8）

我们曾说，在施米特看来，现代占取海洋（泛指占取海外）就像闯入古代未加约束的自然状态。此处这段话就是对这个观点的佐证。"公海自由"让欧洲人肆意占取海洋，施米特将这追溯至荷马的海盗式英雄。所谓海盗式英雄，就是对海外民族不宣而战，而且进行歧视性战争。按施米特此处上下文，陆上自然状态在古代占据主导，而希腊这样的航海民族，在古代提前体验了一把海上自然状态。可以说，荷马式英雄的自然状态、现代占据海洋的自然状态、20世纪两次世界大战的自然状态——以上三阶段论在施米特脑中构成一条自然状态发展谱系。文艺复兴以来，不断有西方思想大家把文艺的（即前古典的、前苏格拉底的）希腊当作现代化的重要资源。②

---

① 金嘴狄翁，《论王政》，刘小枫编，王伊林译，戴晓光校，北京：华夏出版社，2019。古罗马专政官制度（dictatura）的确针对某种自然状态，但那只是非常状态。参刘小枫，《现代人及其敌人》，北京：华夏出版社，2005，页83。

② 参刘小枫，《现代性与现代中国》，上海：华东师范大学出版社，2018，页124。

施米特显得在接续这种思路，而且他绝非最后一个这么想的人。

可是，称荷马式英雄不会愧为海盗之子，并不符合荷马本意。首先，我们考察《伊利亚特》。修昔底德（约前460—约前400）照着伯罗奔半岛战争的模子，把荷马笔下阿开亚人和特洛亚人（Τρῶες）的战争解释成：阿开亚众王之王阿伽门农权力激增，不可避免以威势四处扩张（《伯罗奔半岛战争志》1.9）。伯罗奔半岛战争已经很接近一场歧视性的三十年战争（同上，7.29）。① 按这个思路，很容易把特洛亚也解释成歧视性战争，毕竟特洛亚确实举国被灭，王子赫克托尔尸身也遭到凌辱。更何况，荷马自己也说，仅仅因为天后赫拉宠爱阿开亚人，而且阿开亚人确实兵强马壮，所以特洛亚必须被摧毁（《伊利亚特》4.51–52、4.419–438）。不讲道理到这种地步，难道这还不是歧视性战争？

可是，我们要想一想，在荷马的世界里，人间和神界两重秩序都还在建立中，荷马描绘歧视性战争真的是为了宣扬歧视性战争？修昔底德不仅没有这么断言，反倒还强调荷马有意描绘得很悦耳，或者用现代的语言来说，描绘得很道德化（《伯罗奔半岛战争志》1.22）。事实上，荷马意在反思歧视性战争，或者说，反思一个英雄是否会愧为海盗之子。因为：

（1）在远离诸神的天父宙斯那里，特洛亚和阿开亚分居天平两边，而非事先存在等级差异（《伊利亚特》8.68–74、22.209–213）。而且波塞冬顾及宙斯情面，出手保护特洛亚军师埃涅阿斯免遭阿喀琉斯毒手，以便埃涅阿斯将来能延续特洛亚香火（同上，20.288–308）。

---

① 施特劳斯，《修昔底德：政治史学的意义》，收于施特劳斯，《古典政治理性主义的重生》，重订本，郭振华等译，叶然校，北京：华夏出版社，2017，页140。

(2) 更重要的是，据《奥德赛》补述，特洛亚被灭后，一向团结的阿开亚两位王者兄弟——阿伽门农和墨涅拉奥斯——发生分裂，阿开亚最杰出的两个谋士奥德修斯和涅斯托尔各助一王，两帮人最终撕裂全体阿开亚人（《奥德赛》3.130-166）。这既然是宙斯的意愿，便可视为在惩罚发动歧视性战争之肆心（ὕβρις）。既然荷马式英雄为宙斯所养育，我们能说荷马式英雄不会愧为海盗之子？

然后，我们再来看《奥德赛》。在特洛亚战争中，奥德修斯确实曾是著名的海盗式英雄，他设计的木马计是攻陷特洛亚最后的关键。但海盗式英雄们返乡时，宙斯精心策划了对他们的惩罚。墨涅拉奥斯和涅斯托尔那一队稍微幸运一点，阿伽门农和奥德修斯这一队就惨了：阿伽门农早早死在自己的王后及情夫手中（1.298-300），追随阿伽门农的奥德修斯则要历经千辛万苦才能回家，而且被告知返乡后还要再次出海历练（这回不是去打仗）——刚听到这话时他内心是崩溃的（11.119-137）。奥德修斯的返乡历程，实乃主动反省海盗人生的历程。因为：

（1）奥德修斯在返乡途中失去同伴，势单力孤，极易反遭异族海盗屠杀。《奥德赛》有意描写了一个海盗蜂起的时代。当奥德修斯受到费埃克斯人礼遇时，他才意识到宙斯作为异邦人保护神的意义所在（古代大地法的起源），① 尽管荷马仍然冷峻地揭示，宙斯未能完全剪除波塞冬对海盗行为的赞助（5.29-42、8.565-566、13.126-187）。

（2）奥德修斯回到祖国伊塔卡后，为了秘密平叛，多次伪造自己的简历，把自己抹黑成海盗，以便与时代精神打成一片（14.222-234、17.425）。但在全书末尾，奥德修斯面对自己最爱

---

① 参沃格林，《新政治科学》，前揭，页76-78。沃格林，《城邦的世界：秩序与历史》卷二，陈周旺译，译林出版社，2012，页173-174。

的王后佩涅洛佩时,虽然仍然没有卸掉伪装,却不再谎称自己做过海盗,而只自称为海外世家公子,有良田铺子,是个婚配的好对象(19.165 – 202)。据此,我们能否说荷马式英雄不会愧为海盗之子?

奥德修斯有占取土地的"努斯"?

《大地的法》第二次论及荷马是分析《奥德赛》前5行:

> 这人游历多方,缪斯哦,请为我叙说,他如何
> 历经多种引诱,在攻掠特洛亚神圣的社稷($\H{\epsilon}\pi\epsilon\rho\sigma\epsilon\nu$)之后,
> 见识了多种人的城郭($\breve{\alpha}\sigma\tau\epsilon\alpha$),认识了他们的心思($\vartheta\upsilon\mu\acute{o}\nu$);
> 在海上凭着那份心力($\vartheta\upsilon\mu\acute{o}\nu$)承受过多种苦痛,
> 力争保全自己的心魂($\psi\upsilon\chi\grave{\eta}\nu$),和友伴们($\acute{\epsilon}\tau\acute{\alpha}\rho\upsilon\varsigma$)的归程。①

古来就有抄件把"认识了他们的 $\nu\acute{o}o\nu$ [心思]"读作"认识了他们的 $\nu\acute{o}\mu o\nu$ [法]"。施米特表示,他更喜欢后一个读法。配合这几行诗突显的海陆对比,施米特顺理成章地认为,荷马对大海持开放态度,比后来的罗马人更具发现精神,从而为现代大地法提供了必要准备,尽管这也许并非荷马有意为之(《大》,页43 – 45,对比页8)。我们很容易发现,这种观点是在推进前一次有关荷马的讨论。

为避免陷入古典语文学论争,施米特在此强调,"心思"是否读作"法",并非决定性问题。决定性问题在于,"心思"(更哲学的译法是音译为"努斯",意即理智)是普遍的,故而不可能有特定

---

① 刘小枫译文,引用时据希腊文本有所改动。

民族的心思,而"法"则可以因民族而异。因此,从道理上讲,强调多种人的"心思"没有意义,而强调多种人的"法"则有意义。荷马原文中,"城郭"是复数,"心思"是单数。这么看来,施米特的观点似乎有些道理。

可是,我们要知道,把"心思"理解成普遍的"努斯",是哲学产生之后的事。即使这里的"心思"是单数,同样也能指各民族自己的想法(与性情相关)。以单数指代复数,在古朴的史诗语法中,并非不可想象。① 恰恰当"心思"被理解为各民族自己的想法时,古代大地法作为对各民族性情的划分才显得不突兀;而若被理解为普遍的"努斯",施米特便容易得出推论(尽管他实际上没有这样推论):这种"心思"就是"法"背后"占取土地"的冲动,其极致体现就是"全球划界思维"是这种"心思"。唯有如此,荷马才称得上为现代大地法提供了必要准备。

因此,决定性问题不在于读作"心思"还是"法",而在于施米特如何理解"心思"和"法"。这决定着荷马到底是古代大地法的基础,还是现代大地法的准备。至少《奥德赛》最后的奥德修斯——他受宙斯教养且最为宙斯所赏识——没有"占取土地"之普遍"努斯"。故而,称荷马开出现代大地法,不过是度君子之腹罢了。

通过以上考察,我们发现,荷马未必是施米特的自然状态发展谱系的开端。20 世纪两次世界大战,就算是诸民族之间自然状态的"复辟",也与荷马和古代西方了无干系。

---

① 杰出的荷马译者拉提摩尔就把"心思"译作复数的 minds [心思],见 Homer, *The Odyssey of Homer*, tr. Richmond Lattimore, New York: Harper & Row, 1975, p. 27。

六 评议之二：近代中国与国际自然状态

若说古代西方仍然太多战乱，让人难免想到自然状态，古代中国则公认地远远更持重也更统一。施米特的《大地的法》和《游击队理论》涉及近现代中国，未及探讨古代中国。但即使是近现代中国，也仍然在对外关系上守住自古以来的底线：吾华纵然弱小，亦决不自视为处于自然状态。1939 年，毛泽东尝言："人不犯我，我不犯人；人若犯我，我必犯人。"① 考察施米特如何理解中国，无疑有助于推进施米特论荷马引出的问题：古今转换中的中国如何应对已成大势的国际自然状态？

我们先来看《大地的法》的中国论述，共计七个段落。我们将按史实时间先后，重组这七个段落。首先，我们来看第四个段落（《大》，页214），这也是前文多次征引过的段落。施米特在此处说，1890 年代，日本和中国都还不被"承认"为"国家"。当然，日本就快"熬出头"了。果然，在涉及中国的前三个段落（《大》，页170、212、213）中，日本脱亚入欧成功，即被"承认"为一个"大国"（Großmacht），因为日本在中国大地上打赢了甲午战争（1894）和日俄战争（1905），而且日本在两场战争中严格遵守欧洲国际法。这当然不是指日本打仗时非常克制。恰恰相反，施米特指出，这是两场所谓的"惩罚性征战"（Strafexpedition），即歧视性战争。理由我们前面已经讲过：在欧洲及其崇拜者日本看来，中国只是他们能够为所欲为的海外（《大》，页214）。在十四年抗日战争（1931—1945）中，又何尝不是如此？

有意思的是，施米特在提及中国时，同样把中国称为"大国"。

---

① 毛泽东，《毛泽东选集》第二卷，前揭，页590。

这似乎是一种恭维，或一种期盼。迟至1950年《大地的法》出版时——中国人民已经站起来一年了——这本书的欧洲编辑在制作书末索引时，甚至没有"承认"中国作为一个索引条目。这值得我们自问，中国这样伟大的民族，在现代总会成为大国的，问题在于：我们应该成为何种大国？

然后，我们再来看第五个涉及中国的段落（《大》，页223）。施米特说道，1935至1936年，德、意、日三国"二战"之箭已在弦上，英、法两国还在纵容意大利占取非洲的埃塞俄比亚。当时，埃塞俄比亚和中国同为"边远的外围国家"，且同样遭遇过欧洲人的歧视性战争。1930年代是国际联盟的时代，施米特谴责道：

> [国际联盟] 这种联合（Kombination）的政治意义在于，英法这两个领头的欧洲大国得以控制和操纵中小型欧洲国家。两国因此可以协同行动，这充其量就是个同盟（Bündnis）而已。我们经常说到，任何国际法都不是为了废止战争，而是为了限制和约束战争，即避免发生毁灭性战争。但国际联盟对此毫无助益。（《大》，页223）

至于"边远的外围国家"，连"中小型欧洲国家"都不如，从而完全只能"人为刀俎，我为鱼肉"。反讽的是，由于上个世纪之交的民主化浪潮，"边远的外围国家"名义上被"承认"为国际联盟"无差别"的成员国。

> [欧洲] 法学家们以为欧洲会因为接纳非欧洲国家而备受诟谇，却从未注意到，这些国家的加入恰恰侵蚀了接纳的基础。[……] 代之而起的并非一套诸国家组成的"体系"，而只是一种既没有空间也不成体系的混乱杂处的现实关系。（《大》，页214－215）

施米特说,在这个混乱杂处的国际联盟框架内,当埃塞俄比亚被中型欧洲国家意大利占取时,中国是少数几个持反对意见的"边远的外围国家"之一。这就是施米特涉及中国的第五个段落所言。施米特对这些"边远的外围国家"抱有同情(对比《大》,页 64 - 65),但他的用意仍是,首先重建欧洲国家相互之间的非歧视性战争关系。在这个前提下,他的建议才有可能是避免对"边远的外围国家"发动歧视性战争。然而,施米特没有分析,中国在国际联盟中反对欧洲暴行,是出于自身利益考虑,还是出于独特的忠信民族性情。

然后,我们过渡到涉及中国的第七个段落(《大》,页 290 注)。这个段落讨论美国的史汀生主义(Stimson - Doktrin),这个主义可谓国际联盟之后的时代美国称霸的宣言。要理解史汀生主义,事先得了解欧洲国际法中"承认"这个概念的一段故事。

> 根据古典[近代]欧洲国际法,对另一个国家或政府的承认,包含了对正当敌人[即实际敌人]的承认,即在战争情况下平等对待和相互尊重。(《大》,页 280)

当美国爆发内战(1861—1865)时,由于欧洲不愿让美国成为大国,因此,"尽管他们[欧洲人]一再表示对内战的双方都保持中立,但实际上只是把原来针对国家间的非歧视原则运用到国家的内战中来"(《大》,页 285)。言外之意就是,欧洲"承认"美国南方叛军为国家,是为了分裂美国。这一切"最终导致承认等于干涉"(《大》,页 285)。幸而美国有高人化解了这场"分裂之家危机"。①

---

① 雅法,《分裂之家危机:对林肯-道格拉斯论辩中诸问题的阐释》,韩锐译,赵雪纲校,上海:华东师范大学出版社,2007。刘小枫,《以美为鉴:注意美国立国原则的是非未定之争》,北京:华夏出版社,2017。

若说欧洲以"承认"来"干涉"美国是恶意运用国家间的非歧视性原则,那么,美国从内战中崛起为真正大国后,就肆意突破国家间的非歧视性原则,以便更加澎湃地以"承认"来"干涉"世界各国。20世纪初,这种承认式干涉的标准已经非常明确:你不民主,我就干涉你;当然还有后半句,即你是否民主,我美国说了算。"由此,以民主形式来体现合法性与正当性,就明确成为国际法上的标准。"(《大》,页288)施米特富有预见性地指出:"一旦美国将其理论提升到世界干涉主义之全球诉求的高度,那么地球上任何国家都不能幸免了。"(《大》,页288)

有的朋友,尤其是法学同仁,也许会辩证地认为,美国的世界干涉主义诚然是无理取闹,但美国推动世界民主化,不是顺应了历史潮流吗?但施米特早在《政治的概念》中已经指出,如果这真是历史潮流,霍布斯以降的决断论就无足轻重。这绝非意识形态化地反民主,因为施米特自己就曾积极献身于魏玛民国(1918—1933),还为之写出《宪法学说》(1928)这样的大著。再远一点的例子是,苏格拉底也忠于雅典民主,并为此付出生命的代价。至于有论者指控施米特在1933年失足,我们决不为成舟之木作无谓辩护,但不得不指出,中国有句古话:"君子不以言举人,不以人废言。"(《论语·卫灵公》)择施米特之善者而从,才能学而有所得。

回到美国的世界干涉主义,此种美国理论落实为正式文件,就是史汀生主义,初见于1932年美国递交给中国和日本的同一份照会。

> 根据史汀生主义这种新观念,干涉被正当化了,美国可以插手政治、社会、经济等所有重要的世界事务。(《大》,页290)

在这个意义上,史汀生主义就是美国颠覆欧洲国际法后正式发表的歧视性战争宣言。史汀生主义起初是对中国和日本同时发布的，这有何深意？在涉及中国的第一个段落中（《大》，页170），施米特曾说，"伴随着这个东亚大国的出现，一个新的非欧洲中心的世界秩序开始浮出水面"。当时施米特正在讨论日本成为大国，读者很容易把这里的"东亚大国"理解成日本。可是，如前所述，在那个语境里，施米特特意也把中国称为大国。故而，有没有可能这里的"东亚大国"是指中国？美国同时对中日两国发布史汀生主义，到底针对哪一个东亚大国？

最后，我们来看最关键的第六个涉及中国的段落（《大》，页274）。这个段落给出了上述问题的答案：倘若美国有心，其史汀生主义针对的东亚大国必是中国。施米特说：

> 从世界历史的角度来看，现在［19世纪末］美洲大陆与新出现的东亚空间的关系，就像一百年前［18世纪末］老欧洲由于美国在世界历史上的崛起而被挤出东半球区域一样。在一种**精神地理学**（Geistesgeographie，［引按］强调为原文所有）上，这样一种显著变化会成为一个极其轰动性的主题。在其影响下，1930年宣告了一个新世界的崛起，从此美国与中国联系在一起。（《大》，页274）

1930年中国对美国宣告了一个新世界崛起，正如1787年美国对欧洲宣告了一个新世界崛起。笔者无从查阅施米特说这句话时参考的文献，但回顾基本史实可知，"这时［1930年］南京已被江西苏维埃的革命潜力所震惊，并在1930年底开始对红军进行第一次'围剿'"。① 中国人民的朋友、美国记者斯诺1936年到访延安时，毛泽东做了如上回顾，很快受到国际社会关注。1963年写出《游击队理

---

① 毛泽东，《毛泽东自述》，北京：人民出版社，2008，页70。

论》的施米特在1950年注意到1930年中共游击战，并非没有可能。①

那么，中国到底何以是一个新世界？我们知道，美国之所以是新世界，是因为挑战欧洲的国际法。中国之所以是新世界，是因为挑战美国的国际法吗？施米特给出的答案是肯定的，否则他没有必要为中国的游击战而无比兴奋。相比之下，在欧洲得势时，日本一心想要脱亚入欧。不料，1905年脱亚入欧成功不久，欧洲便急速转衰。日本随即伙同堕落之后的欧洲大国——德国和意大利——大打歧视性战争（1931—1945），结果被美国同样以歧视性战争反杀。就打歧视性战争而言，敌对的美日两国没有本质区别。② 施米特把这一切都看在眼里，他怎么可能看得上日本，从而称之为预示着新秩序的东亚大国？那么，1930年后的中国预示着何种新秩序，既然不与放纵国际自然状态的美国苟同？

七 评议之三：新中国不做现代土地占取式大国

在1963年的《游击队理论》中，中国之所以引起施米特高度关注，是因为游击战一方面引出两种引人瞩目的战争形式（一国内战和殖民地战争）问题，另一方面引出革命政党对这两种战争形式的重要性问题（《游》，页152、155-156）。这一切都是旧的欧洲国际法不太关注且难以解释的。中国的游击战正好既属于一国内战，又属于殖民地战争（严格来讲是半殖民地战争），而且由强大的革命政党全程主导——这个过程中出现过重大波折，但最终取得革命胜利。

---

① 《游击队理论》第193页提及1927年以来毛泽东和中共的奋斗史。

② 参徐戬，《世界历史中的"九一八"》，载于《开放时代》，2012年第11期，页54-71。

在此值得强调：

> 游击队员是承担着一场战争的十分之九的战士，剩余的十分之一留给正规武装力量。毛泽东绝对没有忽略这最后的十分之一对战争结局的决定性作用。（《游》，页 198）

不仅如此，"游击队员可以穿上军装变成一个优秀的正规军战士，甚至变成一个特别英勇的正规军战士"（《游》，页 218）。故而，在施米特的用法中，游击战并非只限于非正规战法，而是以游击战为肥沃土壤的整套战法。施米特把中国游击战视为 19 世纪以来列国游击战中登峰造极的形式，因为有如下我们从小就熟知的事实：

> 当掌握权力之时，中国共产党人便带来经受过沉重挫折的深刻经验和组织能力及其原则："转移到农村环境，在那里以崭新的、不曾预见的方式发展。"这是苏俄和中国共产党人之间"意识形态"差别最深层的起因所在。（《游》，页 196）

施米特在上述事实中总结出我们同样不陌生的游击战四大标准：非正规性、高度灵活的积极战斗、高度强烈的政治责任感、依托大地的品格（《游》，页 160）。不过，施米特做这些梳理时，与我们的视角仍有不同。他的第四个标准，依托大地的品格，揭示了他的独特视角：强调近代以来的大地，意味着前所未有地关注实际（所谓脚踏实地），即去除"绝对敌人"这样的虚无主义概念，而仅仅聚焦于"实际敌人"这样的政治现实主义概念。

正如前文多次提及，施米特只是赞赏旧的欧洲国际法承认实际敌人，而没有说旧欧洲国际法中完全没有绝对敌人。例如欧洲意义上的海外占取，欧洲人就会把当地民族视为绝对敌人，这合乎欧洲国际法。我们可以设想，施米特一直追求的新大地法，将是一种完全不从绝对敌人来思考的大地法。他认为，游击战也许能为建立新大地法提供契机：

> 战争、敌人和战利品的传统差别以往为陆地与海洋之［欧洲］国际法上的对立奠定基础，在工业－技术进步的熔炉中，这一差别也许有朝一日会熔化掉。但在当前，游击队员始终意味着一块真实的土地；他是在尚未被完全破坏的世界历史原质的大地上坚守最后岗位的人。（《游》，页 208）

正是靠这种坚守最后岗位，中共能够在不同历史阶段精确定位到实际敌人，这种定位有一个光辉的名字——建立中国人民统一战线。但另一方面，正如没有完全认同旧的欧洲国际法，施米特也没有完全认同既有的游击战，而是进一步在游击战内部进行划分：

> 尽管两种类型的游击队（防守性的、依托土地的故乡保卫者型和对世界怀有敌意的革命积极分子型）的结合和交融，是第二次世界大战和战后时期直到今天［1963 年］的［游击队］行为的特征，但［两种类型的游击队员的］对立仍然存在。［……］如果战争在整体上针对的是对手的种种犯罪行为，比如战争被看作阶级敌人对阶级敌人的内战，其主要目标是消灭作为敌人的国家政权，敌人的犯罪行为所引起的革命爆炸效应便使游击队员成为战争的真正英雄。（《游》，页 168－169）

施米特在游击战内部进行划分，是因为有些游击战依然规定了绝对敌人。这样的游击队员就是"对世界怀有敌意的革命积极分子型"，他们把对外战争视为阶级敌人对阶级敌人的内战——其前提当然是他们内心有一个世界国家，如此才有这个意义上的世界内战。这便与前面批判的美国的世界干涉主义无差别了。施米特所说的这种游击队员，至少在国际层面，不会是中共，而主要是苏俄。1963年，中苏争论公开化，是苏俄的世界干涉主义所致。

不论1949年之前还是之后，中共都奉行独立自主的国际关系原则，对外战争止步于保家卫国。这显然是从古代中国传承下来的国家涵养，苏俄或美国都没脸在这方面同中国相比。可是，这是否意味着，施米特的话对中国来说全无启发？恐怕也不尽然。因为中国经历过严格意义上的内战，以及后续的十年文化内战。不论如何，《游击队理论》最后一句话写道："［以中共为巅峰的］游击队理论将汇入政治的概念，汇入探求实际敌人和新大地法的问题。"（《游》，页230）

总结起来，通过考察游击队理论，施米特的新大地法要确立彻底的实际敌人观念，即杜绝现代国家激进地追击自己臆想出的绝对敌人。反观旧大地法，虽然其衰落无可挽回，但它有两点在新大地法中得到坚持：（1）国家是国际法的主体，因为革命政党同样致力于建立现代民族国家。至于国家消亡论，或国家淡出论，施米特将其归于"对世界怀有敌意的革命积极分子型"游击队员的理想；（2）国际法并不消除战争，而是把战争限制为非歧视性战争。这一点不必做更多解释，因为实际敌人观念与非歧视性战争观念相配套。

施米特没有明说，但他心中也许认为，朝鲜战争后，中国实质上变成了得到"承认"的"大国"，正如南北战争后的美国。新中国与新大地法的建构，在施米特看来是当代最富激发性的论题。然而，从施米特的普遍历史来思考，我们会追问，中国是否从此变成了欧式大国，即与所谓古代自然状态决裂的现代土地占取式大国？

在此，需要考虑两点：（1）如前所示，不论在荷马那里，还是在中国古人那里，古代自然状态这一说都很成问题；（2）1953年以来中国的国际形象，恰恰并非现代土地占取式大国。中国在保家卫国的同时从未与这种冲动同流合污。1971年，中国恢复联合国常任理事国身份后,仍然爱惜自己的羽毛:截至2019年,中国共使用过14次否决权,① 无一次不严守老外交部部长周恩来1953年宣告的"和平共处五项原则"。但西方的"中国威胁论"却以"中国的伪装"来度君子之腹。

因此,施米特心中送给中国的"大国"帽子,若是指欧式大国,则并不合乎中国的头型。更重要的是,中国还以戴这顶帽子为耻。中国作为"过来人"尤其能洞悉施米特的思想困境:既然非欧洲(西方)文明民族不是国际法主体,如何能切实保证欧洲人(西方人)对这些民族的战争是非歧视性战争?换言之,施米特的新大地法愿景,能否切实杜绝歧视性战争,对中国来说始终是一个问题。

中国不打歧视性对外战争,既然并非出于要做现代土地占取式大国,那么是因为中国要做何种大国?1960年代,德国毛主义者什克尔采访施米特时,施米特已经读了一些毛泽东喜爱的先秦道家和兵家著作(或其介绍)。当什克尔把柔能克刚的道理(游击战的奥义所在)与欧洲国际法时期大哲黑格尔比附时,施米特敏锐地提醒:"两者虽有关联,但相去甚远。不仅中国的大智之人和战略家的世界,而且他们的语文,都与我们的语文和思维方式相去甚远。"② 施米特有没有留下这方面更多的思考,笔者不得而知。但施米特激发我们中国人思考:(1)事实上,中国古人的语文和思维方式,与以荷马为首的西方古人恐怕并非相去甚远;(2)中华优秀传统文化有自己的大地法,这种大地法润物细无声地涵养着作为现代大国的中国。

---

① 见联合国安全理事会官网:https://www.un.org/securitycouncil/zh/content/veto-china。

② 什克尔,《与施米特谈游击队理论》,前揭,页243。

结语　中国的性情与天外的玄思

总结起来，施米特的大地法思想的普遍历史意图，就是基于欧式大国陆上均势而占取全球陆地和海洋。现在，我们尝试回答引言中提出的两个问题：（1）如何看待施米特勾勒的旧大地法中，欧式大国之间难以克制的自然状态？（2）在施米特畅想的新大地法中，新中国是否应该成为经过20世纪改进的新的欧式大国？

先看第一个问题。施米特把霍布斯自然状态论从个人之间扩展至国家之间，可谓把自然状态论推向极致，同时又苦心孤诣地为之部署现代约束机制。这个机制正是刚才总结的普遍历史意图——基于欧式大国陆上均势而占取全球陆地与海洋。可是，问题在于这个机制非常不好使：欧式大国进入世界大战时代，并非因为这个机制没有得到完善执行，而是因为这个机制从未反思过，国际自然状态并非理所应当的前提。即使不提这个机制对非欧洲文明民族来说是否正义，其自身的崩溃也正是国际自然状态的自然结果。

施米特一厢情愿地把国际自然状态溯源至荷马那里，这恰恰让我们有机会发现，荷马何以反对国际自然状态。与荷马开创的西方古代传统一致，中国古代传统同样反对国际自然状态：在大地之上，主导民族唯有德之民族（一个或多个）居之，正如在一族之内，民众养护者唯有德之人（一个或多个）居之。

由此，我们过渡到第二个问题。在施米特的新大地法中，他暗示新中国将是（或应该是）经过20世纪改进的新的欧式大国，即革命政党领导的彻底不打歧视性对外战争的大国。然而，如果革命政党的革命性以国际自然状态为前提，歧视性对外战争在理论上就仍然无法避免。新中国之所以在现实中没有打歧视性对外战争，恰恰是因为古代大地法（施米特误解了它）传承给新中国的大国性情。

因此，新中国不是任何意义上的欧式大国。

当然，施米特仍然不愧是伟大的法学家，因为他从未停止为大国赋予更大的责任，从未停止对大国性情另眼相看，只不过他赞赏的大国性情在古人看来还应更加高贵。其实，我们也能理解施米特何以坚持做"现代人及其敌人"（借用刘小枫先生的表述），因为他唯恐古代的高贵会引发歧视性对外战争。毕竟，施米特有着过人的政治现实感，天生就警惕飞出天外的玄思（柏拉图《斐德若》247b）。但实际上，出于某些玄思——即便不是天外玄思——返乡后的奥德修斯并不打歧视性对外战争，"和而不同"的中国人更不会打。

（作者单位：中山大学中国语言文学系［珠海］）
＊本文系国家社科基金青年项目"尼采与欧洲文学传统之关系研究"（19CWW001）阶段性成果。

旧文新刊

王安石經學概論初稿

徐振亞 撰
潘 林 校注

溯源第一

統觀兩宋三百二十三年①學風,雖屢有遞變,要以慶曆爲關鍵。王應麟曰:"自漢儒至於慶曆間,談經者守故訓而不鑿。《七經小傳》出而稍尚新奇矣,至《三經新義》行,視漢儒之學似土梗。"[1]陸游曰:"唐及國初,學者不敢議孔安國、鄭康成,況聖人乎!自慶曆後,諸儒發明經旨,非前人所及,然排《繫辭》,毀《周禮》,疑《孟子》,譏《書》之《胤征》《顧命》,黜《詩》之《叙》,不難於議經,況傳注乎!"[2]按:排《繫辭》者歐陽修,毀《周禮》者修及蘇軾、蘇轍,疑《孟子》者李覯、司馬光,譏《書》者蘇軾,黜《詩叙》者晁説之與鄭樵、朱熹。[4]蓋自唐詔用孔、賈義疏以來,拘

---

① 此年數當誤,兩宋(960—1279)實歷320年。按,本文脚注均爲校注者新增。

泥日久，高明者病其瑣碎，不樂於墨守故也。風會所趨，"新進後生，口傳耳剽，讀《易》未識卦爻，已謂《十翼》非孔子之言；讀《禮》未知篇數，已謂《周官》爲戰國之書；讀《詩》未盡《周南》《召南》，已謂毛、鄭爲章句之學；讀《春秋》未知十二公，已謂三《傳》可束之高閣"。[4] 疑古之風既熾，治學之道乃新，勢所必然。

荆公生丁①斯會，承其時蔽，於經則有《易解》二十卷，《洪範傳》一卷，《詩經新義》三十卷，《禮記要義》二卷，《孝經義》一卷，《論語解》十卷，《孟子解》十四卷，《周禮新義》二十二卷（按：《四庫書目》作十六卷），[5] 皆隨文生義，不落漢唐窠臼，何焯比之王弼；[6] 於小學則有《字說》二十四卷，其自序謂："余讀《說文》，而於書之意，時有所悟，因序録其說爲二十四卷，以與門人所推經義附之。惜乎先王之文缺已久，慎所記不具，又多舛，而以余②淺陋考之，且有所不合。"[7] 則欲訂正許說舛誤者也。其詳另著於篇，兹不多贅。

或謂荆公之學，實劉敞《七經小傳》有以啟之：

> 吴曾《能改齋漫録》曰："慶曆以前，多尊章句注疏之學。至劉原甫爲《七經小傳》，始異諸儒之說。王荆公修經義，蓋本於原甫。"（按：《讀書志》亦載此文，以爲元祐史官之說。）晁公武《讀書志》亦證以所說"湯伐桀，升自陑"③ 之類，與《新經義》同，爲王安石勦④取敞說之證。

《四庫總目提要》則力辨其誣，謂：

---

① 丁，遭逢。
② 以余，原作"余以"，據王安石《臨川文集·熙寧字說序》乙正。
③ 語出《書·湯誓序》。陑，音 ér。孔穎達疏："陑，當是山阜之地。……'陑在河曲之南'，蓋今潼關左右。"
④ 勦（chāo），抄襲。

其説往往穿鑿，與安石相同，故流俗傳聞，致遭斯謗。然考所著《弟子記》，排斥安石，不一而足，實與新學介然異趣。且安石剛愎，亦非肯步趨於敞者。謂敞之説經，開南宋臆斷之弊，敞不得辭；謂安石之學由於敞，則竊鈇①之疑矣。[8]

是則荆公之學，係出自當時環境，非淵源於劉敞明矣。

[本章注釋]

[1] 見王應麟《困學紀聞》卷八《經説》。
[2] 見同上引陸務觀語。
[3] 參見翁元圻注及皮錫瑞《經學通論》。
[4] 見《困學紀聞》卷八《經説》引司馬文正公《論風俗劄子》。
[5] 酌取《宋元學案・新學略》馮雲濠按語、《四庫總目提要》。
[6] 見《困學紀聞》卷一《易》王介甫《易義》翁注。
[7] 見《臨川文集》。
[8] 見《四庫總目提要》卷三十三《五經義類・七經小傳》。

本事第二

荆公諸經義，獨《〈詩〉〈書〉〈周禮〉三經新義》詔頒學官。《易解》則自謂："少作未善，不專以取士。"[1]《論語解》則晁公武謂："并其子雱《口義》，其徒陳用之《解》，紹聖後，皆行於場屋。"[2] 又稱："介甫素喜《孟子》，自爲之解。其子雱與其門人許允成皆有注釋，崇、觀間，場屋舉子宗之。"[3] 則《論》《孟》雖不立

---

① 竊鈇，比喻目隨心亂，典見《列子・説符》。鈇，同"斧"。

學官，爲時遵行可知矣。此外有《孝經解》一卷，朱子嘗取其說入《孟子集注》，[4] 晁公武詆爲阿其所好，弗篤論也。舊有《左氏解》一卷、《易義》二十卷行於世，陳振孫《書錄解題》謂："此書專辨左氏爲六國時人，其明驗十有一事。題王安石撰者，其實非也。"尹和靖亦言："介甫有《易解》，其辭甚簡，疑處闕之。後來有印行者，名曰《易義》，非介甫之書。"[5] 蓋其不爲《春秋》，則以三經所以造士，《春秋》非造士之書也。[6] 其不立學官，則以"三《傳》異同，無所考正，於六經尤爲難知"，"非廢而不用也"。[7]《易傳》本非荊公所愜意，故不久亦歸亡佚。

《三經新義》中，《詩》《書》二義，今并失傳，惟《周禮》尚存，《四庫書目》著錄《周官新義》十六卷，附《考工記解》二卷是也。考蔡絛《鐵圍山叢談》載：

> 王元澤奉詔爲《三經義》，時王丞相介甫爲之提舉。《詩》《書》蓋多出元澤及諸門弟子手，（按：陳振孫《書錄解題》曰："熙寧六年，命知制誥呂惠卿充修撰經義，以安石提舉修定，又以安石子雱、惠卿弟升卿爲修撰官。"可參證。）①《周禮新義》實丞相親爲之筆削者。政和中，有司上言，天府所籍吳氏貲，多有王丞相文書。於是朝廷悉藏諸秘閣，用是吾得見之，《周禮新義》筆迹如斜風細雨，誠爲介甫親書。[8]

其後太學梓板遭毀，世間流傳遂少，僅見王氏《訂義》② 所引而已。③ 荊公解經，呂希哲稱其"皆隨文生義，更無含蓄。學者讀

---

① 此按語爲本文作者徐振亞所加。
② 王氏《訂義》，指王與之《周禮訂義》。是書共八十卷，"編集諸家之說，宋儒自劉仲原父以下凡四十五家，可謂詳且博矣"（納蘭性德序）。
③ "其後太學"以下至此，見全祖望《鮚埼亭集外編・荊公周禮新義題詞》。

之,更無可以消詳處,更無可以致思量處"。[9]

全祖望則謂:

> 最有孔、鄭諸公家法,言簡意該,惟其牽纏於《字説》者,不無穿鑿,是固荆公一生學術之秘,不自知其爲累也。蓋嘗統荆公之經學言之,《易傳》不在三經之内,説者謂荆公不愜意而置之,然伊川獨令學者習其書,容齋記《毛詩》"八月剥①棗",荆公一聞野老之言,輒改其説,則亦非任情難挽者。朱子于《尚書》推四家,荆公與焉,且謂其不強作解事。而《禮記》之方、馬諸家,亦稟荆公之意而爲之者,至今《禮記》注中不能廢。
>
> 《爾雅》成於陸氏,而以其餘爲《埤雅》,既博且精,彼其門人所著,尚有不可掩者如此。至若《春秋》之不立學官,則公亦以其難解而置之,而并無斷爛朝報之説,見于和靖《語録》中所辯。予觀《宋志》,荆公嘗作《左氏解》一卷,則非不欲立明矣。(按:全説誤,《宋志》《左氏解》一卷,蓋即陳氏《書録解題》所斥者也。)② 荆公又嘗與其徒陳用之、許允成解《論》《孟》,然則去其《字説》之支離,而存其菁華,所謂六藝不朽之妙,良不可雷同而詆也。[10]

按:全氏推崇備至,朱子不特取其《尚書》而已,《易》《詩》《禮》皆重之。其《學校貢舉私議》曰:

> 如《易》則兼取胡瑗、王安石、邵雍、程頤、張載、吕大臨、楊時,《詩》則兼取歐陽修、蘇軾、程頤、張載、王安石、吕大臨、楊時、吕祖謙,《周禮》則劉敞、王安石、楊時,……

---

① 剥,通"撲",敲擊。
② 此按語爲本文作者徐振亞所加。

《大學》《論語》《中庸》《孟子》……而蘇軾、王雱、吳棫、胡寅等説亦可采。[11]

答張耒詩云："荊公六藝學，妙處端不朽。諸生用其短，頗復鑿户牖。譬如學捧心，初不悟己醜。玉石恐懼焚，公爲區别否？"[12]吕陶亦言："經義之説，蓋無古今新舊，惟貴其當。先儒之傳注，未必盡是；王氏之解，未必盡非。"[13]則時儒已深重之矣。

大抵荊公解經，隨文生義，言簡意賅，慎言闕疑，不爲一切支離穿鑿之説，（觀朱子《書臨漳①所刊四經後》曰："《春秋》義例，時亦窺其一二大者，而終不能自信於心，故未嘗敢措辭。"及《語録》曰："荊公不解《洛誥》，但云：'其間煞有不可强通處，今姑擇其可曉者釋之。'今人多説荊公穿鑿，他却有如此處。後來人解書，却須要盡解。"王説傷於鑿，然其善，亦有不可掩處可證。）有不安者，時加修正。觀其退居金陵，屢上乞改經義劄子可知。而其流傳於世，所以不廢，最大原因，允爲精義迭出，遠勝先儒。

如《書·酒誥》，"'矧惟若疇'至'定辟'，古注從'父'字②絶句，荊公從'違''保''辟'絶句，朱子贊其"敻③出諸儒之表"，[14]此其章句之精當也。《酒誥》，先儒以"若疇"繫於"圻父"，言君所順疇；"薄違"繫於"農父"，言迫迴萬民；"若保"繫於"宏父"，④言當順安之。林之奇以爲："不如王氏以'若疇'爲汝之疇匹，而於其下，先舉其官名，而後陳其所任之職也。"《洛

---

① 漳，原作"川"，據《朱子文集》改。
② 字，原作"子"，據《困學紀聞》改。
③ 敻（xiòng），遠也。
④ 圻（qí）父，指司馬，主管軍事。農父，指司徒，主管農業。宏父，指司空，主管土地。

誥》"復子明辟"，荆公謂"周公得卜，復命於成王"也。漢儒居攝遠政之説，於是一洗矣。林之奇稱其"明君臣之大分，而有功於名教"。[15]

《詩》："凡百君子，各敬爾身。胡不相畏，不畏於天？"荆公解謂："世雖昏亂，君子不可以爲惡，自敬故也，畏人故也，畏天故也。"呂祖謙《讀詩記》采之。[16]《詩經新義》曰："彼曰'七月''九月'，此曰'一之日''二之日'，何也？陽生矣則言日，陰生矣則言月。"何焯謂精審有味。[17]

《易·復·象傳》注王輔嗣以"寂然至無"爲復，又曰："冬至，陰之復；夏至，陽之復。"荆公則曰："陽以進爲復，初九是也；陰以退爲復，六二、六三、六四是也。"《井》之九三，荆公解云："求王明，孔子所謂'異乎人之求'也。君子之於君也，以不求求之；其於民也，以不取取之；其於天也，以不禱禱之；其於命也，以不知知之。《井》之道無求也，以不求求之而已。"王應麟以爲"文章精妙，諸儒所不及"。[18]

《四庫總目提要》稱其《周禮》"解八則之治都鄙，八統之馭萬民，九兩之繫邦國者，① 皆具有發明，無所謂舞文害道之處"。此其解故之精當也。

然荆公解經，亦有未盡愜人意者。如《周官》有誤引鄭康成説，致熙寧變法，爲世詬病。魏鶴山《師友雅言》曰："口率出泉，康成以漢制解經，三代安有口賦？又如國服爲息，息字，凡物之生歇處，康氏引莽法以注息字，古人原不取民以錢，土地所出原無錢。介甫錯處，盡是康成錯處。歐、蘇以前，未嘗有人罵古注，承其誤以至此。"《周禮折衷》亦曰："《周禮》國服之法，鄭康成直以王莽

---

① 八則，周代治理都鄙的八項法規。八統，統治民衆的八種方法。九兩，使萬民和協的九項措施。典故均見《周禮·天官·大宰》。

二分之息解之。此自誤引，致得荆公堅守以爲成、周之法。當時諸老雖攻荆公，但無敢自鄭康成處説破，推原其罪者。"此其引鄭説之誤者也。至其自誤處更多，如"錯看膳夫一義，以爲王者受天下之奉。後王黼等置應奉司，以成政、宣之禍"，[19] "孫升《談圃》謂《周官》贊牛耳，荆公言取其順聽，不知牛有耳而無竅"[20]。諸如此類，實大蔽也。

由是言之，荆公諸經義，皆純駁互見，允宜別白論之，以得其情。全是全非，均屬偏見，所謂門户之私，非譚①經之正道也。

[本章注釋]

[1] 見《郡齋讀書志》，《易解》。
[2] 見同上，《論語解》。
[3] 見同上，《孟子解》。
[4] 見《困學紀聞》卷七《孝經》，王介甫《孝經解》。
[5] 見《宋元學案·新學略附録》。
[6] 見《困學紀聞》卷六《春秋》"荆公不爲《春秋》"一條，翁注引陸農師《答崔子方書》。
[7] 見同上，翁注引楊龜山《孫莘老春秋經解序》。
[8] 見《四庫全書總目提要》卷十八《經部·禮類·周官新義》。
[9] 見《宋元學案·新學略附録》。
[10] 見同上，全祖望《荆公周禮新義題詞》。
[11] 見《朱子文集》。
[12] 見黄庭堅《山谷詩集》。
[13] 見《宋元學案》全祖望《記荆公三經義事》。

---

① 譚，同"談"。

［14］《困學紀聞》卷二《書》王雱《書義》，翁注引《語錄》。

［15］見同上，翁注引《尚書全解》。

［16］見同上，卷三《詩》王氏《新經詩義》。

［17］見同上，卷一"日月爲易"一條，翁注引何焯語。

［18］見同上，"王輔嗣以寂然至無爲復"一條，及王介甫《易義》條。

［19］并見《宋元學案·新學略附錄》。

［20］見《困學紀聞》卷四《周禮》"孫君孚《談圃》"。

流衍第三

自熙寧八年，《三經新義》詔頒學官，用以取士，或少違異，輒不中程，於是士子咸奉其説爲圭臬，垂六十年。[1] 顧能傳其學者，取《宋元學案》考之，即并私淑再傳弟子計，亦僅得三十餘人，豈以新法遭毀，年久失傳歟？

揆①《新義》之立，則荆公家學居多。子雱除訓釋《詩》《書》二義外，《論》《孟》《學》《庸》，咸有解説；其説之精者，爲談經家不廢焉。錢大昕《十駕齋養新錄》載："安石與雱皆以經術進，當時頌美者多以爲周孔，或曰孔孟。范鏜爲太學正，獻詩曰：'文章雙孔子，術業兩周公。'"[2] 可見其家學之盛矣。

此外如"耿南仲、龔原之《易》，陸佃之《尚書》《爾雅》，蔡卞之《詩》，王昭禹、鄭宗顔之《周禮》，馬希孟、方慤、陸佃之《禮記》，許允成之《孟子》，陳祥道之《論語》"，[3] 皆能紹其衣钵者也。而諸家爲荆公之學者，多牽於《字説》，其失也鑿。

---

① 揆（kuí），度量，揣度。

惟《論語》疵纇①獨寡，或謂是書本出鄒浩，而託於祥道。② 考《宋史·藝文志》別有鄒浩《論語解義》十卷，原自爲一書，并未託之祥道明矣。《四庫總目提要》謂：

> 祥道長於三《禮》之學，所作《禮書》，世多稱其精博。故詮釋《論語》，亦於禮制最爲明晰。如解"躬自厚而薄責於人"章，則引《鄉飲酒》之義以明之；解"師冕見"章，則引《禮》"待瞽者如老者"之義以明之。雖未必盡合經義，而旁引曲證，頗爲有見。又如"臧文仲居蔡"章，則云"冀多良馬稱驥，瀘水之黑稱盧，蔡出寶龜稱蔡"；於"《關雎》之亂"章，則云"治污謂之污，治弊謂之弊，治荒謂之荒，治亂謂之亂"。此類俱不免創立別解，而連類引伸，亦多裨於考證。[4]

全祖望欲覓經家之有力者，取荆公《周禮新義》、王昭禹《周禮解》、鄭宗顔《考工記注》、陸佃《爾雅新義》暨是書合梓之，以見熙寧之學之概，無使蔡卞之《詩》獨行，[5]可覘③是書之價值矣。

今龔原之《易》，方愨、陸佃之《禮》，皆無完書；[6]耿南仲《周易新講義》十卷，蔡卞《毛詩名物解》二十卷，陸佃《埤雅》二十卷，王昭禹《周禮詳解》四十卷，鄭宗顔《考工記解》二卷，并著錄《四庫書目》，尚可考見。

《提要》稱南仲"大致因象詮理，隨事示戒，亦往往切實有裨"。[7]

> 當安石學說橫行，……其爲名物訓詁之學者，僅卞與陸佃

---

① 疵纇（lèi），疵病，缺點。
② "而諸家爲荆公之學者"以下至此，見全祖望《鮚埼亭集外編·陳用之論語解序》。
③ 覘（chān），窺視，觀察。

二家。……大旨皆以《字說》爲宗。陳振孫稱卞書議論穿鑿，徵引瑣碎，無裨於經義，詆之甚力。……然其書雖王氏之學，而徵引發明，亦有出於孔穎達《正義》、陸璣《草木蟲魚疏》外者。……書凡十一類，曰《釋天》《釋百穀》《釋草》《釋木》《釋鳥》《釋獸》《釋蟲》《釋魚》《雜①釋》《雜解》《釋馬》；陳氏《書錄解題》稱分十類，蓋傳寫誤脱"一"字也。[8]

　　陸佃《埤雅》……其子宰序稱……注《爾雅》畢，更修此書，易名《埤雅》，言爲《爾雅》之輔也。其説諸物，大抵略於形狀，而詳於名義。尋究偏旁，比附形聲，務求其得名之所以然。又推而通貫諸經，曲證旁稽，假物理以明其義，中多引王安石《字説》。蓋佃以不附安石行新法，故後入元祐黨籍。其學問淵源，則實出安石。晁公武《讀書志》謂其說不專主王氏，亦似特立，殆未詳檢是編，誤以論其人者論其書歟？……然其詮釋諸經，頗據古義。……多今所未見之書。其推闡名理，亦往往精鑿。謂之博雜則不可，要不能不謂之博奧也。[9]

則能光大王氏之學者也。

又謂：

　　（昭禹）附會穿鑿，皆遵王氏《字説》。蓋當時《三經新義》，列在學官，功令所懸，故昭禹因之不改。然其發明義旨，則有不盡同於王氏之學者。如解《泉府》"以國服爲之息"，……則以王説爲疑。蓋已目睹青苗之弊，而陰破其説矣。至其闡發經義，有足訂注疏之誤者。如解《載師》"里布屋粟"，……不從先儒以里布爲二十五家之泉、屋粟爲三夫之

---

① 雜，原脱，據《四庫全書總目提要》《毛詩名物解》補。

粟,皆爲先儒所未發。……故宋人釋《周禮》,如王與之《訂義》、林之奇《講義》多引其說,固不得以遵用新說而盡廢之。[10]

又"《周官新義》……安石本未解《考工記》,而《永樂大典》乃備載其說。據晁公武《讀書志》,蓋鄭宗顔輯其《字說》爲之,以補其闕"。[11]又兼以補正王說之闕誤者也。

傳龔原之學者爲鄒浩道鄉、沈躬行石經。鄒著有《道鄉集詩》十四卷,《文》二十六卷;[12]沈學"以《大學》《中庸》爲本,篤信而力行過之,卓然以聖賢爲依歸":[13]皆能尊信王氏之說,而不爲其所囿者也。(按:《宋元學案》,鄒入《陳鄒諸儒學案》,沈則入《周許諸儒學案》。)

傳陸佃之學者爲子宰元鈞,著《春秋後論》二十卷,《春秋後傳補遺》一卷,以補父書之闕。[14]王學之佼佼也,三傳爲孫游務觀。王應麟《困學紀聞》錄其"'一言可以終身行之者''其恕乎',此聖門一字銘也;'《詩》三百,一言以蔽之,曰思無邪',此聖門三字銘也"數語。[15]

與陳氏祥道齊名者,爲弟暘晉之。禮部"趙挺之言其所進《樂書》二百卷,貫穿明備,乞援其兄進《禮書》故事,給札寫上①",[16]則能光大其家學者也。

王安禮續傳爲寶文②王厚之復齋,尤長碑碣之學;[17]而翰林李純甫屏山,"雄文而溺於異端,敢爲無忌憚之言","爲文師《莊》

---

① 寫,《宋元學案》原作"既"。"乞援"以下原作:"乞援其兄祥道進《禮書》故事給札。既上,遷太常丞……"

② 寶文,官職簡稱。據《宋史·職官志》載,神宗即位,始置寶文閣學士、直學士、待制。王厚之"官至江東提刑,直寶文閣",故《宋元學案》稱"寶文王厚之"。

《列》《左氏》《戰國策》，且喜談兵，慨然有經世之志"，則亦王學之餘派也。[18]

[本章注釋]
[1] 見《郡齋讀書志》。
[2] 見《十駕齋養新錄》卷七。
[3] 見《宋元學案·新學略》全祖望《陳用之論語解序》。
[4] 見《四庫總目提要》卷三十五《四書類一·論語全解》。
[5] 見《宋元學案·新學略》全祖望《陳用之論語解序》。
[6] 見同上，《題王昭禹周禮詳解跋》。
[7] 見《四庫總目提要》卷二《經部·易類二·周易新講義》。
[8] 見同上，卷十五《詩類·毛詩名物解》。
[9] 見同上，卷四十《小學類一·埤雅》。
[10] 見同上，卷十八《禮類一·周禮詳解》。
[11] 同上，《周官新義》。
[12] 見《宋元學案》卷十《陳鄒諸儒學案》。
[13] 見《宋元學案》卷九《周許諸儒學案》。
[14] 見同上，卷二十四《新學略·陸氏家學》引王梓材按語。
[15] 見同上，《元鈞家學》。
[16] 見同上，《陳氏家學》。
[17] 見同上，卷十五《象山學案》。
[18] 見同上，《屏山鳴道集說略》。

異議第四

自王氏之學行，天下士風一變。[1]陳後山《談叢》云："荆公《新義》行，舉子專誦王氏章句，而不解義。荆公悔之曰：'本欲變學究爲秀才，不謂變秀才爲學究。'"[2]是荊公立法不善，當時已自悔其失矣。①《困學紀聞》云："元豐間，陸農師在經筵，始進講義。自是厥後，上而經筵，下而學校，皆爲支流曼衍之詞，說者徒以資口耳，聽者不復相問難，道愈散而愈薄矣。"[3]又云："自荊舒②之學行，爲之徒者，請禁讀史書。其後經筵不讀《國風》，而《湯誓》《秦誓》亦不進講。"[4]朱子且病其廢罷《儀禮》。[5]由是異議大起。

司馬光曰："王安石不當以一家私學，欲蓋掩先儒。"趙鼎曰："安石設虛無之學，敗壞人才。"陳公輔亦謂："安石使學者習其所爲《三經新義》，皆穿鑿破碎無用之空言也。"[6]故雖以安石深器之祝常，亦屢出正義，相與反覆辯難焉；[7]此猶其口說論難也。

至著書相攻擊者，如《東坡書傳》十三卷，晁公武《讀書志》稱"熙寧以後，專用王氏之說，進退多士，此書駁異爲多"；[8]蘇轍《春秋集解》十二卷，崔子方《春秋經解》十二卷、《春秋本例》二十卷、春秋《例要》一卷，則《四庫總目提要》所謂以矯當時經傳并荒、《春秋》不立學官之弊者也。[9]而排斥最烈者，尤莫如楊時。晁公武《郡齋讀書志》著錄其《周禮辨疑》一卷、《毛詩辨疑》一卷，以攻安石之失，《書義辨疑》一卷，以攻王雱之失。[10]全祖望謂：

> 靖康間，以龜山力主不當配享，乃降安石於從祀。紹興六年，張魏公獨相，以陳公輔言，禁臨川學。乾道五年，魏元履請去荊公父子……。淳熙四年，趙粹中又言之。以輔臣之言，

---

① "陳後山"以下至此，見皮錫瑞《經學歷史》。
② 荊舒，指王安石。王安石封荊國公，又封舒王，故稱。

謂前後毀譽雖不同,其文章終不可掩,但去王雱,而議升范、歐、馬、蘇,亦不果。[11]

凡此事雖或未成,可覘時論一斑矣。

揆安石《三經義》,於《周禮》獨深,其自負致君堯舜者,俱出於此,是固熙寧新法之淵源也。[12]故荆公受人攻擊,亦於此書爲烈。陳振孫曰:"其序曰:'自周衰至今,……又知夫立政①造事,追而復之爲尤難。'新法誤國,於此可推其原矣。"[13]此則古今異宜,以其不可復行,後世而非之也。葉水心曰:"《周官》既晚出,而劉歆遽行之,大壞矣,蘇綽又壞矣,王安石又壞矣。"[14]此則真偽莫明,以其遽施於用而詆之也。鄭樵曰:"若夫後世用《周禮》,王莽敗於前,荆公敗於後,此非《周禮》不可行,而不善用《周禮》者之過也。"[15]此則《禮經》② 本善,以其不善用失敗而責之也。真德秀曰:"歆之王田,安石之泉府,直竊其一二以自蓋爾。"[16]此則陽奉陰違,以其緣飾經術而譏之也。

故《四庫提要》總評之曰:

安石以《周禮》亂宋,學者類③能言之;然《周禮》之不可行於後世,微特④人人知之,安石亦未嘗不知也。安石之意,本以宋當積弱之後,而欲濟之以富強。又懼富強之説必爲儒者所排擊,於是附會經義,以鉗儒者之口,實非真信《周禮》爲可行。迨其後用之不得其人,行之不得其道,百弊叢生,而宋以大壞。其弊亦非真緣《周禮》以致誤。

---

① 政,原作"功",據《直齋書錄解題》改。
② 《禮經》,此指《周禮》,《漢書·藝文志》稱之爲《周官經》。
③ 類,大抵。
④ 微特,不僅。

羅大經《鶴林玉露》詠安石《放魚詩》曰："錯認蒼姬六典書①，中原從此變蕭疏。"是猶爲安石所紿②，未究其假借六藝之本懷也。因是而攻《周禮》，因是而攻安石所注之《周禮》，是寬其影附之巧謀，而科以迂腐之③薄譴。[17]

可謂探驪得珠，洞見癥結者矣。其後國子司業莆田黃隱，每見生員試卷引用，輒加排斥，且焚其書版焉。[18]雖舉動不無過當，亦可見其不厭人意矣。余故備著其説，以爲并世談經家資鑑焉。

[本章注釋]

[1] 見《四庫總目提要》卷十五《詩類一·毛詩名物解》。
[2] 見陳師道《後山談叢》。
[3] 見《困學紀聞》卷八《經説》。
[4] 見同上，卷十五《考史》。
[5] 見《宋元學案》卷十二《晦翁學案》黃榦《朱子行狀》。
[6] 見皮錫瑞《經學歷史》。
[7] 見《宋元學案》卷一《安定學案·安定門人》。
[8] 見晁公武《郡齋讀書志·書類》。
[9] 見《四庫提要》卷二十七《春秋類》。
[10] 見晁公武《讀書志》。
[11] 見《宋元學案·新學略》全祖望按語。
[12] 見同上，全祖望《周官新義題詞》。
[13] 見陳振孫《書錄解題·周禮類》。

① 書，原作"日"，據《四庫全書總目提要》《鶴林玉露》改。
② 紿，通"詒"（dài），欺騙。
③ 之，原脱，據《四庫全書總目提要》補。

［14］見《困學紀聞・周禮》，翁注引葉水心語。

［15］見同上，翁注引鄭樵《六經奧論・周禮辨》。

［16］見《困學紀聞》卷四《周禮》"劉歆以《周禮》文其奸"原注。

［17］見《四庫總目提要》卷十八《周官新義》。

［18］見《宋元學案・新學略》全祖望《周禮新義題詞》。

（原載《學藝》第十四卷第七號，一九三五年九月出版）

评 论

评《政治哲学与亚伯拉罕的上帝》*

朱克特（Michael P. Zuckert）撰
陈一宏 译　赵雪纲 校

潘戈（Thomas L. Pangle），《政治哲学与亚伯拉罕的上帝》（*Political Philosophy and the Cod of Abraham*, Baltimore: Johns Hopkins University Press, 2003）。

《政治哲学与亚伯拉罕的上帝》是潘戈的新作，该书用语精炼、内容丰富、观点独到，完美诠释了研究主题的庄重严肃，并在以下三个维度上令人尤为印象深刻。

首先，便是该著研究主题之深和研究素材之广。潘戈的研究旨在通过政治哲学的视角来审视《创世记》的开篇章节。为了实现这一目标，他求助于几个世纪以来围绕《创世记》展开的大量评议与思考，并以此为中心展开了自己的宏阔探讨。他还借鉴了诸多哲人、神学家、诗人以及圣经批判学者关于所有天启宗教传统（Abrahamic

---

* 选自 *Perspectives on Political Science*, Summer 2007, Vol. 36, No. 3。

traditions）的评述和注释，其中既有诸如迈蒙尼德（Maimonides）、阿奎那（Aquinas）、路德（Luther）一类的大家之言，也有如喀拉巴主义者纳奇曼德斯（Nachmanides）与亚述的塔蒂安（Tatian）等小众之词。

第二，潘戈将搜集整理而得的深刻见解以辩证方法重组的能力同样令人叹服。也正是这种辩证的方法，赋予了潘戈的哲思以苏格拉底式对话或者说是阿奎那式《大全》的意味，亦即潘戈通过驳斥现在或可能出现的针对此论题的各种反对意见来展开自己的研究。

第三，该著在对圣经文本进行解释和与圣经文本展开哲学"交锋"等方面，无不体现了潘戈令人折服的超凡智慧。总而言之，这部著作既展露了作者的高才，也体现了凝结于书中的辛勤耕耘，唯独若是，方才铸就了此非凡著述。

对于该著的正确理解，本人主张将其置于施特劳斯（Leo Strauss）竭力解决的"神学-政治问题"（the theologico-political problem）的背景中进行解读，希望这样的主张不会减损该著观点的独到有力和博大精深。虽然该著有众多闪光点，但其意图模糊不清的特点也较为显著。潘戈没有明确表达其目标，也没有对自己的全部或部分论证做出评价。由此，《政治哲学与亚伯拉罕的上帝》与潘戈将事实上深刻复杂的问题用极为简单易懂的方式写就的其他书籍大相径庭，而这种清晰准确的表达正是源于作者对该研究主题的熟稔。

讨论施特劳斯关于神学-政治问题的处理，无疑有助于明确潘戈的目标以及他想获得的理论成就。施特劳斯认为，理性与启示（他更喜欢称之为"哲学与启示"）充满了问题，或者说至少令人困惑。值得注意的是，与这个传统中主要的明确主张相反，施特劳斯坚持认为哲学与启示具有不同的内涵，且存在不可调和的矛盾，不可能存在如阿奎那等人所倡导的那种综合——理性与启示，只能抉择其一而不能兼有之。

然而，将哲学－启示问题视为"二选一问题"也会面临另外一个困境。施特劳斯坚称，在正确的理解（也即苏格拉底式的理解）下，哲学是一种对整全的知识的探求，但这样的知识不可获得，也恰好是这种对整全知识的缺乏，导致哲学不能拒斥启示的可能性。换言之，哲学不能建立一种关于整全的综合知识体系，故其不能直接证明"神秘启示的上帝就是整全知识之源"这种说法是不可能的。相应地，如果从启示的角度看哲学，前者也不能更好地拒斥哲学的可能性或正当性。哲学与启示，只有在预设有利答案的前提下才会出现一方驳倒另一方的局面，易言之，现在能做的只是进行一种假设意义上的反驳。

因此，一个人对于启示或哲学的选择都不是理所当然、显而易见的事情。但这样的情况对于哲学来说尤为麻烦——哲学本就是从一些显而易见的东西出发来掌握人类行为规则的活动。施特劳斯断言，将哲学置于不明显、不清楚的基础之上，无论是对于哲学事业还是哲学生活来说，都是致命的。相反，由于启示并没有这样的特殊要求，因而其没有清楚明了的基础并不会产生大的不利影响。考虑到启示带来的挑战，坚持和肯定哲学生活的存在及其正确性是一件非常困难的事情，但这也正是施特劳斯致力要解决的问题。

施特劳斯的观点可以用三个命题的形式（或者说是某种方便易懂的三段论形式）来表达：

> 命题一：要想成为一种理性正当的追求，哲学必须能够直接、充分地驳倒启示，而非用循环论证的方式给予证明。
> 命题二：哲学不能驳倒启示。
> 命题三：哲学是一种理性正当的追求。

不用对逻辑学有深入了解便可以意识到，同时持有上述三个命题是说不通的。毫无疑问，意欲在神学－政治问题上读懂施特劳斯的学者，至少持下列三种不同的立场，虽然他们都怀疑施特劳斯并非同时认可这三个命题，但有趣的是，他们的分歧在于施特劳斯到底并不认同其中哪一个命题。

观点一：施特劳斯成功驳倒了启示。这个观点的支持者认为施特劳斯不认可命题二，并认为实际上不像施特劳斯经常说的那样，他认为自己已对启示进行了理性的批判。这个观点最为清楚的表述可见于迈尔（Heinrich Meier）的《施特劳斯与神学－政治问题》（*Leo Strauss and the Theologico-Political Problem*，2006）。

观点二：施特劳斯不是哲学家。这个观点的支持者实际上认为施特劳斯不认可命题三，并相信施特劳斯最终接受了"哲学并非一种理性正当的追求"的结论。这种观点存在以下多个变体。

• 变体 A：最清晰的观点见之于罗森（Stanley Rosen）在《难以捉摸的日常性：哲学的可能性之研究》（*The Elusiveness of the Ordinary*，2002）中，他认为，在对前述三个命题进行整体审视的基础上，施特劳斯对哲学的直白表述，只是一种显白教诲（exoteric teaching），用来防止人类不再相信非相对主义真理之可能性，亦即，罗森将施特劳斯视为一个隐微的罗蒂式人物。

• 变体 B：这是奥尔（Susan Orr）在其《雅典与耶路撒冷》（*Athens and Jerusalem*，1995）中所持的观点，她总结说，同表面现象相反的是，施特劳斯是启示而非哲学的坚定拥护者。

• 变体 C：这是劳勒（Peter Lawler）以及曼伦特（Pierre Manent）等"基于信仰的施派学者"所秉持的观点，如果本人理解正确的话，他们主张，不管施特劳斯的私人方案可能是什么，他的三段论在事实上为启示的可能性扫清了道路。

观点三：施特劳斯有不可调和的矛盾。这正是本人与内子凯瑟琳（Catherine H. Zuckert）最近合著的《施特劳斯的真相》（*The Truth about Leo Strauss*, 2006）之中所持的观点。这个观点的拥护者主张，施特劳斯实际上并不像其所说的那样持有命题一的观点。若采取苏格拉底式的理解，则哲学既不可能也不必成功地驳倒启示的可能性方才能够成为一种理性正当的追求。

回到潘戈的这部著作，问题就变成了其是否支持上述三个观点，以及如果支持的话，具体支持哪一个。乍一看，潘戈似乎对上述三个观点都不赞成，反而频繁声称自己的目标比解决施特劳斯那矛盾的三段论命题来得更小。潘戈所欲达到的目标与研究成就通常给人如下感受：当今时代粗浅贫弱的思考力，已然不能看到哲学立场和启示立场所支持的东西。这一现象的出现，大可归因于意欲采取轻贬策略来驳倒启示的早期现代哲人，具体来说，他们用一种有意的私人化、扁平化、简易化的态度来处理哲学与启示的问题。因此，当下首要的问题应是重拾施特劳斯关于哲学生活与信仰生活之间存在真正的张力（甚或对立）这一观念。潘戈偶尔提及，该著最深远的意义在于重新发现理性与启示更为丰富全面的内涵，最终促成二者相互启发、相互丰富。由此，潘戈在该著中认为自己并不完全支持、追随理性和启示立场当中的任何一种，而是致力于唤醒人们对理性与启示的本质和差异的认识。

在潘戈这部著作当中，包括我本人在内的许多读者都发现了指向更远大目标的一些迹象。潘戈《施特劳斯的思想与智识遗产》（*Leo Strauss: An Introduction to His Thought and Intellectual Legacy*, 2006）一书有着比《政治哲学与亚伯拉罕的上帝》更为清楚明白的表述，他在最近出版的《施特劳斯的思想与智识遗产》的一段话中，谈到了逃离"施特劳斯式困境"（Straussian problematic）的努力，他认为这些努力很可能是因为不清楚对施特劳斯来说问题的核心是什么。问题核心即在于启示带来的挑战，而迎接挑战的关键则在于对正义与高贵进行苏格拉底式的辩证研究。（页125，强调是本人所加）

如果将潘戈的《政治哲学与亚伯拉罕的上帝》置于施特劳斯研究的背景之下是正确的，那么这个段落将对理解神学-政治问题大有裨益——因为潘戈此处评价了对施特劳斯在这个问题上的观点。

将这个段落的内容转化成本人所谓的三个命题以及由此衍生的三个观点后，我认为潘戈反对命题二，因而和迈尔在其新作中的观点一样，也认为施特劳斯已经战胜了启示立场。潘戈认为，施特劳斯研究的主要内容在于挖掘出启示给哲学带来的挑战，以及用苏格拉底式辩证法来探究正义和高贵以对这种挑战作哲学回应。虽然后一内容的表述模棱两可，但我以为潘戈的意思是，施特劳斯已经阐明了针对启示挑战的哲学回应，也就是说，他已经找到了哲学胜于启示的合理论据。如果这是对潘戈观点的公允描述，那么他的这个观点肯定超出了施特劳斯在此问题上曾明确宣称已经获得的东西，因为一般认为，施特劳斯的结论是承认理性与启示之间存在不可调和的矛盾，甚至对立关系。

鉴于潘戈对施特劳斯在该问题上的研究目标和成就有相对明确的认识，本人倾向于同意这样一个假设：潘戈正在从事这样一项大胆而无疑引人注意的研究，即试图更为全面、明晰地回答诸如"他所认为的施特劳斯在神学-政治问题上的解决方案是什么""他所谓的'问题核心'是什么"之类的问题（页125）。

若本人的假设正确，那么至少还有三个重大问题尚待解决：（1）施特劳斯的观点真的是这样吗？（2）无论施特劳斯的真实观点怎样，潘戈又是如何证明哲学已经战胜了启示呢？（3）潘戈的论证是否成功地让哲学战胜了启示呢？

由于篇幅有限，此处直接跳过对第一个问题的讨论，简短地强调一下后两个问题。潘戈明确表示自己将重拾中世纪经典理性主义者的观点，自然而然地，当谈及这些理性主义者时，该著的大致框架以及讨论主题便是信手拈来了。在潘戈看来，诸如法拉比（Farabi）、迈蒙尼德等哲人提出了两个最值得深入探讨的问题：第一个是关于创世与神的属性的问题；第二个是预言中传达的神的法律和正当（right）之意义——

> 正义和高贵的原理是神法的坚实基础和活力源泉，也是将神法从上帝处带向人间的神意和预言的源头活水。（页13）①

在中世纪理性主义者看来，第二个问题是"最为关键的"，潘戈对此深表赞同（页13）。然而，从正统神学的角度来看，这似乎是一个悖论的想法，因为这在某种程度上暗示着政治神学的问题竟比本体论神学（如神的属性等）的问题更为重要。对于这个疑问，潘戈以为中世纪理性主义者的意思是，最为重要的不是那些属于形而上学或本体论神学范畴的问题，而是那些与政治哲学交织在一起的问题。

不管事实怎样，认识和理解中世纪理性主义所讨论的这两个问题有助于明确《政治哲学与亚伯拉罕的上帝》的内容结构，因为该书内容正是根据这两个主题进行划分组合的。该书共有九个章节，其中第一章是对问题的简要介绍，第二和第三章介绍了创世与神的属性及相关问题，第四章到第九章则是对第二个问题的长篇探讨。

---

① ［译注］另一种译法：语言所传达的神圣律法和正当的意义——正义和高贵的原则支撑和激活着神圣律法，并驱动神意和预言将神律从上帝那里带到人间。参见刘小枫、陈少明主编，《政治哲学中摩西》，北京：华夏出版社，2006，页289。

在第一个主要部分"创世与神的属性"中,包含了三个值得注意的点。首先,潘戈强调了这样一个问题——"《创世记》申明了'从无中创世(creation ex nihilo)'吗?"其次,他接着带出一个怪诞的事实:对于这个问题,神学传统的回答通常为是,而《创世记》的文本却没有明确的回答。最后,单看后者,《创世记》的文本或许可以进行另一种解读。在一场引人注目的学术性讨论中,潘戈回溯了远在《创世记》文本之后产生的"从无中创世"的衍变历程,发现其中涉及一场与希腊哲学不可避免的思想交锋。潘戈总结道,虽然从无中创世论并没有直接出现在《创世记》的文本中,且文本形成后很长时间还没有出现,但它却是该文本的真正前提。

从无中创世论和全能上帝的存在具有水源木本的地位,这意味着道德命令具有无条件性,我们必须服从于神法。但是,上帝对于自然的掌控力却备受质疑——是否有那种可能独立于上帝或与之抗衡且先于创世而存在的事物呢?从无中创世论的回答是否定的。也恰因一切的物质都完全受上帝支配,故肉身复活以及永生的存在于原则上才有可能,且这种可能性与道德命令的无条件性有关。潘戈总结说,或可称其得出这样一项结论:全能上帝是从一个道德洞见中得出的推论。易言之,第二个问题的主题比第一个更优先、更基础。

尽管如此,潘戈在研究"神的属性"之时,还是指出这样导出的上帝概念中存在张力,甚至自相矛盾,其中的部分张力和矛盾可谓众所周知。潘戈表示,其中最引人关注的当属"创世或者全能概念中存在的张力,因为这个概念中不仅包含了自主意愿和自由意志,还包括了神的怜爱、公正与仁慈"(页57)。这是一个内涵丰富的观点,但我们无妨将视线聚焦到潘戈的研究重点上来:全能上帝以及从无中创世论都是"服从"等这类道德命令的基本前提,但促使我们将上帝概念化的那种道德关切却导致了上帝可能成为僭越道德约束和行动规则的存在，由此也可能使上帝超脱于创世本身之外，进而引发的结果就是——本该承担道德功能的那位"上帝"不再能够履行其道德职能了。

针对创世和神的属性的讨论，说明了为什么潘戈认为第二个问题中的道德与政治主题更为重要。该书第四章到第九章对这些问题的处理内容丰富、智识过人，但也颇为引人争议。虽然潘戈的研究主要集中在"正义"上，但本人并不愿赘述，而是必须尽量让我自己做一些一般性的评价。

首先，我们须得注意，圣经中最关键的恰是其与政治哲学主题最明显地交叉叠合的部分，这也使得潘戈将启示与哲学进行并置讨论既是可能的，似乎也是合理的。但是，潘戈能够尝试除对比法以外的其他研究方法吗？他能确定这种对道德和政治问题的处理法比其他处理法更为接近真理吗？在潘戈对施特劳斯的观点做出解释说明的基础上，他似乎认为这种做法行得通，但如何行得通呢？在这个问题上，真正的关键在于潘戈下述的事实："就像要它被解释的那样，圣经因此预设了一个普世经验的、与哲学共享的基础。"这个基础就是"那可以被称之为现象世界的世界，这个世界的整体是被给定的，而且是被永恒地给定的，就像人类是被永恒给定的一样"，"那些注定要被人类理解的一切人类思想，甚至人类或者神明的一切思想，不管你愿不愿意都是始于这样一个整体"（引自施特劳斯）。但是，潘戈却又继续补充道：

> 诚然，这个被普遍经验的整体，由圣经给出了一种明确具体而又富有争议（如果这样表述比较清晰易懂的话）的阐释，而这种阐释又是一个启示的结果，这其实就是在上帝创世活动展开中的这个整体的极度神秘的起源。（页18）

这个"普世经验的基础"，是一切人的一切思想的起源（页

18）。为思考铺垫一些坚实或近乎坚实的观点是好的，但这并不意味着那些观点都是完整且显白易懂的。普世经验是一种奇迹，甚至可以说是令人敬畏的东西。人类为洞悉普世经验也做出了诸多努力，其中最引人关注的还须是苏格拉底哲学与圣经。两者都意欲洞鉴这个被给定的整体，以及这个整体中所蕴含的种种深意。在潘戈看来，问题很容易提出（虽然很难回答）：两者中的哪一个更适合作为这种普世经验的解释（interpretation/experience/explication）呢？可以说，潘戈这部著作的主要部分，尤其是第四章到第九章，都在尝试回答这个问题。他给出的答案是：苏格拉底式的哲学解释（或者说政治哲学的解释）更适合于解释这种普世经验。

把所有细节都排除在外的一般性观点是，圣经与苏格拉底式哲学都试图完成同一件事：洞悉被给定的这个整体及其对我们的暗示。因此，它们有两个意义重大的相同点，即有着普世经验这样的共同起点，以及意欲达到对这种经验的最佳程度的理解之共同目标。也就是说，在事实上，存在一个共同基础来比较圣经与苏格拉底式哲学：哪一个更好地实现了那个共同目标。

潘戈在这个问题上取得了多少成就呢？当然，要做出全面而适宜的评价，就需要仔细地审视政治哲学到底是否为普世经验提供了一个更好的解释。本人在此仅简要地讨论一下其中最关键的问题。或许最明白的就是在"哈特福德神学院演讲（Hartford Theological Seminary Lecture）"（重印于迈尔的书中）中，施特劳斯说过，不管"哲学还是启示，都不能用一种非循环论证的方式来驳倒对方"。当然，除了施特劳斯的标准外还有其他的标准可以使用，如果本人理解正确的话，由于潘戈也是在施特劳斯的话题背景下处理这个问题的，所以我们也只能根据这种讨论背景来评价他。进而，问题就变成了这样：潘戈对上帝和公正的解释是否避开了施特劳斯指出的逻辑怪圈呢？潘戈的这部大作非常令人钦佩，以至于很难给他的研究下一个结论。他对于《创世记》中上帝的起源的解释，难道不是已经将这种起源解释的正当性视为理所当然？当发现这样造出来的上帝观念中有了矛盾之时，难道他不是也将理性标准的权威视为理所当然？

圣经就像哲学一样也是一项理解普世经验的人为尝试，难道这种说法不是严重的循环论证吗？这的确是一个非常有趣，且在某种立场上来说非常有力的假设，但它是否可以不单单是一项假设？用这样的方法来解释圣经，实则早已假定了理性主义方式的有效性，而这也恰恰是该方法最岌岌可危的地方。此外，推断"此种彼种解释普世经验的方法已经提供了更充分的考量"，其实就是要预先接受理性解释标准具有最高权威。但是，这也是把相关的问题想当然了。应用充分性标准，亦即，考察哪一个可以以一致且不矛盾的方式解释更多的材料，就是要从理性批判的标准开始探究，而这正是启示解释（至少是施特劳斯所说的启示解释）所要质疑、抵制的。

戏剧性谋篇与卢梭真面目

彭文曼 撰

贺方婴，《卢梭的面具：〈论剧院〉与启蒙戏剧》，成都：四川人民出版社，2020。

18 世纪的法国是启蒙运动的中心，启蒙知识人纷纷以手中的笔写下思想作品，"百科全书派"以编辑、规划和出版百科全书作为武器，引领思想潮流，最为引人注目。1757 年 11 月《百科全书》第七卷出版，其中有数学家达朗贝尔撰写的《日内瓦辞条》，建议日内瓦建一座喜剧剧院。从日内瓦辗转来到巴黎生活十余年的卢梭对此反应激烈，迅即写下一封公开信——《致达朗贝尔先生论剧院的信》（以下简称《论剧院》），篇幅有如一部专著。以往的《论剧院》研究主要侧重从文艺理论视角看待这部文献，学者们认为它反映了 18 世纪启蒙时期法国的戏剧论争。

《卢梭的面具》对此习见发出了挑战。作者选取的这个书名暗示，卢梭在这封公开信中是戴着面具言说。《论剧院》没有章节划分，也没有区分篇章的小标题。卢梭的面具不仅体现于含糊其辞的言辞，也体现于《论剧院》隐含的戏剧性谋篇。这给解读者带来难题，即若要揭开卢梭的面具是否也得用上戏剧性谋篇。

作者首先展现了卢梭与"百科全书派"圈子的交往，尤其考察了他们之间从朋友到分裂的复杂恩怨和纠葛，当时的政治、经济、文化、宗教等复杂现象，亦得到了很好的梳理和呈现。更为难得的是，作者将严肃的学术问题的探讨融入小说般的情节论证之中，行云流水般引人入胜。一旦摊开本书，读者很容易被作者的思路吸引，酣畅地阅读下去。我们能够断定，作者是一位有经验的卢梭读者。

《卢梭的面具》的谋篇布局富有戏剧性，主体部分是对《论剧院》的完整疏解，前面有一篇引言和一篇导论，主体部分之后有余论、跋和附录。引人注目的是，针对没有章节划分的《论剧院》，《卢梭的面具》有清晰的章节划分，辅以精心设计的小节标题，不仅意在破解《论剧院》隐匿的戏剧性谋篇，更在于引领读者层层进入，通过文本细读让我们看清卢梭隐藏在面具后面的面目。可以说，没有作者的章节划分和情节性的小节标题，我们很难看出《论剧院》的谋篇，也很难看清卢梭的真实面目。

引言标题为"卢梭是谁或如何读卢梭"，共四个小节，第一小节以讲故事的方式将历史背景陈述给读者。作者从13世纪末开始追溯日内瓦城邦的历史，尤其侧重梳理日内瓦在16世纪所经历的宗教改革风潮。表面看来，卢梭与加尔文治下的日内瓦相隔一百多年，两者似乎扯不上什么关系，作者却以敏锐的眼光看到卢梭与加尔文之间的内在关联，因为"卢梭的《论剧院》因日内瓦建剧院的提议而起，而日内瓦禁止剧院的举措正是始于加尔文治下"（页22–23）。通过对卢梭与加尔文的对比描述，作者实际上揭示了《论剧院》所蕴含的政治哲学意涵：

加尔文是法国人，流亡到日内瓦成名，卢梭是日内瓦人，流浪到巴黎成名。加尔文打造了一个实际的基督教神权政体的城邦，卢梭的政治作品似乎要打造一个言辞中的理想公民政体。（页28）

引言接下来的三个小节分析了阅读《论剧院》面临的种种困难，阐述了中国一百多年来的卢梭研究状况，交代了作者本人研究《论剧院》所凭靠的文本。这时，作者戏剧性地引入了对狄德罗的介绍，并指出他可能才是《论剧院》的真正收信人。原本让人会觉得枯燥乏味的文献介绍，一下子有了引人兴味的戏剧性。作者随之引出导论，其标题就让人有读下去的好奇心——"《论剧院》与'谜团'往事"。作者在这里考察了《论剧院》的写作背景、标题、谋篇布局等方方面面，为后文疏解《论剧院》做足了准备工作，也为整本书将要探讨的问题做了很好的铺垫。

《卢梭的面具》主体部分展开对《论剧院》的逐段详解。由于《论剧院》篇幅很长，更由于卢梭的修辞策略，作者精心挑选了其中的关键段落，以独立引文格式的仿宋体呈现出来。作者引用的《论剧院》中译都经作者对照法文原文做了校订，更为准确地呈现了卢梭修辞的隐含之意。读者若先越过作者的解读文字，直接通读一遍作者精心挑选出来的仿宋字的《论剧院》文辞，不仅可以获得对这封公开信的基本内容的大致理解，也会对信中的诸多疑窦丛生的细节有所领略。当我们带着这些疑问再来逐段阅读作者的疏解时，定会有茅塞顿开的感觉。

19世纪的卢梭专家已经按论述主题将《论剧院》大致划分为三个部分，作者虽然接受这种划分，却没有完全按此划分来解读《论剧院》各部分的主题，而是根据自己的理解给出了更细致的划分，还给每个部分进一步划分小节并给出标题。从《卢梭的面具》主体部分五章的标题，我们可以看到作者理解《论剧院》时的侧重点。若把主体部分五章的标题连起来看，我们甚至不难看出作者的谋篇带有的戏剧性意涵："卢梭的面相：公民抑或哲人？"——"日内瓦共和国的宗教问题"——"现代戏剧的政治品质"——"剧院与启蒙戏剧"——"公民社会的道德难题"。

"余论"题为"卢梭的人民主权论中的立法者"，是全书主题的升华。作者在这里告诉我们，从辨析"人的灵魂的大量花样、特性和差别"角度重新细读《论剧院》，有助于我们理解卢梭随后写下的更为著名的政治哲学作品，尤其是《社会契约论》，进而发现"'论剧院'应该理解为'论政治'或'论洞穴'"（页611）。作者认为，卢梭在《社会契约论》中看似支持人民主权论，但他实际上知道，人民主权不可能等于人民"必然拥有立法权"。卢梭心目中的立法者应该是回到洞穴的哲人：

> 卢梭要求民主共和国的立法者既不在共同体之内，又关切共同体的幸福，既不是主权者成员，却又为共同体创制法律，既不能号令共同体成员参与共同体利益的分割，又懂得什么是共同体的公共利益。倘若如此，除了哲人，谁还能具有这种"独特而超然的职能"呢？（页653）

这段结语对认识卢梭在《论剧院》中的真实面目具有引导意义，或者说对认识《卢梭的面具》的谋篇及其细致的小节标题具有引导作用。比如，我们可以理解，为何卢梭会认为，"当剧院取代教堂成为日内瓦生活的中心，演员取代牧师成为日内瓦人的追仿榜样，日内瓦人的风尚必然会发生品质变化"。卢梭意识到，"日内瓦的社会状况难免面临商业化生活方式的蔓延而带来的挑战"，"日内瓦共和国的未来实难预料"（页142）。卢梭在信中明确认为，达朗贝尔及启蒙知识人企图利用在日内瓦建剧院而让自己的祖国日内瓦共和国逐渐失序。卢梭作为日内瓦公民挺身而出，显得是以日内瓦城邦卫士的姿态守护日内瓦的道德品质。

《论剧院》虽点名达朗贝尔先生为收信对象，但读完作者的解读我们便会明白，这封信实际针对狄德罗，同时也向伏尔泰乃至整个巴黎的启蒙文人圈子射出了暗箭，因为达朗贝尔撰写《日内瓦辞条》与他们有直接关系。作者告诉我们，卢梭的这篇檄文是一封与启蒙友人决裂的公开信。分歧和争论虽因戏剧问题产生，但"戏剧问题争论的背后其实是伦理—政治观的冲突"（页107）。

为何先前熟络的友人最终会分道扬镳？狄德罗在自己的喜剧作品《私生子》中，直接将友人卢梭的绯闻作为创作素材；卢梭的自我描述是"嫉恶如仇、孤独、正直"，作为友人的狄德罗不仅不理解他，还在卢梭隐居时以"唯有坏人才孤独"之语讥讽他。卢梭与伏尔泰之间的关系也很微妙，上层社会贵妇们抛头露面、附庸风雅，导致启蒙知识人圈内圈外充斥着博人眼球的八卦。作者提醒我们，不应过多关注这些私人性的恩怨纠葛，而应透过卢梭与启蒙友人的分歧看到，思想观念和道德立场上的差异反映的是心性品质的差异。

卢梭与狄德罗、伏尔泰等人的思想境界呈现出某种对立，他们的德性水平也高下立现。《卢梭的面具》在古典政治思想史视野下审视卢梭，将卢梭视为古典主义者。因其追慕古希腊智慧，"卢梭思想中对雅典智慧和斯巴达政治理念的化用俯拾即是"。① 通过将《论剧院》与柏拉图的《王制》对读，考虑到哲人的"上升"与"下降"，而卢梭又自称是柏拉图的学生，那么，卢梭在《论剧院》中实际设计了两场审判，"立法者卢梭审判启蒙哲人，哲人卢梭审判戏剧诗人"（页114）。因此，作者有充分的理由认为，《论剧院》谈论的不

---

① 黄群，《如何阅读卢梭：读吉尔丁〈设计论证：卢梭的《社会契约论》〉》，载《中国图书评论》，2007年第4期，页88。

是文艺理论问题,而是政治哲学问题。

卢梭的这封《论剧院》的公开信出版后,很多人并不明白这封长信到底要表达什么,或者仅仅看懂了部分内容。在作者看来,卢梭"是一个罕见的复杂灵魂",他"极为讲究写作艺术",这是一种"与深刻的政治见识结合在一起的写作技艺"(页32)。在《论剧院》中,卢梭以第一人称"我"面对昔日的友人,不得不使用一些修辞,谈论有些问题时显得离题万里,表达一些观点时又显得前后矛盾,一些言论似是而非,一些结论斩钉截铁,常常让人摸不着头脑,有时甚至会掉入卢梭的修辞陷阱。如果仅仅从卢梭文字的表面去看,我们往往在不同的地方看到不一样的卢梭。

可是,卢梭自己曾表达过,他对一个问题有多种看法,而这些看法之间又有微妙的联系,只有足够细心的读者才能看到不同作品之间的内在联系,从而发现他隐藏在不同说法中的真正意图。《卢梭的面具》通过细致入微的解释,发现卢梭呈现的各种面相犹如戴着不同的面具。借这些面具,卢梭将真实的自己包裹起来。卢梭呈现出来的面相复杂多样,在不同的情形下,就是不一样的卢梭,例如激进革命者、哲人、巴黎知识人、启蒙文人、日内瓦公民、恨世者、孤独者……由于卢梭戴着多重面具,作者给自己的这本《论剧院》研究取名为"卢梭的面具"。

卢梭在《论剧院》中极力反对启蒙文人们鼓动在日内瓦建一座剧院,但他在自己的其他政治哲学著作(《社会契约论》《爱弥儿》等)中又激进鼓动建构一种良好的政治共同体。在作者看来,卢梭是真正的哲人和立法者。作为哲人,他自觉跟随苏格拉底,在纷繁复杂的时代巨变面前,保有哲人应有的慎思明辨。作为立法者,他关心的是在人的德性有巨大差异的社会中如何让所有人更好地生活。

卢梭的《论人类不平等的起源和基础》《社会契约论》《爱弥儿》《忏悔录》均为读者耳熟能详,而他的《论剧院》历来未受到应有的重视，缺乏系统而全面的研究。《卢梭的面具》为我们全面认识和理解卢梭提供了线索，让我们直抵卢梭的真面目，但在余论部分的结尾，作者仍然不禁发出感慨，"直到今天，我们离看清面具下的卢梭的真面目仍有着一段漫长距离"（页655）。

如果说狄德罗、伏尔泰等法国启蒙知识人催生了如今的自由主义，那么，卢梭就是逆潮流而动的少数派，因为他坚守的是古典政治德性。《卢梭的面具》促请读者重新思考与定位启蒙的意义及其历史影响，书中不时出现的种种中西对比和古今对比，意在激发我们的现实关怀，正如作者提醒我们的，"卢梭的难题对我们中国人而言其实有着相当重要的现实意义"（页654）。

《论剧院》中隐含的思想极其复杂，而卢梭的修辞又极其小心翼翼，何况还涉及特定的历史语境，要揣测其确定的意涵，并不容易。作者的解读虽然同样小心翼翼，某些解读仍然会让人觉得仅仅是一种推测。当然，即便是这些推测也会让我们改变一些既有的看法，获得一些新的见解。

作者沉浸在自己的写作中，难免忽略一些形式上的细节问题。例如，一些译名没有统一，第11页和第24页分别出现"萨伏依"和"萨沃依"。在同一页中（页319），Atrée有"阿特赫"和"阿特热"两种译法。甚至在连续的两行中，分别出现"格劳秀斯"和"格劳修斯"（页629）。第28页出现的《新爱洛绮丝》，在第62页成了《新爱洛漪丝》；布鲁姆的同一本书，前后有三种译法：《封闭美国精神》《美国精神的封闭》《走向封闭的美国精神》。

这些不统一主要由同音翻译造成，能够理解，也不影响理解文意，但有些差错则会误导读者。如提到《论剧院》的写作年份，有的地方作1758年，有的地方作1757年。狄德罗讽刺卢梭的"唯有坏人才孤独"误写作"难有坏人才孤独"（页436）。可见，本书编校方面尚存瑕疵。

图书在版编目（CIP）数据

弥尔顿与现代政治/娄林主编.--北京：华夏出版社有限公司，2021.8
（经典与解释）
ISBN 978-7-5222-0124-5

Ⅰ.①弥… Ⅱ.①娄… Ⅲ.①弥尔顿（Milton, John 1608-1674）－政治思想－文集 Ⅳ.①D095.614.1-53

中国版本图书馆 CIP 数据核字(2021)第 098886 号

弥尔顿与现代政治

主　　编	娄　林
责任编辑	刘雨潇
责任印制	刘　洋
出版发行	华夏出版社有限公司
经　　销	新华书店
印　　刷	三河市少明印务有限公司
装　　订	三河市少明印务有限公司
版　　次	2021 年 8 月北京第 1 版 2021 年 8 月北京第 1 次印刷
开　　本	880×1230　1/32
印　　张	9.75
字　　数	235 千字
定　　价	59.00 元

华夏出版社有限公司　地址：北京市东直门外香园北里4号　邮编：100028
网址：www.hxph.com.cn　电话：(010)64663331(转)
若发现本版图书有印装质量问题，请与我社营销中心联系调换。

西方传统:经典与解释
Classici et Commentarii
HERMES
刘小枫◎主编

古今丛编

克尔凯郭尔 [美]江思图 著
货币哲学 [德]西美尔 著
孟德斯鸠的自由主义哲学 [美]潘戈 著
莫尔及其乌托邦 [德]考茨基 著
试论古今革命 [法]夏多布里昂 著
但丁:皈依的诗学 [美]弗里切罗 著
在西方的目光下 [英]康拉德 著
大学与博雅教育 董成龙 编
探究哲学与信仰 [美]郝岚 著
民主的本性 [法]马南 著
梅尔维尔的政治哲学 李小均 编/译
席勒美学的哲学背景 [美]维塞尔 著
果戈里与鬼 [俄]梅列日科夫斯基 著
自传性反思 [美]沃格林 著
黑格尔与普世秩序 [美]希克斯 等著
新的方式与制度 [美]曼斯菲尔德 著
科耶夫的新拉丁帝国 [法]科耶夫 等著
《利维坦》附录 [英]霍布斯 著
或此或彼(上、下) [丹麦]基尔克果 著
海德格尔式的现代神学 刘小枫 选编
双重束缚 [法]基拉尔 著
古今之争中的核心问题 [德]迈尔 著
论永恒的智慧 [德]苏索 著
宗教经验种种 [美]詹姆斯 著
尼采反卢梭 [美]凯斯·安塞尔-皮尔逊 著
舍勒思想评述 [美]弗林斯 著
诗与哲学之争 [美]罗森 著
神圣与世俗 [罗]伊利亚德 著
但丁的圣约书 [美]霍金斯 著

古典学丛编

赫西俄德的宇宙 [美]珍妮·施特劳斯·克莱 著
论王政 [古罗马]金嘴狄翁 著
论希罗多德 [古罗马]卢里叶 著
探究希腊人的灵魂 [美]戴维斯 著
尤利安文选 马勇 编/译
论月面 [古罗马]普鲁塔克 著
雅典谐剧与逻各斯 [美]奥里根 著
菜园哲人伊壁鸠鲁 罗晓颖 选编
《劳作与时日》笺释 吴雅凌 撰
希腊古风时期的真理大师 [法]德蒂安 著
古罗马的教育 [英]葛怀恩 著
古典学与现代性 刘小枫 编
表演文化与雅典民主政制
[英]戈尔德希尔、奥斯本 编
西方古典文献学发凡 刘小枫 编
古典语文学常谈 [德]克拉夫特 著
古希腊文学常谈 [英]多佛 等著
撒路斯特与政治史学 刘小枫 编
希罗多德的王霸之辨 吴小锋 编/译
第二代智术师 [美]安德森 著
英雄诗系笺释 [古希腊]荷马 著
统治的热望 [美]福特 著
论埃及神学与哲学 [古希腊]普鲁塔克 著
凯撒的剑与笔 李世祥 编/译
伊壁鸠鲁主义的政治哲学
[意]詹姆斯·尼古拉斯 著
修昔底德笔下的人性 [美]欧文 著
修昔底德笔下的演说 [美]斯塔特 著
古希腊政治理论 [美]格雷纳 著
神谱笺释 吴雅凌 撰
赫西俄德:神话之艺
[法]居代·德拉孔波 编
赫拉克勒斯之盾笺释 罗逍然 译笺
《埃涅阿斯纪》章义 王承教 选编
维吉尔的帝国 [美]阿德勒 著
塔西佗的政治史学 曾维术 编

古希腊诗歌丛编
古希腊早期诉歌诗人　[英]鲍勒 著
诗歌与城邦　[美]费拉格、纳吉 主编
阿尔戈英雄纪（上、下）
[古希腊]阿波罗尼俄斯 著
俄耳甫斯教祷歌　吴雅凌 编译
俄耳甫斯教辑语　吴雅凌 编译

古希腊肃剧注疏集
希腊肃剧与政治哲学　[美]阿伦斯多夫 著

古希腊礼法研究
宙斯的正义　[英]劳埃德-琼斯 著
希腊人的正义观　[英]哈夫洛克 著

廊下派集
剑桥廊下派指南　[加]英伍德 编
廊下派的苏格拉底　程志敏 徐健 选编
廊下派的神和宇宙　[墨]里卡多·萨勒斯 编
廊下派的城邦观　[英]斯科菲尔德 著

希伯莱圣经历代注疏
希腊化世界中的犹太人　[英]威廉逊 著
第一亚当和第二亚当　[德]朋霍费尔 著

新约历代经解
属灵的寓意　[古罗马]俄里根 著

基督教与古典传统
保罗与马克安　[德]文森 著
加尔文与现代政治的基础　[美]汉考克 著
无执之道　[德]文森 著
恐惧与战栗　[丹麦]基尔克果 著
托尔斯泰与陀思妥耶夫斯基
[俄]梅列日科夫斯基 著
论宗教大法官的传说　[俄]罗赞诺夫 著
海德格尔与有限性思想（重订版）
刘小枫 选编
上帝国的信息　[德]拉加茨 著
基督教理论与现代　[德]特洛尔奇 著
亚历山大的克雷芒　[意]塞尔瓦托·利拉 著
中世纪的心灵之旅　[意]圣·波纳文图拉 著

德意志古典传统丛编
论荷尔德林　[德]沃尔夫冈·宾德尔 著
彭忒西勒亚　[德]克莱斯特 著
穆佐书简　[奥]里尔克 著
纪念苏格拉底——哈曼文选　刘新利 选编
夜颂中的革命和宗教　[德]诺瓦利斯 著
大革命与诗化小说　[德]诺瓦利斯 著
黑格尔的观念论　[美]皮平 著
浪漫派风格——施勒格尔批评文集　[德]施勒格尔 著

美国宪政与古典传统
美国1787年宪法讲疏　[美]阿纳斯塔普罗 著

启蒙研究丛编
浪漫的律令　[美]拜泽尔 著
现实与理性　[法]科维纲 著
论古人的智慧　[英]培根 著
托兰德与激进启蒙　刘小枫 编
图书馆里的古今之战　[英]斯威夫特 著

政治史学丛编
克服历史主义　[德]特洛尔奇 等著
胡克与英国保守主义　姚啸宇 编
古希腊传记的嬗变　[意]莫米利亚诺 著
伊丽莎白时代的世界图景　[英]蒂利亚德 著
西方古代的天下观　刘小枫 编
从普遍历史到历史主义　刘小枫 编
自然科学史与玫瑰　[法]雷比瑟 著

地缘政治学丛编
克劳塞维茨之谜　[英]赫伯格-罗特 著
太平洋地缘政治学　[德]卡尔·豪斯霍弗 著

荷马注疏集
不为人知的奥德修斯　[美]诺特维克 著
模仿荷马　[美]丹尼斯·麦克唐纳 著

品达注疏集
幽暗的诱惑　[美]汉密尔顿 著

欧里庇得斯集
自由与僭越　罗峰 编译

阿里斯托芬集
　　《阿卡奈人》笺释　[古希腊]阿里斯托芬 著
色诺芬注疏集
　　居鲁士的教育　[古希腊]色诺芬 著
　　色诺芬的《会饮》　[古希腊]色诺芬 著
柏拉图注疏集
　　挑战戈尔戈　李致远 选编
　　论柏拉图《高尔吉亚》的统一性　[美]斯托弗 著
　　立法与德性——柏拉图《法义》发微　林志猛 编
　　柏拉图的灵魂学　[加]罗宾逊 著
　　柏拉图书简　彭磊 译注
　　克力同章句　程志敏 郑兴凤 撰
　　哲学的奥德赛——《王制》引论　[美]郝兰 著
　　爱欲与启蒙的迷醉　[美]贝尔格 著
　　为哲学的写作技艺一辩　[美]伯格 著
　　柏拉图式的迷宫——《斐多》义疏　[美]伯格 著
　　哲学如何成为苏格拉底式的　[美]朗佩特 著
　　苏格拉底与希琵阿斯　王江涛 编译
　　理想国　[古希腊]柏拉图 著
　　谁来教育老师　刘小枫 编
　　立法者的神学　林志猛 编
　　柏拉图对话中的神　[法]薇依 著
　　厄庇诺米斯　[古希腊]柏拉图 著
　　智慧与幸福　程志敏 选编
　　论柏拉图对话　[德]施莱尔马赫 著
　　柏拉图《美诺》疏证　[美]克莱因 著
　　政治哲学的悖论　[美]郝岚 著
　　神话诗人柏拉图　张文涛 选编
　　阿尔喀比亚德　[古希腊]柏拉图 著
　　叙拉古的雅典异乡人　彭磊 选编
　　阿威罗伊论《王制》　[阿拉伯]阿威罗伊 著
　　《王制》要义　刘小枫 选编
　　柏拉图的《会饮》　[古希腊]柏拉图 等著
　　苏格拉底的申辩（修订版）　[古希腊]柏拉图 著
　　苏格拉底与政治共同体　[美]尼柯尔斯 著
　　政制与美德——柏拉图《法义》疏解　[美]潘戈 著
　　《法义》导读　[法]卡斯代尔·布舒奇 著
　　论真理的本质　[德]海德格尔 著
　　哲人的无知　[德]费勃 著
　　米诺斯　[古希腊]柏拉图 著
　　情敌　[古希腊]柏拉图 著
亚里士多德注疏集
　　《诗术》译笺与通绎　陈明珠 撰
　　亚里士多德《政治学》中的教诲　[美]潘戈 著
　　品格的技艺　[美]加佛 著
　　亚里士多德哲学的基本概念　[德]海德格尔 著
　　《政治学》疏证　[意]托马斯·阿奎那 著
　　尼各马可伦理学义疏　[美]伯格 著
　　哲学之诗　[美]戴维斯 著
　　对亚里士多德的现象学解释　[德]海德格尔 著
　　城邦与自然——亚里士多德与现代性　刘小枫 编
　　论诗术中篇义疏　[阿拉伯]阿威罗伊 著
　　哲学的政治　[美]戴维斯 著
普鲁塔克集
　　普鲁塔克的《对比列传》　[英]达夫 著
　　普鲁塔克的实践伦理学　[比利时]胡芙 著
阿尔法拉比集
　　政治制度与政治箴言　阿尔法拉比 著
马基雅维利集
　　君主及其战争技艺　娄林 选编
莎士比亚绎读
　　莎士比亚的政治智慧　[美]伯恩斯 著
　　脱节的时代　[匈]阿格尼斯·赫勒 著
　　莎士比亚的历史剧　[英]蒂利亚德 著
　　莎士比亚戏剧与政治哲学　彭磊 选编
　　莎士比亚的政治盛典　[美]阿鲁里斯/苏利文 编
　　丹麦王子与马基雅维利　罗峰 选编
洛克集
　　上帝、洛克与平等　[美]沃尔德伦 著

卢梭集

论哲学生活的幸福　[德]迈尔 著
致博蒙书　[法]卢梭 著
政治制度论　[法]卢梭 著
哲学的自传　[美]戴维斯 著
文学与道德杂篇　[法]卢梭 著
设计论证　[美]吉尔丁 著
卢梭的自然状态　[美]普拉特纳 等著
卢梭的榜样人生　[美]凯利 著

莱辛注疏集

汉堡剧评　[德]莱辛 著
关于悲剧的通信　[德]莱辛 著
《智者纳坦》（研究版）　[德]莱辛 等著
启蒙运动的内在问题　[美]维塞尔 著
莱辛剧作七种　[德]莱辛 著
历史与启示——莱辛神学文选　[德]莱辛 著
论人类的教育　[德]莱辛 著

尼采注疏集

何为尼采的扎拉图斯特拉　[德]迈尔 著
尼采引论　[德]施特格迈尔 著
尼采与基督教　刘小枫 编
尼采眼中的苏格拉底　[美]丹豪瑟 著
尼采的使命　[美]朗佩特 著
尼采与现时代　[美]朗佩特 著
动物与超人之间的绳索　[德]A.彼珀 著

施特劳斯集

苏格拉底与阿里斯托芬
论僭政（重订本）　[美]施特劳斯 [法]科耶夫 等著
苏格拉底问题与现代性（增订本）
犹太哲人与启蒙（增订本）
霍布斯的宗教批判
斯宾诺莎的宗教批判
门德尔松与莱辛
哲学与律法——论迈蒙尼德及其先驱
迫害与写作艺术
柏拉图式政治哲学研究

论柏拉图的《会饮》
柏拉图《法义》的论辩与情节
什么是政治哲学
古典政治理性主义的重生（重订本）
回归古典政治哲学——施特劳斯通信集
　　　　　＊＊＊
施特劳斯的持久重要性　[美]朗佩特 著
论源初遗忘　[美]维克利 著
政治哲学与启示宗教的挑战　[德]迈尔 著
阅读施特劳斯　[美]斯密什 著
施特劳斯与流亡政治学　[美]谢帕德 著
隐匿的对话　[德]迈尔 著
驯服欲望　[法]科耶夫 等著

施米特集

宪法专政　[美]罗斯托 著
施米特对自由主义的批判　[美]约翰·麦考米克 著

伯纳德特集

古典诗学之路（第二版）　[美]伯格 编
弓与琴（重订本）　[美]伯纳德特 著
神圣的罪业　[美]伯纳德特 著

布鲁姆集

巨人与侏儒（1960-1990）
人应该如何生活——柏拉图《王制》释义
爱的设计——卢梭与浪漫派
爱的戏剧——莎士比亚与自然
爱的阶梯——柏拉图的《会饮》
伊索克拉底的政治哲学

沃格林集

自传体反思录　[美]沃格林 著

大学素质教育读本

古典诗文绎读 西学卷·古代编（上、下）
古典诗文绎读 西学卷·现代编（上、下）

柏拉图读本（刘小枫 主编）

吕西斯　贺方婴 译
苏格拉底的申辩　程志敏 译

中国传统：经典与解释
Classici et Commentarii

崇文学术

刘小枫 陈少明 ◎ 主编

知圣篇 / 廖平 著
《孔丛子》训读及研究 / 雷欣翰 撰
论语说义 / [清]宋翔凤 撰
周易古经注解考辨 / 李炳海 著
图象几表 / [明]方以智 编
浮山文集 / [明]方以智 著
药地炮庄 / [明]方以智 著
药地炮庄笺释·总论篇 / [明]方以智 著
青原志略 / [明]方以智 编
冬灰录 / [明]方以智 著
冬炼三时传旧火 / 邢益海 编
《毛诗》郑王比义发微 / 史应勇 著
宋人经筵诗讲义四种 / [宋]张纲 等撰
道德真经取善集 / [金]李霖 编撰
道德真经藏室纂微篇 / [宋]陈景元 撰
道德真经四子古道集解 / [金]寇才质 撰
皇清经解提要 / [清]沈豫 撰
经学通论 / [清]皮锡瑞 著
松阳讲义 / [清]陆陇其 著
起凤书院答问 / [清]姚永朴 撰
周礼疑义辨证 / 陈衍 撰
《铎书》校注 / 孙尚扬 肖清和 等校注
韩愈志 / 钱基博 著
论语辑释 / 陈大齐 著
《庄子·天下篇》注疏四种 / 张丰乾 编
荀子的辩说 / 陈文洁 著
古学经子 / 王锦民 著
经学以自治 / 刘少虎 著
从公羊学论《春秋》的性质 / 阮芝生 撰

刘小枫集

城邦人的自由向往
民主与政治德性
昭告幽微
以美为鉴
古典学与古今之争 [增订本]
这一代人的怕和爱 [第三版]
沉重的肉身 [珍藏版]
圣灵降临的叙事 [增订本]
罪与欠
儒教与民族国家
拣尽寒枝
施特劳斯的路标
重启古典诗学
设计共和
现代人及其敌人
海德格尔与中国
共和与经纶
现代性与现代中国
现代性社会理论绪论
诗化哲学 [重订本]
拯救与逍遥 [修订本]
走向十字架上的真
西学断章

编修 [博雅读本]

凯若斯：古希腊语文读本 [全二册]
古希腊语文学述要
雅努斯：古典拉丁语文读本
古典拉丁语文学述要
危微精一：政治法学原理九讲
琴瑟友之：钢琴与古典乐色十讲

译著

普罗塔戈拉（详注本）
柏拉图四书

经典与解释辑刊

1. 柏拉图的哲学戏剧
2. 经典与解释的张力
3. 康德与启蒙
4. 荷尔德林的新神话
5. 古典传统与自由教育
6. 卢梭的苏格拉底主义
7. 赫尔墨斯的计谋
8. 苏格拉底问题
9. 美德可教吗
10. 马基雅维利的喜剧
11. 回想托克维尔
12. 阅读的德性
13. 色诺芬的品味
14. 政治哲学中的摩西
15. 诗学解诂
16. 柏拉图的真伪
17. 修昔底德的春秋笔法
18. 血气与政治
19. 索福克勒斯与雅典启蒙
20. 犹太教中的柏拉图门徒
21. 莎士比亚笔下的王者
22. 政治哲学中的莎士比亚
23. 政治生活的限度与满足
24. 雅典民主的谐剧
25. 维柯与古今之争
26. 霍布斯的修辞
27. 埃斯库罗斯的神义论
28. 施莱尔马赫的柏拉图
29. 奥林匹亚的荣耀
30. 笛卡尔的精灵
31. 柏拉图与天人政治
32. 海德格尔的政治时刻
33. 荷马笔下的伦理
34. 格劳秀斯与国际正义
35. 西塞罗的苏格拉底
36. 基尔克果的苏格拉底
37. 《理想国》的内与外
38. 诗艺与政治
39. 律法与政治哲学
40. 古今之间的但丁
41. 拉伯雷与赫尔墨斯秘学
42. 柏拉图与古典乐教
43. 孟德斯鸠论政制衰败
44. 博丹论主权
45. 道伯与比较古典学
46. 伊索寓言中的伦理
47. 斯威夫特与启蒙
48. 赫西俄德的世界
49. 洛克的自然法辩难
50. 斯宾格勒与西方的没落
51. 地缘政治学的历史片段
52. 施米特论战争与政治
53. 普鲁塔克与罗马政治
54. 罗马的建国叙述
55. 亚历山大与西方的大一统
56. 马西利乌斯的帝国
57. 全球化在东亚的开端
58. 弥尔顿与现代政治